吉首大学"十三五"精品教材

运动人体科学实验教程

唐 丽 / 主编

西南交通大学出版社
·成 都·

图书在版编目（CIP）数据

运动人体科学实验教程 / 唐丽主编. —成都：西南交通大学出版社，2020.9
ISBN 978-7-5643-7691-8

Ⅰ. ①运… Ⅱ. ①唐… Ⅲ. ①人体运动 – 人体科学 – 实验 – 高等学校 – 教材 Ⅳ. ①G804-33

中国版本图书馆 CIP 数据核字（2020）第 187895 号

Yundong Renti Kexue Shiyan Jiaocheng
运动人体科学实验教程

唐　丽／主　编	责任编辑／牛　君
	助理编辑／姜远平
	封面设计／墨创文化

西南交通大学出版社出版发行
（四川省成都市金牛区二环路北一段 111 号西南交通大学创新大厦 21 楼　610031）
发行部电话：028-87600564　028-87600533
网址：http://www.xnjdcbs.com
印刷：四川森林印务有限责任公司

成品尺寸　185 mm×260 mm
印张　13.5　字数　336 千
版次　2020 年 9 月第 1 版　　印次　2020 年 9 月第 1 次

书号　ISBN 978-7-5643-7691-8
定价　48.00 元

课件咨询电话：028-81435775
图书如有印装质量问题　本社负责退换
版权所有　盗版必究　举报电话：028-87600562

前言

　　运动人体科学类课程是体育类各专业的基础课程,该类课程的实验都是不可或缺的教学内容,随着高等教育教学改革的不断深入,其重要性及实用价值日益突出。教育部2004年10月颁发的《普通高等学校体育教育本科专业各类主干课程教学指导纲要》(以下简称《教学指导纲要》)对运动人体科学类课程实验教学提出了要求:"加强对学生实验技能的训练,既加强各门课程的实验教学,又重视运动人体科学类综合应用的实验设计与能力训练,让学生较熟练地掌握实用的实验操作技能,学会应用人体科学的理论分析评价实验结果,增强独立从事科学研究的能力。""本纲要中的内容是各课程教学的基本内容,各校在完成纲要基本内容的基础上,可有所侧重,以体现各校的个性特点。"根据《教学指导纲要》的精神,本书将运动人体科学类各门课程实验统一编写,既实现了实验课的整体性和各课程的均衡发展,使之相互促进,又避免了课程间不必要的重复,加强教学的集约性,提高教学效果。

本书编写遵循"健康第一"的指导思想,突出体育教学与训练、社会体育指导、保健康复相关的主要内容,对实际工作具有较强的指导作用,体现了实验教学内容的时代性与先进性,适用于体育科学类各专业的运动人体科学实验教学,既能作为学生的教科书,又能作为学生手头的工具书。

参加本书编写工作的有:吉首大学体育学院的谌晓安、陈玉凤、张福兰、吴湘军、陈景、石红、肖红青、陈平、李晓东、孙锦绣,全书由唐丽策划、统稿。

本书在编写过程中,参考与引用了有关论著的论述和数据,在此谨向原作者深表谢意。

由于编者水平有限,加上编写时间较紧,书中错误和不足之处在所难免,恳请读者批评指正,不胜感激!

唐 丽

2020年1月

目 录

第一章 运动人体科学实验的基本方法和要求

第一节 实验课的教学目标……………………………001
第二节 实验课的组织和考核管理……………………001
第三节 实验课的学习方法与要求……………………003
第四节 实验课规章制度………………………………004

第二章 运动解剖学实验

实验一 上肢骨及骨连接的形态结构观察……………006
实验二 下肢骨及骨连接的形态结构观察……………012
实验三 上、下肢骨骼肌及其练习……………………017
实验四 中轴骨及骨骼肌的形态结构观察……………026
实验五 内脏的观察……………………………………035
实验六 心血管系统的观察……………………………040
实验七 中枢神经系统的观察…………………………042
实验八 观察周围神经系统和传导通路………………046

第三章 运动生理学实验

实验一 坐骨神经-腓肠肌标本的制备…………………049
实验二 坐骨神经-腓肠肌标本的测定…………………052
实验三 血红蛋白含量的测定…………………………054
实验四 人体安静与运动过程中心率和动脉血压的测评…055
实验五 前庭功能稳定性的测定………………………058

实验六　最大摄氧量的直接和间接测定与评价……………061
　　实验七　无氧功率的测评 ………………………………067
　　实验八　体成分的测量与评价 …………………………069
　　实验九　PWC 170 的测定与评价 ………………………075
　　实验十　运动性疲劳的判断 ……………………………079

第四章　体育保健学实验

　　实验一　体格的测量与评价 ……………………………083
　　实验二　基本按摩手法 …………………………………093
　　实验三　穴位按摩技术实习 ……………………………106
　　实验四　保健按摩技术实习 ……………………………110
　　实验五　治疗按摩手法的综合应用 ……………………115
　　实验六　开放性软组织损伤的早期简易处理方法 ……118
　　实验七　闭合性软组织损伤的早期简易处理方法 ……120
　　实验八　闭合性软组织损伤简易中药外敷疗法 ………122
　　实验九　闭合性软组织损伤的物理疗法 ………………124
　　实验十　急救止血技术实习 ……………………………127
　　实验十一　伤口包扎技术 ………………………………131
　　实验十二　心肺复苏技术 ………………………………134
　　实验十三　运动损伤伤员的临时固定和搬运方法 ……138
　　实验十四　肩周炎医疗体操 ……………………………141
　　实验十五　身体素质的测量与评价（一）……………146
　　实验十六　身体素质的测量与评价（二）……………153

第五章　体育心理学实验

　　实验一　肘关节动觉感受性测定 ………………………158
　　实验二　注意分配能力的测定 …………………………159
　　实验三　动作的协调性与稳定性测试实验 ……………161
　　实验四　双手协调性测试 ………………………………163
　　实验五　SCL-90 心理健康自评量表测试………………164

实验六　深度知觉测定 …………………………………… 168
　　实验七　动作技能形成过程的分析 …………………………… 169
　　实验八　气质类型测定 …………………………………… 170

第六章 运动生物力学实验
　　实验一　人体转动惯量的测量 …………………………… 177
　　实验二　三维测力台测试 ………………………………… 178

第七章 运动生物化学实验
　　实验一　血乳酸的测定 …………………………………… 180
　　实验二　运动前后尿蛋白的测定 ………………………… 181

第八章 运动处方实验
　　实验一　肌肉力量的测定 ………………………………… 183
　　实验二　心肺耐力的测定 ………………………………… 187
　　实验三　柔韧性测试 ……………………………………… 189
　　实验四　运动处方的制定 ………………………………… 191
　　实验五　冠心病患者运动处方 …………………………… 198
　　实验六　糖尿病患者运动处方 …………………………… 200
　　实验七　高血压病患者运动处方 ………………………… 201
　　实验八　肥胖者运动处方 ………………………………… 203

参考文献 …………………………………………………… 206

第一章
运动人体科学实验的基本方法和要求

实验教学是专业课程教学过程的重要组成部分，是巩固学生专业知识，培养与提高学生专业素养与创新能力的重要途径。实验教学对于学生实际工作能力的提高，知识面的扩大，综合素质的培养，具有极为重要的作用。实验前，学生必须了解和掌握与实验有关的基本方法与要求，使实验教学取得切实的效果。

第一节 实验课的教学目标

实验教学主要从实践环节对学生进行训练，其教学目标主要体现在以下几个方面。

（1）通过实验使学生加深对所学知识的基本概念、基本原理和基本方法的理解，初步了解和熟悉各种研究方法和实用技术，拓宽学生的知识领域，训练学生的实践技能，提高学生的科学素质和运用现代科学方法探索新知识的能力。

（2）通过实验教学使学生初步掌握运动人体科学实验研究的基本方法和实验操作技能，使之在体育科研设计及论文写作能力方面得到初步训练，为学生进行科学研究工作及社会实践打下一定基础。

（3）培养学生理论来自实践的科学观点，使学生养成善于思考、善于观察、勤于动手的习惯，养成对科学工作的严肃态度、严密思维、严格要求、团结合作和实事求是的作风，以及不断训练和提高分析问题、解决问题的实际工作能力。

（4）提高学生对实验研究的兴趣，培养学生扎实、认真、严谨、刻苦的科学工作作风和遵守纪律、爱护公物、团结协作的优良品德。

第二节 实验课的组织和考核管理

为了保证实验课的正常进行，不断提高实验教学的效果，务必加强实验课各个环节的管理，其中最主要也是最重要的是实验课的教学组织和实验成绩考核两个方面。

一、实验课的组织管理

（1）根据学校总体教学计划的要求，运动人体科学类各门课程要编写相应的实验教学大纲、实验教学计划，经本系（部）审核通过，报教务处批准后实施。

（2）每学期末，实验指导教师根据教务处下达的教学任务制定下一学期的实验教学授课计划，填写实验课登记报表，以及填报申请购买实验试剂、易耗品等实验必需的材料，报教务处批准。如有临时增加的实验课，实验指导教师须在上课前两周将授课计划报教务处，并及时与实验室联系，做好课前的准备工作。

（3）实验指导教师或实验员在实验课前要做好准备工作，如实验计划的制定，教案的编写，实验仪器的检测，实验用品的准备，药品试剂的配制，新开设实验项目的预试等。

（4）实验指导教师应提前通知学生做好实验课前的预习，上课时对学生的预习情况进行检查。预习不合格者，不得参加当次实验。

（5）新生入学后的首次实验课，实验指导教师要带领学生学习《实验课学生守则》《实验安全与环保守则》等规章制度。

（6）每次实验课过程中，实验指导教师应审验学生实验结果（数据）与结论是否正确或合理，加以指导。实验指导教师应对实验仪器进行检查核对，填写仪器设备使用记录，并组织学生搞好实验室卫生，确认合格后方可锁闭、离开实验室。

（7）学生要按时完成实验报告，实验指导教师对学生的实验报告应认真批改、评定成绩并记录，及时归档。

（8）每门实验课程全部结束后，实验指导教师要书写实验教学总结，交实验室归档保管。实验教学总结的内容包括实验教案、实验计划、实验课表、实验情况、学生实验成绩以及经验和教训的分析、改进措施等等。

二、实验课的考核管理

（1）实验教学考核的目的是检查实验教学质量和学生实验能力。考核内容包括：实验态度、动手能力、操作技巧、数据处理能力、实验结果的准确度及书写实验报告能力。

（2）每一次实验课中，实验指导教师都要对每一个学生的实验态度、实验过程和实验结果进行监控，并结合实验报告质量进行考核，记录本次实验的考核成绩，作为成绩评定的依据。

（3）每学期或每门实验课程全部结束后，可以对学生普查或抽查，进行实验考核。考核前实验指导教师做出考核方案，经教研室和系部领导审定后实施。考核成绩记入学生档案。

（4）单开实验课的成绩应作为一门课程记入学生成绩档案；非单开实验课的成绩与其理论课成绩综合为该门课的总成绩，其中实验成绩应不低于总成绩的10%。

（5）对无故不参加实验超过应做实验总次数 1/3 以上的学生，不得参加本轮实验课的考核并不计成绩，应补做实验项目或重修后，参加下一届相同实验课程的考核。

第三节　实验课的学习方法与要求

实验课的学习是以学生为主体，通过学生自主学习、自我训练与自主创新等实践活动，学习专业技术知识和技能，掌握从事科学实验研究的基本技术与方法，获取解决实际问题的能力。教师的作用是引导和启发学生自主地学习与实践，依据专业技术和技能的基本要求合理地选择实验项目和内容，使学生对实验方法使用的学习和技能的训练达到科学化和系统化；同时要求对典型的实验技术、仪器的使用操作，进行针对性的规范演示和指导。为了达到实验课的目的和要求，学生在参加运动人体科学实验的过程中，应努力按照实验要求进行操作并完成实验。重点抓住实验预习、实验操作、实验报告三个环节。

一、实验预习

（1）学生在实验前要根据教师的安排，了解每一次实验课的具体任务，如实验项目及其具体的方法等。

（2）弄清实验原理，即从相关资料中了解本次实验的原理，与所学知识的关系，以及各种实验方法内在的联系。

（3）对实验仪器要有初步了解，实验前要通过预习知道需要使用哪些仪器，并对仪器的相关知识进行初步学习，特别是仪器的操作要领、注意事项。

（4）实验前要了解实验报告的内容和要求，实验中尽量达到其要求，为顺利完成实验报告做好前期准备。

二、实验操作

（1）学生在实验正式开始前应按照拟定的实验操作计划与方案，完成仪器的安装，试剂的配制，实验条件的控制等准备工作，要求细致、有条不紊、杜绝差错，并保证安全。

（2）整个实验过程中，学生要严格按照实验规范，认真地进行实验操作，并且思考实验的理论和实际意义，将相关知识融会贯通，使所学知识更加牢固而且具有实际指导作用。

（3）要按照预习的内容，认真完成实验的全部操作，对实验现象与结果进行认真的观测、记录，并作出合理的解释和分析。

三、实验报告

（1）实验结束后学生要按照实验要求，及时书写完成实验报告，要求在分组或独立思考的前提下完成，不得互相抄袭。实验报告应认真按标准格式书写，要求文字简洁、表达正确、字迹工整、卷面清洁无污损。

（2）实验报告结果（现象、数据等）要客观、真实，符合事物的客观规律，如果误差较大，要反复试验直至取得合理的结果。不得随意更改、杜撰、抄袭书本或别人的实验结果。

（3）学生对实验结果要做出合理、科学的解释，并且对观察到的某些偶然的特殊现象和结果要认真分析和总结，并与指导教师一起探讨，以锻炼和提高发现能力和创新能力。

（4）要求学生在实验报告中，对当次实验课中自己的实验情况做出自我评价，是否掌握实验，存在哪些问题，如何改进等。亦可对教师的教学提出改进意见或建议，以达到教学相长的目的。

第四节　实验课规章制度

一、实验课学生守则

（1）进入实验室，须遵守实验室纪律和制度，听从老师的指导与安排。提前10分钟进入实验室，做好实验前准备工作。不得无故迟到或早退，有其他重要或紧急事情时应向教师请假。

（2）实验前做好预习，熟悉实验内容，明确实验目的、方法及有关注意事项。未预习者不得进入实验室进行实验。实验中要细心观察，认真记录，实验后应请指导教师检查验收，然后按规定认真书写实验报告。

（3）遵守实验室的各项规章制度，保持室内安静整洁，严禁说笑、打闹，不得随意走动，影响他人实验。不准在室内吸烟、进食、随地吐痰和乱扔杂物。非实验用品一律不准带进实验室。实验时不得进行与实验无关的活动。

（4）实验中必须服从教师指导，要认真按操作规程进行实验，未经教师允许不得用仪器设备，如果擅自动用或违反操作规程造成仪器设备损坏，应按规定进行赔偿。

（5）实验前按照实验要求做好准备，经指导教师检查许可后方可接通电源启动仪器设备电源，接通后不得擅自离开实验岗位。实验器材分配至各组使用，不得与他组调换，以免混乱。

（6）实验中使用易燃易爆物品或接触带电设备进行实验时，要严格按规定程序进行操作，注意防护。若发现仪器设备发生故障和损坏，应首先切断电源，停止实验，立即向指导教师报告。不能带故障使用，更不能自行拆卸仪器设备。

（7）注意实验室清洁卫生。建立值日制度，负责清扫实验室。实验结束要做好卫生，对实验废弃物做无害化处理，玻璃器皿用完后要洗净，手术器械用完后要洗净擦干，防止生锈。处理好实验动物，关好水、电、门窗，经指导教师检查合格后方可离开实验室。

（8）课外时间需到实验室做实验的学生，要书面申请，经实验室主任书面批准后提前与实验室管理人员预约，在班长或学习委员的组织下，由指导教师或实验室技术人员指导进行实验。

（9）注意节约实验用品和水电。实验结束后要检查、核对仪器设备和实验用品，并整理归位，填写仪器设备使用登记表。实验室内一切物品未经实验室负责人员批准，严禁带出室外。

二、实验室安全与环保守则

实验室的安全与环保是关系到国家财产与师生生命安全的大事。实验中经常用到各种电器、燃气、高压贮气瓶、化学试剂，必须充分注意人身安全问题，掌握必要的安全与环保知识，加强防范，做到万无一失。

（1）任何人员在做实验前均应充分了解所使用设备的安全状况及化学物品的毒性或其他危害，掌握正确使用方法。并对实验过程可能发生的危害采取严格有效的预防措施，做好事故的防护准备。如果实验前未做好必要的意外事故防范准备，绝不可让学生进入实验室做实验。

（2）实验室内禁止吸烟、饮食、化妆、穿拖鞋、嬉戏奔跑，实验桌上不许堆放与实验无关的物品。为了预防意外损害，实验人员必要时应佩戴必需的防护用具，实验结束要彻底洗手，更换污染的衣物、鞋袜等。

（3）具有危害性的化学气罐、试剂瓶等未使用时要紧闭，以防泄漏。每台仪器设备使用后，需立即关掉设备电源。全部实验完毕，应立即关闭化学气罐、试剂瓶等，且彻底清扫和整理实验室，关闭全部电源，必要时进行空气消毒。若发现仪器设备、化学药品容器等出现故障，应尽快告知实验室管理人员，要求相关部门及时维修和处理。

（4）危险物、易燃品、有毒化学物品应存放于指定位置，由专人负责，妥善管理。逾期不用之化学品应依规定及时申报作废，有害废弃物按规定进行无害化处理，不得任意弃置。可燃性或毒性气体储存区应保持良好通风，避免高温、日晒，且周围2 m内不得放置易燃可燃或其他危险性物质。

（5）当意外事故发生时，在可能的情况下应立即报告教师或实验室管理人员做出处置，同时要立即采取以下正确的应对措施加以控制，如果险情失控情况危急时要尽快自救、逃生。

① 当化学药品倾翻泄漏时，首先应防止人员受伤，然后再以吸水棉吸净，清理干净。当化学药品溅到身上时，应立即用大量清水冲洗干净。

② 当化学药品喷溅到眼睛，或身体其他部位被化学物品损伤时，应立即以大量清洁水充分冲洗，并尽快送医院治疗。

③ 当发现有化学气体外泄时，应立即关闭漏气钢瓶，若因阀门故障无法关闭，应即刻将其搬至室外，远离人群，并及时向消防部门报警（119）。

④ 当实验室发生火险时，应立即妥善处置氢气、氧气及乙炔等易爆钢瓶，切断电源，立即以灭火器扑灭火源。必要时应立即报警。若火势太大或发生爆炸，则全部人员应按紧急逃生路线尽快疏散。

第二章
运动解剖学实验

实验一 上肢骨及骨连接的形态结构观察

【实验目的】

（1）掌握上肢骨的位置、形态结构及主要的骨性标志和体表特征。
（2）掌握上肢骨连接的位置、组成、形态结构及运动形式。

【实验内容】

观察上肢骨及骨连接的形态结构。

【实验器材】

全身骨架标本；锁骨、肩胛骨、肱骨、桡骨、尺骨、腕骨模型；肩关节、肘关节、手关节模型。

【实验方法】

（1）指导老师讲解常见骨的主要骨性标志。
（2）每4名学生为一组，根据教材和实验指导仔细观察标本，并相互提问，掌握常见骨的主要骨性标志。
（3）根据教材、整骨标本找到常见的体表标志，并相互在同学或自己身上找准体表标志的位置。
（4）实验课下课前半小时对每小组进行实验抽查考试。

【实验步骤】

（一）观察上肢骨

1. 上肢骨的辨认

在人体骨架标本上辨认出上肢骨，掌握上肢骨的组成及各骨的名称。

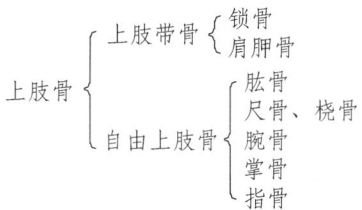

2. 上肢骨在人体的侧别、位置及各骨的主要骨性标志

根据教学内容，分辨出上述散骨模型的部位：即根据各骨上下、前后、内外侧的主要骨性标志，判断其在人体上的侧别和位置，并熟练掌握各骨的主要骨性标志。

（1）锁骨（图2-1-1）：S形长骨，分为"一体两端"。上面光滑，下面粗糙。内侧2/3凸向前，外侧1/3凸向后。锁骨内侧端粗大，呈圆柱状，称胸骨端，其末端为胸骨关节面，与胸骨的锁切迹相关节；外侧端呈扁平状，称肩峰端，其末端有肩峰关节面，与肩峰上的相应关节面相关。

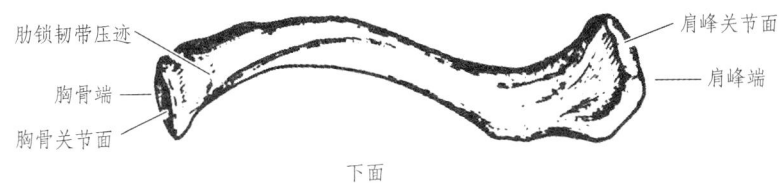

图 2-1-1　锁骨

（2）肩胛骨（图2-1-2）：三角形扁骨，位于胸廓的后外上方，第2到第7肋之间，有3个缘、3个角、2个面。

3个缘：上缘（肩胛切迹、喙突）、内侧缘、外侧缘；

3个角：内侧角、下角、外侧角（关节盂、盂上结节、盂下结节）；

2个面：前面亦称肋面（肩胛下窝），后面亦称背面（肩胛冈、冈上窝、冈下窝、肩峰、肩峰关节面）。

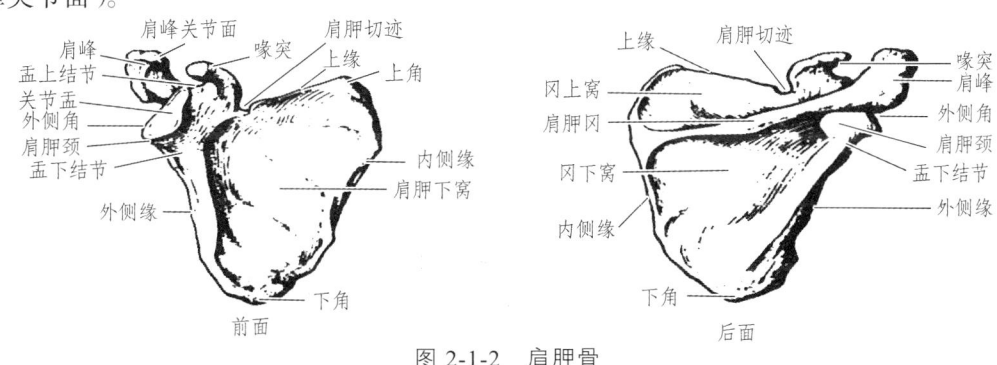

图 2-1-2　肩胛骨

（3）肱骨（图2-1-3）：一体两端。上端：肱骨头、大结节、大结节嵴、小结节、小结节嵴、结节间沟；中段：三角肌粗隆、桡神经沟、滋养孔；下端：内上髁、外上髁、桡骨窝、冠突窝、鹰嘴窝，肱骨小头、肱骨滑车。

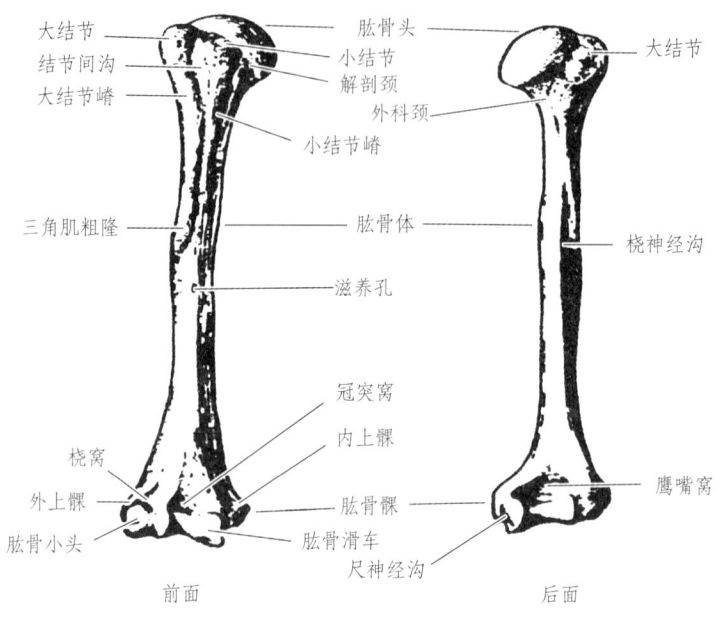

图 2-1-3　肱骨

（4）桡骨（图2-1-4）：有桡骨粗隆、桡骨凹、环状关节面、桡骨体、桡骨茎突等。

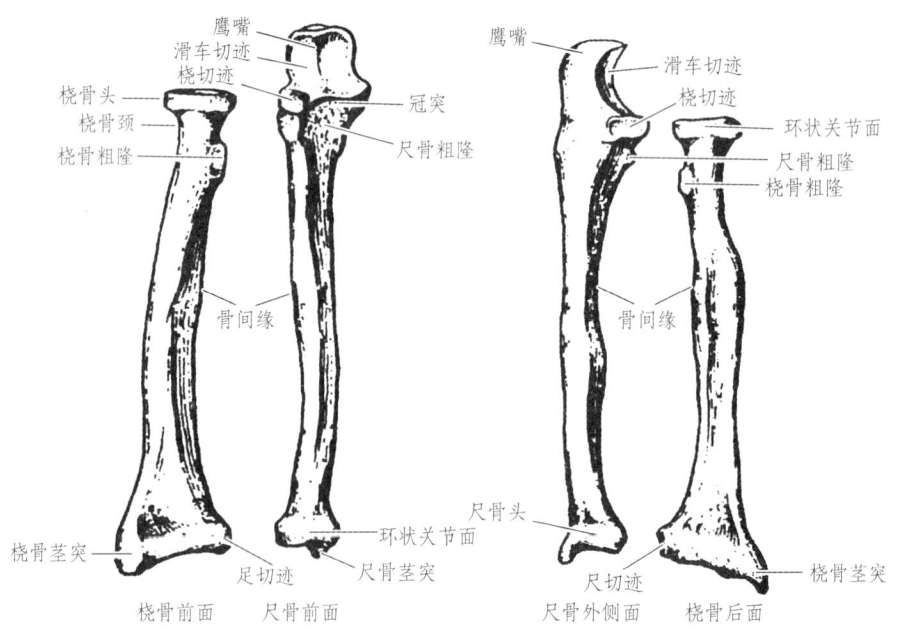

图 2-1-4　桡骨和尺骨

（5）尺骨（图2-1-4）：呈三棱柱形，位于前臂内侧，属长骨，分为一体两端。

上端：鹰嘴、冠突、滑车切迹、尺骨粗隆、桡切迹；

尺骨体：骨间缘；

下端：尺骨头、环状关节面、尺骨茎突。

（6）腕骨：腕骨8块，排成两列，每列4块，近侧列由外侧向内侧依次为手舟骨、月骨、三角骨和豌豆骨；远侧列由外侧向内侧依次为大多角骨、小多角骨、头状骨和钩骨。

（7）掌骨：掌骨5块，由外侧向内侧依次为第一至第五掌骨，每块掌骨分为掌骨底、掌骨体和掌骨头。

（8）指骨：指骨，共14块，除拇指是2块外，余皆为3块，分为近节（基节）指骨、中节指骨（拇指无中节指骨）和远节（末节）指骨，近节指骨和中节指骨分为指骨底、指骨体和指骨滑车，远节指骨的远端为指骨粗隆。

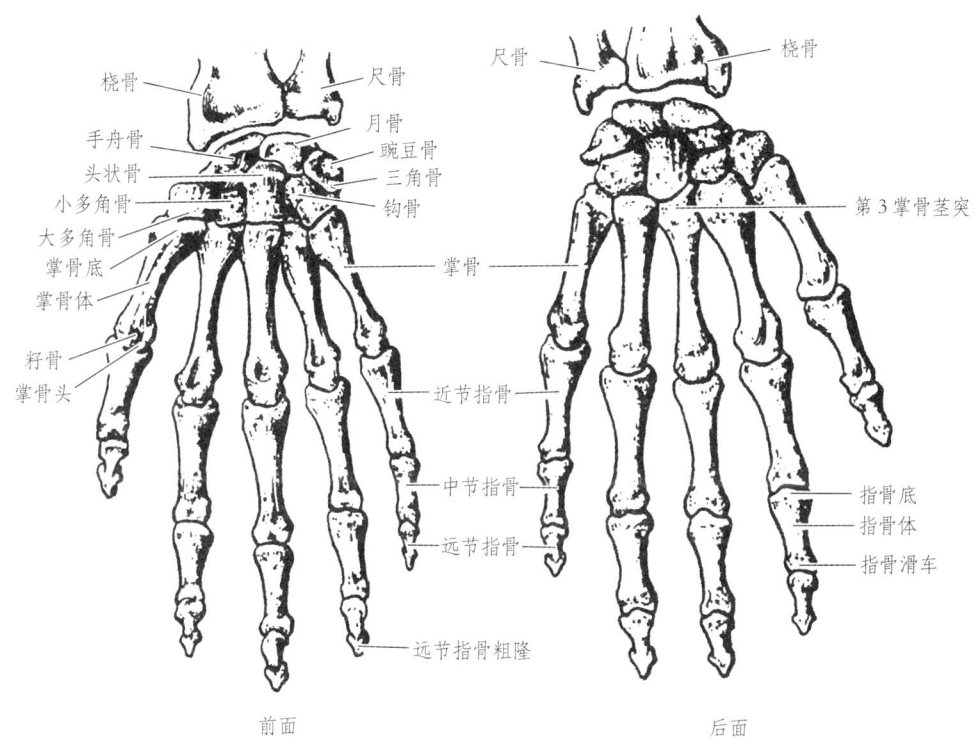

图 2-1-5 手骨

3. 上肢骨主要体表标志的触扪

（1）锁骨，位于皮下，呈S形，可触扪到全长。

（2）肩胛骨，可触扪到肩峰、肩胛冈、下角、内侧缘。

（3）肱骨，可触到大结节、内上髁和外上髁。

（4）尺骨，可触扪到鹰嘴、尺骨茎突。

（5）桡骨，可触扪到桡骨茎突。

（6）手骨，手骨位于桡腕关节掌侧面，两侧可摸到大多角骨、豌豆骨；握拳或伸掌时，可看到或摸到各掌骨及指骨。

（二）观察上肢骨连接

1. 肩关节（图 2-1-6）

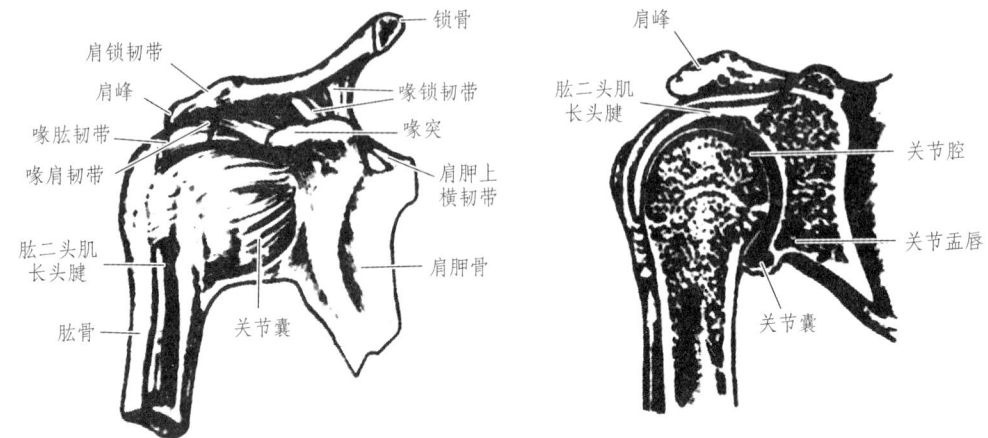

图 2-1-6　肩关节

（1）构成：由肱骨头与肩胛骨的关节盂构成，是典型的球窝关节。

（2）结构特点：关节盂小而浅，边缘附有盂唇；关节囊薄而松弛，囊内有肱二头肌长头腱通过；关节囊外有喙肱韧带、喙肩韧带及肌腱加强其稳固性，唯有囊下部无韧带和肌加强，最为薄弱，故肩关节脱位时，肱骨头常从下部脱出，脱向前下方。关节面大小相差较大，关节囊薄弱松弛。

（3）运动形式：屈、伸、外展、内收、旋内、旋外、环转。

（4）肩关节的运动实践。

① 令学生站立做臂前、后摆动（或跑步的前、后摆臂），前摆为屈，后摆为伸。

② 令学生由正常解剖学位置做两臂向侧举至上举位，即上臂绕肩关节外展运动；还原动作则为内收运动。

③ 令学生做两臂向前向内旋动（或乒乓球正手拉弧圈球），即上臂绕肩关节旋内运动；臂向后向外旋动（或乒乓球反手拉弧圈球），则为旋外运动。

④ 令学生做两臂由侧平举至前平举（或掷铁饼出手动作），即上臂绕肩关节水平屈；由前平举至侧平举的扩胸动作（或掷铁饼预摆动作），则为水平伸。

⑤ 让学生做直臂绕环运动，即上臂绕肩关节环转。

2. 肘关节（图 2-1-7）

（1）构成：肘关节是一个复合关节，由肱尺关节、肱桡关节、桡尺近侧关节三个单关节，共同包在一个关节囊内所构成。

（2）结构特点：关节囊的前后壁薄而松弛，两侧壁厚而紧张，并有副韧带加强。

（3）运动形式：肘关节可做屈、伸运动。此外，桡尺近侧关节连同桡尺远侧关节可做前臂的旋前、旋后运动。

（4）肘关节的运动实践。

让学生手持物体做弯举动作，即肘关节屈运动；还原动作则为伸。让学生屈肘 90°（以右侧为例）做逆时针（即松螺丝）旋转，即前臂旋前；顺时针（即紧螺丝）旋转，则为旋后。

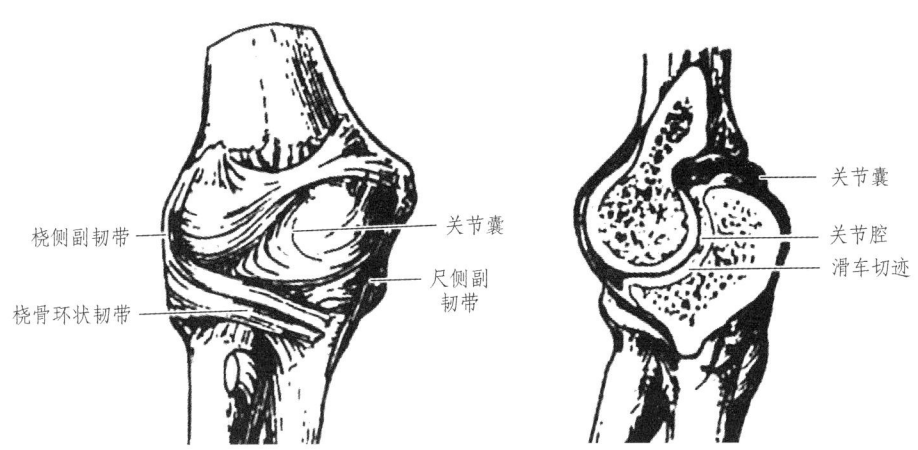

图 2-1-7 肘关节

思考：肘关节为什么不能做外展、内收运动？为什么前臂的旋前、旋后运动必须是桡尺近侧关节和远侧关节的联合运动？

3. 手腕关节（图 2-1-8）

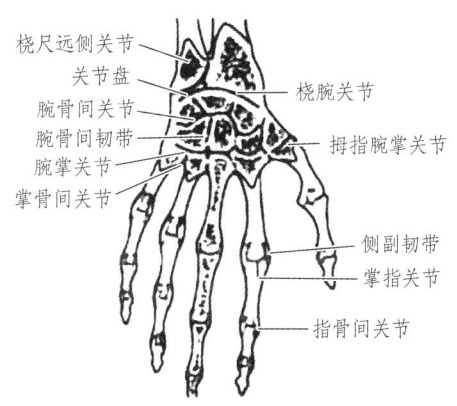

图 2-1-8 手腕关节

（1）构成：手腕关节由桡腕关节、腕骨间关节和腕掌关节组成。其辅助结构有关节盘、腕桡侧副韧带、腕尺侧副韧带、腕掌侧副韧带和桡腕背侧韧带等。

（2）结构特点：关节腔宽广，关节囊松弛，关节囊前、后、桡、尺侧都有韧带加固。

（3）运动形式：屈伸、收展、环转。

（4）桡腕关节的运动实践。

让学生手持笔做屈腕和翻腕，屈腕即为手绕桡腕关节屈；翻腕则为伸。做立掌动作时即为外展；劈掌则为内收。手做绕环运动（或跳绳时的摇绳动作）时，即为环转。

【思考与作业】

（1）绘图并标注出相应结构：肩胛骨、肱骨、桡骨。
（2）阐述肩关节、肘关节的组成、结构特点，并结合实践说明其运动形式。

（3）结合肩关节的结构特点说明运动中肩关节为什么易脱位？

实验二　下肢骨及骨连接的形态结构观察

【实验目的】

（1）掌握下肢骨的位置、形态结构及主要的骨性标志和体表特征。
（2）掌握下肢骨连接的位置、组成、形态结构及运动形式。

【实验内容】

观察下肢骨及骨连接的形态结构。

【实验器材】

全身骨架标本；髋骨、股骨、胫骨、腓骨、髌骨、足骨模型；髋关节、膝关节、足关节模型。

【实验方法】

（1）老师讲解下肢主要关节的基本结构、辅助结构。
（2）每4名学生为一组，根据教材和实验指导仔细观察标本，并相互提问，掌握下肢主要关节的基本结构、辅助结构，相互进行关节的运动实践，掌握关节的运动。
（3）实验课下课前半小时对每小组进行实验抽查考试。

【实验步骤】

（一）观察下肢骨

1. 下肢骨的辨认

在人体骨架标本上辨认出下肢骨，掌握下肢骨的组成及各骨的名称。

$$下肢骨\begin{cases}下肢带骨：髋骨\\自由下肢骨\begin{cases}股骨\\胫骨、腓骨、髌骨\\跗骨\\跖骨\\趾骨\end{cases}\end{cases}$$

2. 分辨下肢骨各骨模型部位、掌握各骨的主要骨性标志

根据教学内容，分辨出上述散骨模型的部位：即根据各骨上下、前后、内外侧的主要骨

性标志,判断其在人体上的侧别和位置,并熟练掌握各骨的主要骨性标志。

(1)髋骨(图 2-2-1):有一对,左右各一块,包括髂骨、耻骨、坐骨、髂嵴、髂前上棘、髂前下棘、髂后上棘、髂后下棘、髂粗隆、耻骨联合、坐骨结节等。整体上可见髋臼和闭孔。

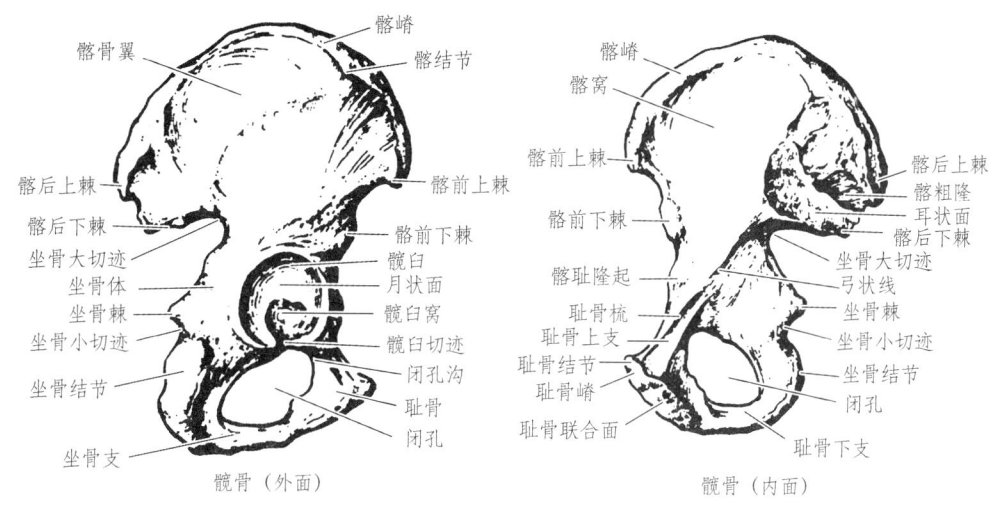

图 2-2-1 髋骨

(2)股骨(图 2-2-2):人体最粗大的骨头,约占人身高的 1/4 左右。上端内上方有一球形的股骨头,头中央稍下方有股骨头凹,头下方外侧变细的部分,称为股骨颈。股骨颈与股骨体联结处有两个突起,外上方的突起较大称为大转子;内下方的突起较小称为小转子。大、小转子之间,前面有不明显的转子间线,后面有明显的转子间嵴。

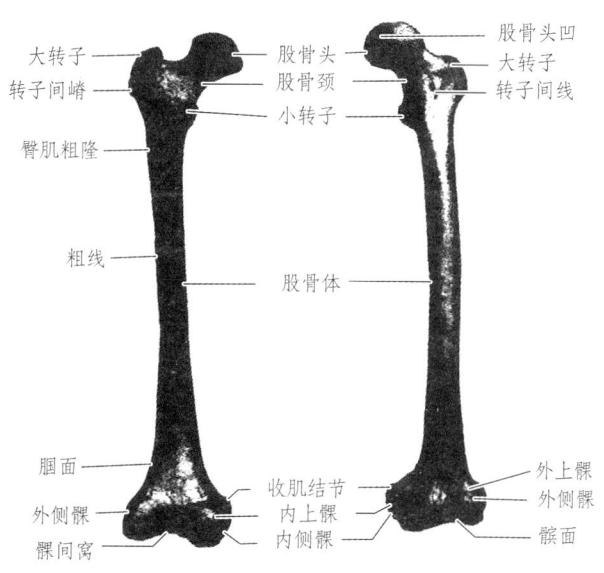

图 2-2-2 股骨

股骨体:前面光滑,后面有一纵嵴称为粗线。粗线分叉形成内侧唇和外侧唇,其向上外延续于粗糙的臀肌粗隆;向下延续至股骨下端时,二线间的骨面为腘面。

下端：股骨下端有左右膨大并向后突出的内侧髁和外侧髁。内、外侧髁的前方关节面彼此相连，形成髌面，后部两髁之间的深窝为髁间窝，两髁侧面最突起处，分别称为内上髁和外上髁。内上髁上方有收肌结节。

（3）胫骨（图2-2-3）：三棱柱状粗大长骨。有内侧髁、外侧髁、胫骨粗隆、内踝、腓骨关节面。

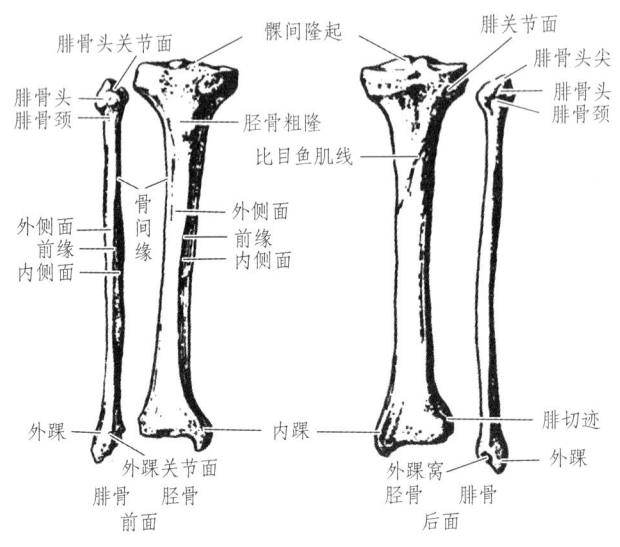

图 2-2-3　胫骨

上端：向内、外两侧突出形成内侧髁和外侧髁。两髁之间有髁间隆起，两髁上面各有光滑的上关节面。外侧髁后下方有一腓关节面，与腓骨头相关节。上端前面的粗糙隆起称为胫骨粗隆。

胫骨体：外侧缘粗糙，形成较锐的骨间缘，后上方有斜向内下的比目鱼肌线。

下端：内侧的突起称为内踝，其外侧的关节面称为内踝关节面，外侧有一三角形切迹，称为腓切迹；下端下面有下关节面，与距骨相关节。

（4）腓骨：有腓骨头、腓骨头关节面、骨间缘、外踝、外踝关节面。

上端：圆钝稍膨大，称为腓骨头，内上方有腓骨头关节面，上方有腓骨头尖，腓骨头下方是腓骨头颈。

腓骨体：呈三棱柱状，内侧缘锐利，称为骨间缘。

下端：呈三角形膨大，称为外踝，其内侧有外踝关节面，与距骨相关节。

（5）跗骨：三列，7块，分别为距骨、跟骨、足舟骨、内侧楔骨、中间楔骨、外侧楔骨和骰骨。辨认跟骨结节、距骨滑车。

（6）跖骨：5块，由内侧向外侧依次为第一至第五跖骨，分为跖骨底、跖骨体、跖骨头。

（7）趾骨：14块，除拇趾为2节外，余皆为3节，分别为近节趾骨、中节趾骨和远节趾骨，近节趾骨和中节趾骨分为趾骨底、趾骨体、趾骨滑车，远节趾骨的远端为趾骨粗隆。

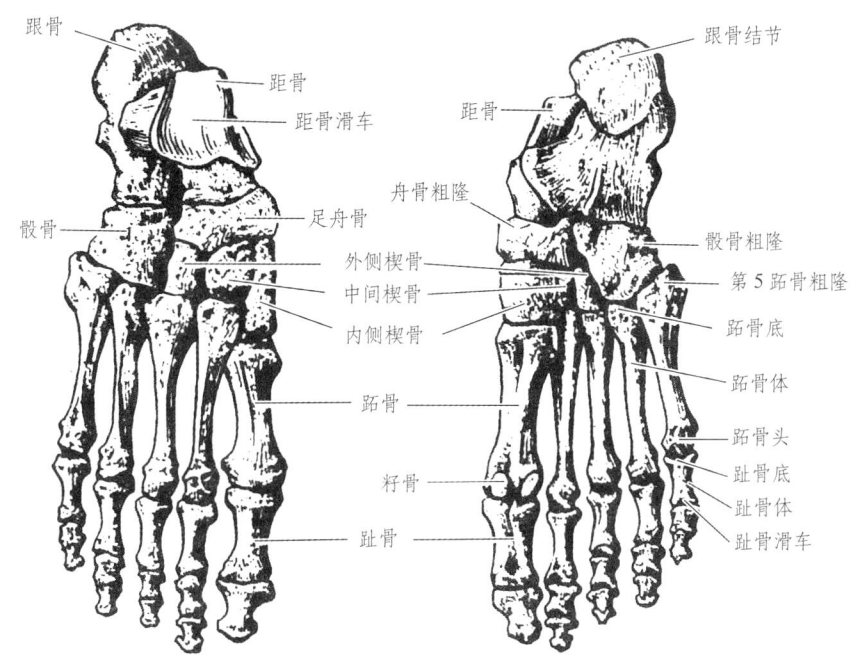

图 2-2-4 足骨

3. 下肢骨主要体表标志的触扪

（1）髋骨：可触扪到髂嵴、髂前上棘、髂后上棘、耻骨结节和坐骨结节。
（2）股骨：可触扪到大转子、外侧髁和内侧髁。
（3）胫骨：可触扪到内侧髁、外侧髁、胫骨粗隆、胫骨前缘、胫骨内侧面和内踝。
（4）腓骨：可触扪到腓骨头和外踝。
（5）足骨：可触扪到跟骨结节。

（二）观察下肢骨连接

1. 骨　盆（图 2-2-5）

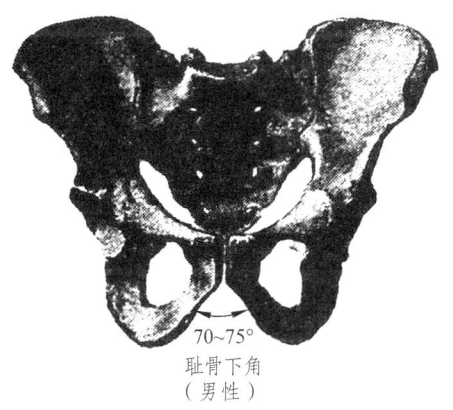

图 2-2-5 骨盆

（1）构成：由左右髋骨、骶骨、尾骨借关节、软骨和韧带联结而成。
（2）性别差异：女性由于妊娠和分娩，骨盆形态与男性的有所不同。

（3）运动形式：前屈、后伸、侧倾、转动、环转运动。
（4）骨盆的运动实践。
① 令学生站立位，做体前屈、后伸动作。前屈即骨盆前倾，后伸即骨盆后倾。
② 体位同①，做左、右体侧屈动作，即为骨盆左、右侧倾。
③ 体位同①，做体转动作，即为骨盆左、右转动。
④ 体位同①，做腰绕环动作，即为骨盆的环转运动。

2. 髋关节
（1）构成。主要结构：由股骨头、髋臼构成；辅助结构：由髋臼唇和韧带构成。
（2）结构特点：髋臼窝深，股骨头深陷于髋臼间，关节面接触面紧密；关节囊厚，囊外有韧带加强，前壁最坚固；股骨上端形成多平面的弯曲角，与骨盆、下肢呈多曲拱结构。
（3）运动形式：屈、伸、外展、内收、旋外、旋内、环转运动。
（4）髋关节的运动实践。
① 令学生做前、后摆腿动作，即为大腿绕髋关节屈、伸运动。
② 令学生做向侧摆腿动作，即为髋关节外展，还原动作为内收。
③ 令学生从解剖学标准姿势站立转为"立正"姿势，然后恢复解剖学标准姿势，前者为旋外，后者为旋内运动。
④ 令学生做武术的"里合腿"动作，此为大腿绕髋关节做环转运动。

3. 膝关节
（1）构成。主要结构：由骨、胫骨和髌骨构成；辅助结构：由半月板、翼状襞、髌上囊、韧带等构成。
（2）结构特点：人体中最复杂的关节；股胫关节头大、关节窝浅，使量关节面不相适应，关节囊薄而松弛；有一系列的辅助结构，是人体中相当稳固的关节。
（3）运动形式：屈、伸、旋内、旋外。
（4）膝关节的运动实践。
① 令学生做正足背踢球的预摆和踢球动作，预摆小腿绕膝关节屈，踢球小腿绕膝关节伸。
② 令学生分别做外足背踢球和内足背踢球，前者为膝关节屈位的旋内，后者则为旋外。

4. 踝关节
（1）构成：由胫骨下关节面、腓骨的内外踝关节面和距骨滑车以及韧带构成。
（2）结构特点：关节囊的前后壁薄而松弛，两侧有韧带加强；关节内侧有三角韧带，限制足过度外翻；踝关节外侧韧带较薄弱，但可防止小腿位移和限制足过度内翻。
（3）运动形式：屈、伸。
（4）运动实践：
令学生做足"伸直"和"勾脚"动作，前者为足跖屈，后者为足背屈。

【思考与作业】

（1）绘图并标注出相应结构：髋骨、股骨、胫骨。

(2)阐述髋关节、膝关节的组成、结构特点,并结合实践说明其运动形式。
(3)结合踝关节的结构特点说明运动中踝关节(尤其是外侧部位)为什么易受伤?

实验三 上、下肢骨骼肌及其练习

【实验目的】

(1)了解上、下肢骨骼肌的名称、位置、形态。
(2)掌握上、下肢主要肌肉(群)的位置、形态、起止点及肌性标志。
(3)掌握上、下肢主要骨骼肌的功能及力量和伸展性练习方法。

【实验内容】

观察上下肢主要肌肉(群)的位置、形态、起止点及肌性标志。

【实验器材】

全身肌肉模型、全身骨骼模型、橡皮泥等。

【方法与步骤】

(一)上肢骨骼肌的名称、位置、形态及功能

1. 运动肩胛骨的肌肉

肩胛骨的肌肉包括斜方肌、前锯肌、胸小肌、菱形肌、肩胛提肌等。

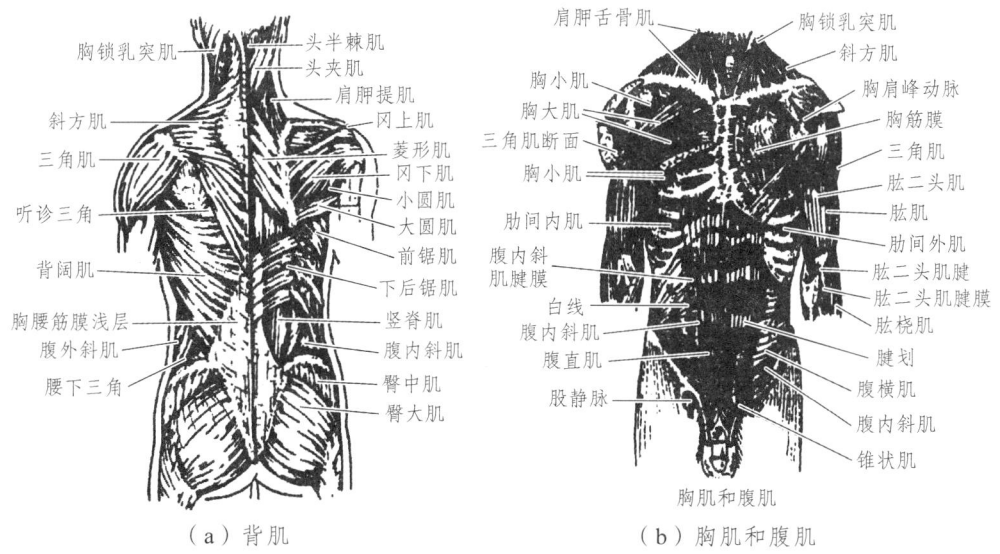

图 2-3-1 胸部和背部肌肉

（1）斜方肌。

位置及形态：位于项部和背上部，为三角形的阔肌，两侧相合为斜方形。肌纤维每一侧均分为上、中、下。

功能：近固定收缩时，上部肌纤维的拉力方向由外下斜向内上，并伴随肩胛骨下角向外，可使肩胛骨上提、上回旋、后缩；中部肌纤维拉力方向由外向内（向脊柱靠近），可使肩胛骨后缩；下部肌纤维拉力方向由外上斜向内下并伴随肩胛骨下角向外，可使肩胛骨下降、上回旋。

远固定收缩时，斜方肌一侧收缩，其肌拉力方向由内上斜向外下，可使头颈向同侧屈、向对侧回旋；斜方肌两侧同时收缩，其肌拉力方向分别从内上斜向外下，可使头和脊柱伸直。该肌瘫痪时，可产生"塌肩"，在儿童少年时期发展该肌，可预防和矫正驼背。

观察斜方肌的起止点，思考其力量和伸展性练习方法。

（2）菱形肌。

位置及形态：若将斜方肌拿开，可见菱形肌在其深面、脊柱与肩胛骨内侧缘之间；菱形肌为一对呈菱形的扁肌，肌束从内上向外下斜行。

功能：近固定收缩时，其肌拉力方向由外下斜向内上并伴随肩胛骨下角向内，使肩胛骨上提、后缩、下回旋。远固定时，两侧菱形肌同时收缩，其肌拉力方向分别从内上斜向外下，使脊柱胸段伸。

观察菱形肌的起止点，思考其力量和伸展性练习方法。

（3）肩胛提肌。

位置及形态：位于颈部两侧，肌肉的上部位于胸锁乳突肌的深层，下部位于斜方肌的深层，若将斜方肌拿开便可观察到；肩胛提肌为带状长肌。

功能：近固定收缩时，其肌拉力方向向上并伴随下角向内，可使肩胛骨上提、下回旋；远固定收缩时，一侧肩胛提肌收缩，其肌拉力方向从内上斜向外下，可使头颈向同侧屈；两侧同时收缩，其肌拉力线方向分别从内上斜向外下，可使颈部脊柱伸。

观察肩胛提肌的起止点，思考其力量和伸展性练习方法。

（4）胸小肌。

位置及形态：位于胸大肌深层；为扁而薄的三角形肌。

功能：近固定收缩时，其肌拉力方向由内向外，可使肩胛骨前伸。当推重物时，可阻止肩胛骨后缩（对推铅球有重要意义）；下部肌束收缩，其肌拉力方向向下并伴随肩胛骨下角向外，可使肩胛骨下降、上回旋。远固定收缩时，其肌拉力方向向上，可使肋骨上提，有助于深吸气。

观察胸小肌的起止点，思考其力量和伸展性练习方法。

（5）前锯肌。

位置及形态：位于胸廓外侧面，为一宽大的扁肌，与胸廓侧面的弯曲一致，其前上部被胸大肌所遮盖；肌束排列呈锯齿状，上部肌束水平向后，下部肌束斜向内后上方。

功能：近固定收缩时，其肌拉力方向由内向外、向下并伴随肩胛骨下角向内，可使肩胛骨前伸、下降、下回旋。远固定收缩时，其肌拉力方向和功能同前锯肌。

2. 运动肩关节的肌肉

运动肩关节的肌肉包括胸大肌、三角肌、喙肱肌、冈上肌、冈下肌、小圆肌、大圆肌、背阔肌。

（1）胸大肌。

位置与形态：位于胸廓前壁浅层，为扇形扁肌。胸大肌分为锁骨部、胸骨部和腹部三部分，肌束呈放射状排列，由内向外集中。

功能：近固定收缩时，其肌拉力有三个方向：由后向前的肌拉力可使上臂以肩关节为支点，绕冠状轴做屈运动；由外向内的肌拉力可使上臂绕矢状轴做内收运动；由外向前的肌拉力可使上臂绕垂直轴作旋内运动。远固定收缩时，其肌拉力方向由下向上，牵拉躯干向上臂靠拢。

观察胸大肌的起止点，思考其力量和伸展性练习方法。

（2）背阔肌。

位置与形态：位于腰背部，上部被斜方肌遮盖，为人体中最大的三角形扁肌。此肌肌束呈放射状排列，由内下斜向外上方集中。

功能：近固定收缩时，其肌拉力有三个方向：由前向后的肌拉力可使上臂以肩关节为支点，绕冠状轴做伸运动；由外向内的肌拉力可使上臂绕矢状轴做内收运动；由外向前的肌拉力可使上臂绕垂直轴做旋内运动。远固定收缩时，牵拉躯干向上臂靠拢。

观察背阔肌的起止点，思考其力量和伸展性练习方法。

（3）喙肱肌。

位置与形态：位于肱二头肌上部内侧，为长梭形肌。

功能：近固定收缩时，其肌拉力有三个方向，即由后向前、由外向前和由外向内，分别可使上臂以肩关节为支点，绕冠状轴屈、绕矢状轴内收和水平屈。

观察喙肱肌的起止点，思考其力量和伸展性练习方法。

（4）三角肌。

位置与形态：位于肩部外侧，为三角形羽状肌，分前、中、后三部分肌束，各部肌束逐渐向外下方集中。

功能：近固定收缩时，前部肌纤维收缩产生的拉力有三个方向，即由后向前、由外向前和由外向内（当上臂外展90°时）。可使上臂以肩关节为支点，绕冠状轴屈、绕垂直轴旋内和水平屈；中部肌纤维收缩产生的拉力方向由下向上，可使上臂绕肩关节矢状轴外展；后部肌纤维收缩产生的拉力也有三个方向：由前向后、由外向后和由外向内（当上臂外展90°时）。可使上臂以肩关节为支点，绕冠状轴伸、绕垂直轴旋外和水平伸；三束肌纤维同时收缩产生的拉力方向同中部肌纤维，可使上臂外展。

观察三角肌的起止点，思考其力量和伸展性练习方法。

（5）冈上肌。

位置与形态：位于肩胛骨冈上窝内，斜方肌和三角肌的深面。

功能：近固定收缩时，其拉力方向由下向上，可使上臂在肩关节绕矢状轴外展。上臂由下垂位外展20°以内，主要由冈上肌起作用，故此肌也称肩关节外展的启动肌。

观察冈上肌的起止点，思考其力量和伸展性练习方法。

（6）冈下肌。

位置与形态：位于肩胛骨冈下窝内，近似三角形。

功能：近固定收缩时，其拉力可使肩关节旋外、内收、伸和水平伸。

观察冈下肌的起止点，思考其力量和伸展性练习方法。

（7）小圆肌。

位置与形态：位于冈下肌的下方，为圆柱形小肌。

功能：近固定收缩时，其拉力可使肩关节旋外、内收、伸和水平伸。

观察小圆肌的起止点，思考其力量和伸展性练习方法。

（8）大圆肌。

位置与形态：于小圆肌和冈下肌的下方，其下缘被背阔肌上缘所遮盖，整块肌肉呈柱状。

功能：近固定收缩时，其拉力可使肩关节旋内、内收和伸。

观察大圆肌的起止点，思考其力量和伸展性练习方法。

3. 运动肘关节的肌肉

运动肘关节的肌肉包括肱二头肌、肱三头肌、肱肌、旋前圆肌、肱桡肌。

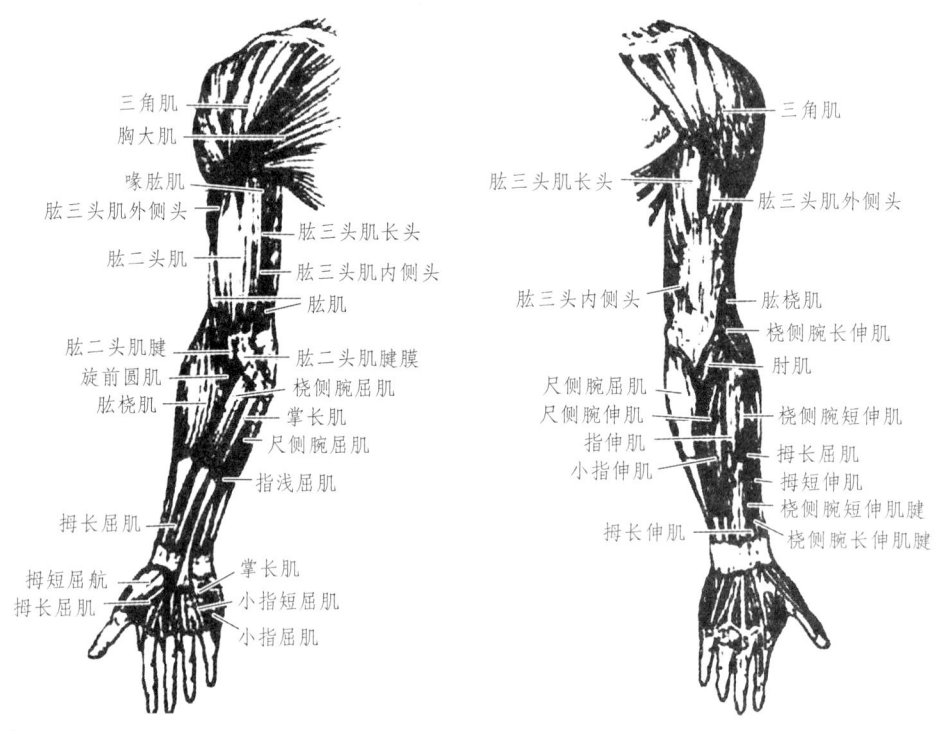

图 2-3-2　上肢骨骼肌

（1）肱二头肌。

位置与形态：位于上臂前面，上部被三角肌和胸大肌遮盖，肌腹呈梭形，屈肘时，其轮廓清晰可见。有长、短二头，肌束平行排列，为双关长头一节肌。

功能：近固定收缩时，其肌拉力一是牵拉上臂由后向前，可使上臂以肩关节为支点绕肱二头肌冠状轴屈；二是牵拉前臂由后向前，可使前臂以肘关节为支点绕冠状轴屈、绕垂直轴旋外。远固定收缩时，其肌拉力是牵拉上臂由后向前，可使上臂以肘关节为支点绕冠状轴屈。

观察肱二头肌的起止点，思考其力量和伸展性练习方法。

（2）肱三头肌。

位置与形态：近固定收缩时，在正常情况下，该肌使前臂处于"正中"的位置。当前臂处于旋内位时，其肌拉力方向由前向外，可使前臂以肘关节为支点绕垂直轴旋外；而当前臂处于旋外位时，其肌拉力方向由外向前，可使前臂以肘关节为支点绕垂直轴旋内。远固定收缩时，使前臂向上臂靠拢。

功能：近固定收缩时，长头肌拉力方向是牵拉上臂由前向后，可使上臂以肩关节为支点，绕冠状轴伸；三个头的肌拉力方向是共同牵拉前臂由前向后，可使前臂以肘关节为支点，绕冠状轴伸。远固定收缩时，其肌拉力方向是牵拉上臂和前臂由前向后，可使上臂伸和前臂伸。

观察肱三头肌的起止点，思考其力量和伸展性练习方法。

（3）肱肌。

位置与形态：位于肱二头肌下半部分的深层，为羽状肌。

功能：近固定收缩时，其肌拉力方向是牵拉前臂由后向前，可使前臂以肘关节为支点绕冠状轴屈；远固定收缩时，使前臂向上臂靠拢。

观察肱肌的起止点，思考其力量和伸展性练习方法。

（4）肱桡肌。

位置与形态：位于前臂前面外侧，为长而扁的梭状肌，用力屈肘时可显见此肌外形。

功能：近固定收缩时，在正常情况下，该肌使前臂处于"正中"的位置。当前臂处于旋内位时，其肌拉力方向由前向外，可使前臂以肘关节为支点绕垂直轴旋外；而当前臂处于旋外位时，其肌拉力方向由外向前，可使前臂以肘关节为支点绕垂直轴旋内。远固定收缩时，使前臂向上臂靠拢。

观察肱桡肌的起止点，思考其力量和伸展性练习方法。

（5）旋前圆肌。

位置与形态：斜位于肘关节前面，为圆锥状长旋前圆肌-肌，肌束从内上斜向下方平行排列。

功能：近固定收缩时，其肌拉力由外向前，可使前臂以肘关节为支点绕垂直轴旋内，也可使前臂在肘关节屈。远固定收缩时，助上臂向前臂靠拢。

观察肱桡肌的起止点，思考其力量和伸展性练习方法。

4. 运动手关节的肌肉

前臂前群屈腕屈指肌群，共三层；前臂后群伸腕伸指肌群，共两层。

（1）位于前臂的前面及内侧的肌肉，主要为屈腕和屈指肌。共分三层，从桡侧向尺侧依次排列，第一层为桡侧腕屈肌、掌长肌和尺侧腕屈肌；第二层为指浅屈肌，拇长屈肌；第三层为指深屈肌。

（2）位于前臂的后面及外侧的肌肉，主要为伸腕、伸指肌。后群浅层肌从桡侧向尺侧依次排列有桡侧腕长伸肌、桡侧腕短伸肌、指伸肌、小指伸肌和尺侧腕伸肌。深层肌由上外侧往下内侧依次为拇长展肌、拇短伸肌、拇长伸肌和示指伸肌。

使桡腕关节屈的肌肉主要位于桡腕关节的前部，有桡侧腕屈肌、掌长肌、尺侧腕屈肌指浅屈肌、指深屈肌。

使桡腕关节伸的肌肉主要位于桡腕关节的后部，有桡侧腕长伸肌、桡侧腕短伸肌、指伸肌、尺侧腕伸肌。

使桡腕关节内收的肌肉主要位于桡腕关节的内侧,有尺侧腕屈肌、尺侧腕伸肌。

使桡腕外展的肌肉主要位于桡腕关节的外侧,有桡侧腕屈肌、桡侧腕长伸肌、桡侧腕短伸肌。

5. 活体表面上肢肌性标志、腱性标志和皮肤标志的触扪与观察

(1)观察斜方肌,将学生分为若干小组,每一小组2人,其中一学生脱下上衣,两臂维持用力扩胸动作,另一同学可在其颈背部观察到一侧斜方肌的三角形形状,两侧为斜方形。

(2)观察三角肌,令学生一臂做外展,另一手触扪外展手臂肩部外侧紧张的肌肉,此即肩关节上部的三角肌。

(3)观察胸大肌,令一学生上臂紧贴躯干侧面,用力内收,此时可在其胸廓前外上方触扪到胸大肌紧张。当手臂伸直放在桌面上(手掌向下贴桌面),用力下压动作,此时可触扪到胸大肌的腹部肌纤维紧张。反之,由桌下向上用力时,则可触扪到胸大肌的锁骨部肌肉紧张。

(4)观察肱二头肌和肱三头肌时,令一学生用力屈肘,可在其上臂前面观察并触扪到鼓起紧张的肱二头肌。用力伸肘时,则可在上臂后面观察并触扪到肱三头肌隆起并紧张的长头、外侧头和内侧头的肌腹。

(5)抗阻力屈肘时,可在其肘关节外侧下方观察并触扪到肱桡肌腹。

(6)握拳用力屈腕时,可在腕关节掌侧正中观察并触扪到位于桡侧的桡侧腕屈肌肌腱、位于中央偏尺侧细长的掌长肌肌腱、紧贴掌长肌肌腱尺侧的指浅屈肌肌腱和尺侧的尺侧腕屈肌肌腱。

(7)用力翘起拇指时,可在腕关节外侧背面至拇腕掌关节后面观察并触扪到外侧的拇短伸肌肌腱及内侧的拇长伸肌肌腱,以及拇短伸肌肌腱和拇长伸肌肌腱之间的鼻烟窝。

(8)用力伸腕伸指,可观察并触扪到指伸肌肌腱,该肌肌腱自腕部向手指端分成4个肌腱分别至示指、中指、环指和小指。

(9)弯曲肘关节,前面皮肤形成一个横行纹路,称肘窝横纹,位于肘关节的前部;弯曲桡腕关节时,可以看到有3~4条横纹,称之为腕掌侧横纹。

(二)下肢骨骼肌的名称、位置、形态及功能

1. 运动髋关节的肌肉(图2-3-3)

髋关节前面肌肉群包括髂腰肌、缝匠肌、股直肌和阔筋膜张肌等;髋关节后面肌肉群包括臀大肌、臀中肌、臀小肌、半腱肌、半膜肌、股二头肌以及深层的梨状肌等。

1)髂腰肌

(1)位置与形态:髂腰肌包括位于髂窝内的髂肌和位于腰部脊柱两侧的腰大肌。腰大肌为单羽肌,二肌合并为双羽肌。

(2)功能:近固定收缩时,该肌拉力方向由后向前,牵拉大腿靠近躯干,可使大腿绕髋关节冠状轴屈、绕垂直轴旋外。远固定收缩时,两侧髂腰肌同时收缩,肌拉力方向由后向前,牵拉躯干和骨盆向大腿靠近,可使脊柱绕腰骶关节冠状轴前屈、骨盆绕髋关节冠状轴前倾,一侧髂腰肌收缩,可使脊柱绕腰骶关节矢状轴向同侧侧屈。

观察髂腰肌的起止点以及肌纤维走向,思考其功能及练习方法。

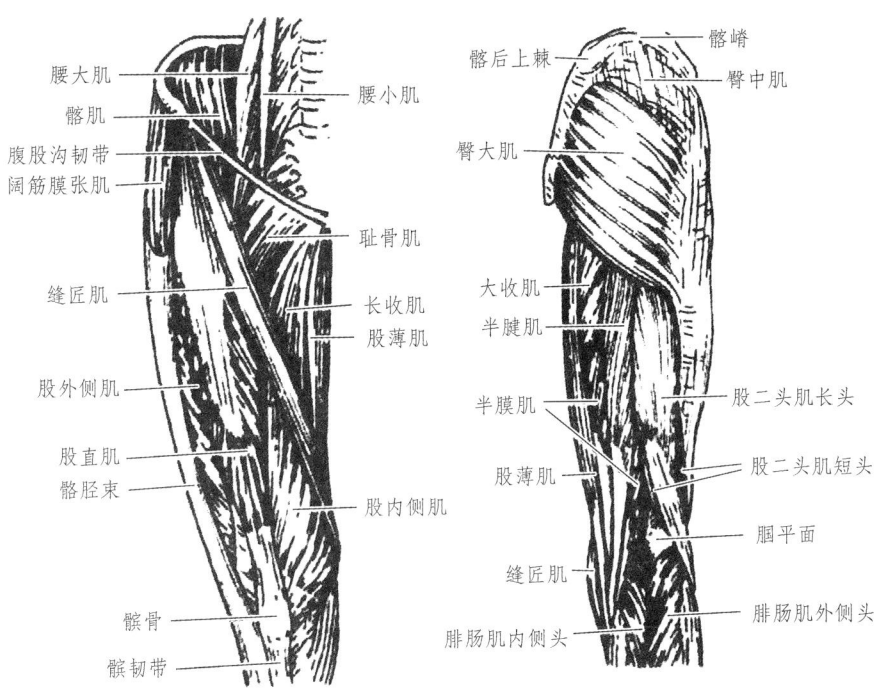

图 2-3-3　大腿前面和后面肌群

2）臀大肌

（1）位置与形态：臀大肌位于臀部皮下，是人体中最粗大有力的肌肉，为四方形扁肌。肌束平行排列，可分为上部肌束和下部肌束。在形体健美中，臀大肌是影响臀围和形成臀部外形的主要因素；在人体运动中，也是行走跑跳的重要肌肉。

（2）功能：近固定收缩时，该肌肌拉力方向由前向后、由前向外，可使大腿绕髋关节冠状轴伸、绕垂直轴旋外；上部肌束肌拉力方向由下向上，可使大腿绕髋关节矢状轴外展；下部肌束肌拉力方向由外向内，可使大腿绕髋关节矢状轴内收。远固定收缩时，一侧臀大肌收缩，其肌拉力牵拉骨盆绕髋关节垂直轴向对侧旋转；两侧臀大肌同时收缩，其肌拉力牵拉骨盆绕髋关节冠状轴后倾，并维持人体直立。

观察臀大肌的起止点以及肌纤维走向，思考其功能及练习方法。

3）股直肌（见股四头肌）

4）缝匠肌

（1）位置与形态：于大腿前面及内侧皮下，呈圆带状，是人体中最长的肌肉，经髋关节前方斜向内下，越过膝关节冠状轴的后方。

（2）功能：近固定收缩时，该肌肌拉力牵拉大腿绕髋关节冠状轴屈、绕垂直轴旋外；牵拉小腿绕膝关节冠状轴屈、绕垂直轴旋内。远固定收缩时，两侧缝匠肌同时收缩，其肌拉力牵拉骨盆绕髋关节冠状轴前倾。当用力伸膝时，小腿不能旋内和旋外，故可增强膝关节的稳定性。

观察缝匠肌的起止点以及肌纤维走向，思考其功能及练习方法。

5）半腱肌、半膜肌、股二头肌

（1）位置与形态：半腱肌位于大腿后面内侧浅层，肌腱细而长，几乎占肌长的 1/2，半膜肌位于半腱肌深层，半腱肌和半膜肌均为单羽肌。股二头肌位于大腿后面外侧，呈梭形，有长、短两个头，肌束平行排列。股二头肌、半腱肌和半膜肌三块肌肉合称为股后肌群。从形态学分析，股后肌群也是构成大腿后部形态的主要因素。

（2）功能：近固定收缩时，半腱肌、半膜肌、股二头肌长头的拉力方向由前向后，牵拉大腿向骨盆靠近，可使大腿绕髋关节冠状轴伸。当大腿伸直时，三块肌肉共同收缩，则牵拉小腿向大腿靠近，可使小腿绕膝关节冠状轴屈。当小腿屈时，股二头肌单独收缩，可使小腿绕垂直轴旋外，如足外侧缘踢毽子动作；半腱肌、半膜肌单独收缩，可使小腿绕垂直轴旋内，如足内侧缘踢毽子动作。远固定收缩时，两侧股后肌群同时收缩，其肌拉力方向由前向后，牵拉大腿向小腿靠近，可使大腿绕膝关节冠状轴屈；当小腿伸直时，则可使骨盆绕髋关节冠状轴后倾。

观察半腱肌、半膜肌、股二头肌的起止点以及肌纤维走向，思考其功能及练习方法。

6）臀中肌、臀小肌

（1）位置与形态：臀中肌和臀小肌位于臀部外上方，大部分被臀大肌所覆盖，两肌呈扇形，臀小肌位于臀中肌深层。二肌肌束均呈放射状排列，分为前、后两部分。

（2）功能：近固定收缩时，该肌拉力可使大腿绕髋关节矢状轴外展；前部肌束收缩，其肌拉力可使大腿绕髋关节冠状轴屈、绕垂直轴旋内；后部肌束收缩，其肌拉力可使大腿绕髋关节冠状轴伸、绕垂直轴旋外。远固定收缩时，一侧臀中肌和臀小肌的拉力可使骨盆绕髋关节矢状轴向同侧侧倾；两侧臀中肌和臀小肌前部同时收缩，其肌拉力可使骨盆绕髋关节冠状轴前倾；两侧臀中肌和臀小肌后部同时收缩，其肌拉力可使骨盆绕髋关节冠状轴后倾；一侧臀中肌和臀小肌后部收缩，其肌拉力可使骨盆绕髋关节垂直轴向对侧旋转。

观察臀中肌、臀小肌的起止点以及肌纤维走向，思考其功能及练习方法。

2. 运动膝关节的肌肉

运动膝关节的肌肉包括股四头肌、股二头肌、半腱肌、半膜肌、股薄肌、缝匠肌、小腿三头肌等。这里主要介绍股四头肌。

股四头肌位置与形态：位于大腿前面，是人体中体积最大的肌肉之一。该肌共有四个头，即股直肌、股中肌、股外肌和股内肌。股直肌位于大腿前面皮下，股中肌位于股直肌深层，股外肌位于大腿前外侧，股内肌位于大腿前内侧。四头均为羽状肌，其中股直肌是双关节肌。股四头肌是影响大腿前部形态的主要肌肉，也是影响大腿围度的重要因素之一，在行走、跑、跳中，是下肢蹬伸的重要肌肉。当小腿在膝关节处用力伸时，可以在髌骨上方及两侧分别触摸到股直肌（大腿前面皮下）、股外肌（大腿前外侧）和股内肌（大腿前内侧）的肌腹。

功能：近固定收缩时，该肌肌拉力方向由后向前，牵拉小腿绕膝关节冠状轴伸，其中股直肌还能牵拉大腿绕髋关节冠状轴屈。远固定收缩时，该肌肌拉力方向由后向前，牵拉大腿绕膝关节冠状轴伸，维持人体直立。

观察股四头肌的起止点以及肌纤维走向，思考其功能及练习方法。

3. 运动足关节的肌肉

运动足关节的肌肉主要有小腿三头肌等。

小腿三头肌的位置与形态：位于小腿后面皮下，特别发达，使小腿后部隆起，它包括浅层的腓肠肌和深层的比目鱼肌。该肌有三个头，腓肠肌两个头为双关节肌，比目鱼肌为羽状肌，是单关节肌。小腿三头肌是构成小腿形态的主要肌肉，也是影响小腿围度的重要因素，在行走、跑、跳中，是足关节蹬伸的主要肌肉。

功能：近固定收缩时，该肌肌拉力方向由前向后（对足而言），使足绕踝关节冠状轴屈，其中腓肠肌使小腿绕膝关节冠状轴屈。远固定收缩时，该肌肌拉力方向由后向前，使小腿绕踝关节冠状轴屈，完成蹬地、跑、跳或固定踝关节和膝关节，防止人体向前倾倒，以维持人体直立姿势。当膝关节屈至 90°以上时，该肌仅有比目鱼肌能屈踝关节，腓肠肌已无屈踝功能。

观察小腿三头肌的起止点以及肌纤维走向，思考其功能及练习方法。

4. 下肢表层肌肉的触扪与观察

通过对下肢浅层主要肌肉的触扪与观察，进一步确认这些肌肉在人体中的位置、形态及其功能。

（1）阔筋膜张肌，可保持高抬腿姿势，此时髋关节屈，可在髋关节前外侧上方触扪到鼓起的阔筋膜张肌的肌腹。站立位，膝关节用力伸直，可在大腿外侧触扪到由阔筋膜张肌收缩被拉紧的髂胫束。

（2）股四头肌，可保持伸膝屈髋姿势，此时在大腿前面触扪到内侧的股内肌、外侧的股外肌以及前面正中膨隆的股直肌。

（3）臀大肌，可采取向后摆腿，然后制动，保持髋关节伸位，此时可在臀部触扪到紧张的臀大肌。

（4）股后肌群，可取单腿站立，非支撑腿屈小腿，此时可在大腿后面触扪到外侧的股二头肌肌腱和内侧的半腱肌、半膜肌的肌腱。

（5）小腿三头肌，在提踵时，可在小腿后面观察并触扪到腓肠肌的内、外侧头肌腹。另外在踝关节后方可观察并触扪到强大的跟腱。

（6）胫骨前肌，在用力勾脚尖时，可在踝关节前方观察并触扪到胫骨前肌肌腹和肌腱。

【思考与作业】

（1）试简述斜方肌、胸大肌、背阔肌、肱二头肌、肱三头肌、股四头肌、股二头肌、小腿三头肌的起止点、功能，以及发展其力量和伸展性的练习方法。

（2）完成下列表格。

表 2-3-1 运动肩胛骨的肌肉

肩胛骨运动形式	运动形式举例	参与运动的肌肉
上提		
下降		
前伸		
后缩		
上回旋		
下回旋		

表 2-3-2　运动肩关节的肌肉

肩关节运动形式	运动形式举例	参与运动的肌肉
屈		
伸		
外展		
内收		
旋内		
旋外		

表 2-3-3　运动肘关节的肌肉

肩关节运动形式	运动形式举例	参与运动的肌肉
屈		
伸		
旋内		
旋外		

表 2-3-4　运动髋关节的肌肉

髋关节运动形式	运动形式举例	参与运动的肌肉
屈		
伸		
外展		
内收		
旋内		
旋外		

表 2-3-5　运动膝关节的肌肉

膝关节运动形式	运动形式举例	参与运动的肌肉
屈		
伸		
旋内		
旋外		

实验四　中轴骨及骨骼肌的形态结构观察

【实验目的】

（1）掌握中轴骨的位置、形态结构及主要的骨性标志和体表特征。

（2）掌握中轴骨连结的位置、组成、形态结构及运动形式。
（3）掌握中轴骨骼肌（群）的位置、形态、起止点及肌性标志。
（4）掌握中轴骨骼肌（群）的功能以及力量和伸展性的练习方法。

【实验内容】

观察中轴骨及骨骼肌的形态结构。

【实验器材】

全身骨架模型；椎骨、肋骨、胸骨、颅骨模型；橡皮泥。

【方法与步骤】

一、观察中轴骨

（一）人体中轴骨的组成、名称及位置

成人全身共有206块骨，根据其存在的部位，可分为中轴骨和附肢骨（四肢骨）两部分。中轴骨包括颅骨和躯干骨。颅骨可分为脑颅骨、面颅骨两部分。躯干骨又由椎骨、肋骨和胸骨所组成。

（二）观察躯干骨

1. 躯干骨各骨的骨性标志

根据课堂教学内容，分辨出胸骨的上下、前后，肋骨的上下、前后及左右侧，椎骨和骶骨的上下、前后以及各部椎骨的主要特征，掌握躯干各骨的骨性标志。

（1）胸骨（图2-4-1）：胸骨包括胸骨柄体、剑突、颈静脉切迹、锁切迹、肋切迹、胸骨角。

（2）肋骨（图2-4-1）：肋骨包括肋颈、肋头、肋体等。

（3）椎骨（图2-4-2）。

① 椎骨的一般形态特征：每块椎骨一般由1个椎体、1个椎弓、1个椎孔和7个突起构成。椎体呈圆柱形，是构成脊柱的基础。椎弓呈板状弓形，位于椎体后面，由椎弓根和椎弓板构成。连接椎体的部分，称椎弓根；椎弓根向后方放射的板状结构，称椎弓板。椎弓根上下缘各有一个切迹，分别称椎上切迹和椎下切迹。两个相邻椎骨的上下切迹围成椎间孔，有脊神经和血管通过。椎体与椎弓围成的孔，称椎孔。全部椎骨的椎孔共同构成椎管，容纳脊髓。7个突起均位于椎弓上，包括向两侧突出的1对，称横突；向上突出的1对，称上关节突；向下突出的1对，称下关节突；向后突出的单一突起，称棘突。一个棘突、一对横突、一对上关节突、一对下关节突、椎上切迹、椎下切迹以及上下位椎骨连结形成椎管和椎间孔。

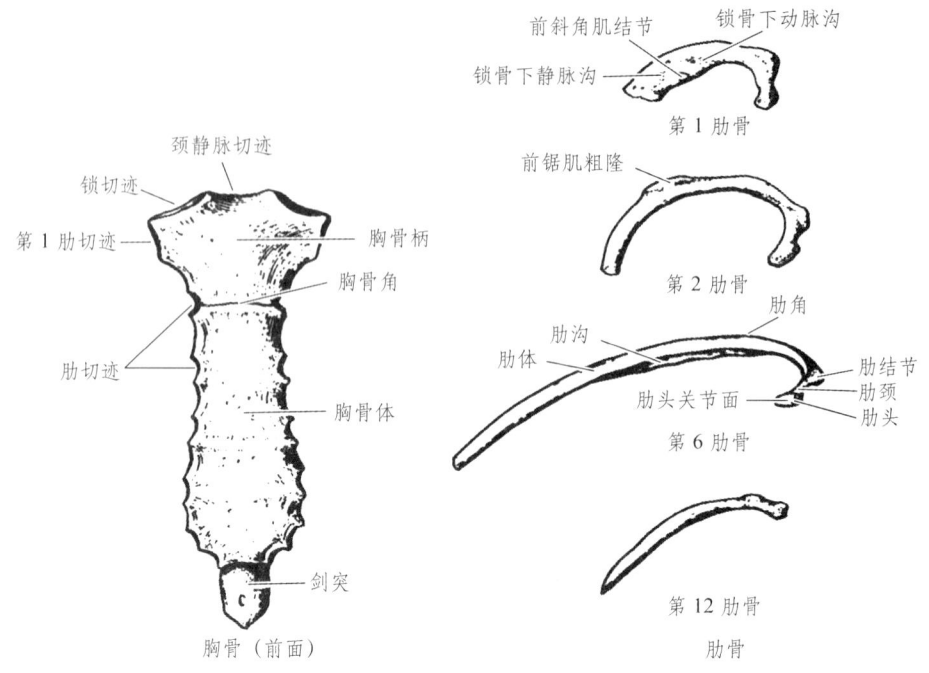

图 2-4-1 胸廓骨

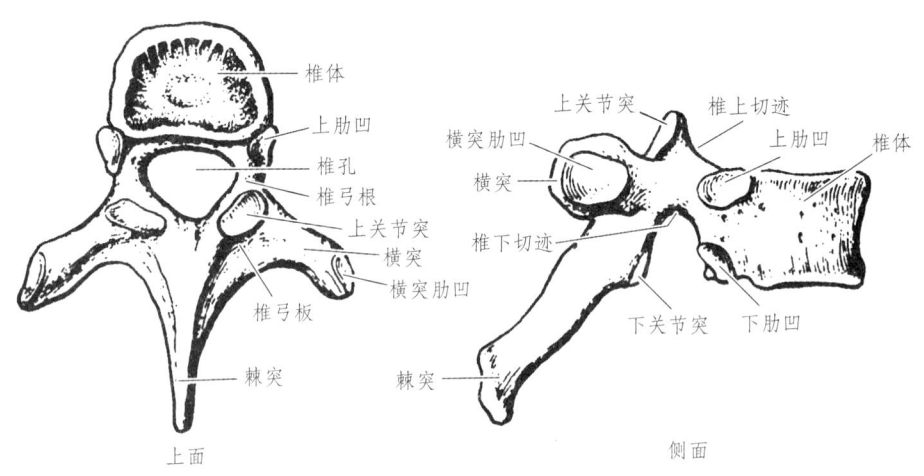

图 2-4-2 椎骨

② 各部椎骨的主要形态特征。

a. 颈椎：椎体较小，共 7 块，其中第 1、2、7 椎为特殊形态的颈椎，其余 4 块有共同特征：颈椎的横突上有圆形的横突孔；第 2~6 颈椎棘突末端分叉；关节突关节面近似水平位。

寰椎（第 1 颈椎）（图 2-4-3）：包括椎孔、前弓、后弓、侧块、横突孔、上关节凹、下关节面、齿突凹。

枢椎（第 2 颈椎）（图 2-4-4）：包括齿突、上关节面等。

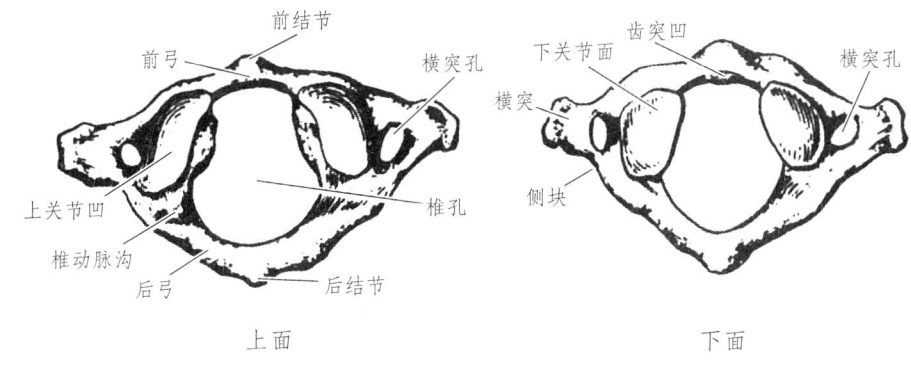

图 2-4-3 寰椎

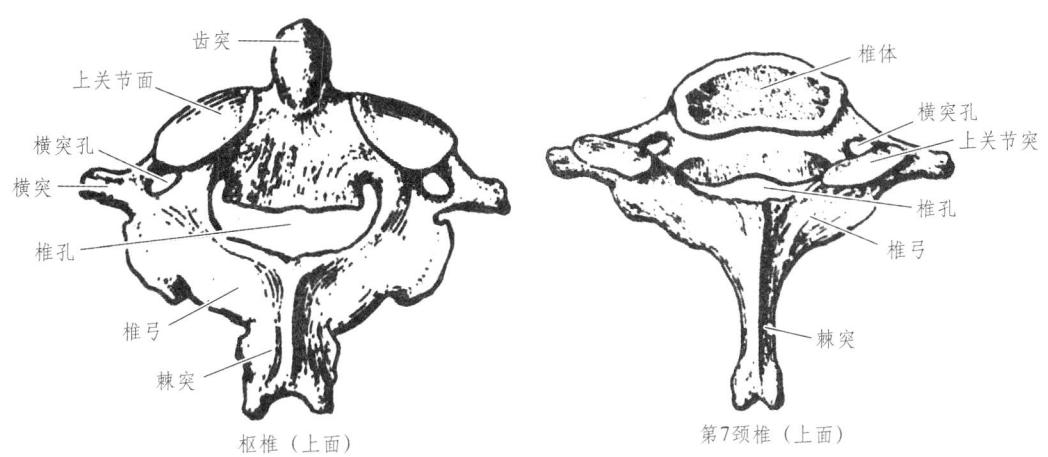

图 2-4-4 枢椎和第 7 颈椎

b. 胸椎（图 2-4-5）：上承颈椎，下接腰椎。胸椎椎体两外侧面的后方上、下各有一浅凹，分别称上肋凹与下肋凹。横突尖前面有一凹面，称横突肋凹，均与肋结节相关节。棘突细长，斜向后下方，呈叠瓦状。上、下关节突关节面呈冠状位。

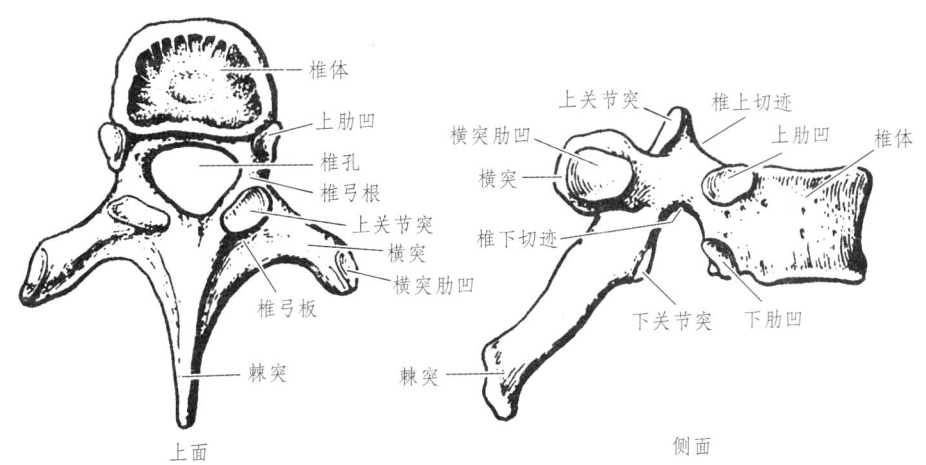

图 2-4-5 胸椎

c. 腰椎（图2-4-6）：上承胸椎，下接骶骨，椎体粗大，棘突较短，呈长方形骨板状水平向后。上、下关节突关节面呈矢状位，易于腰椎做屈伸运动。

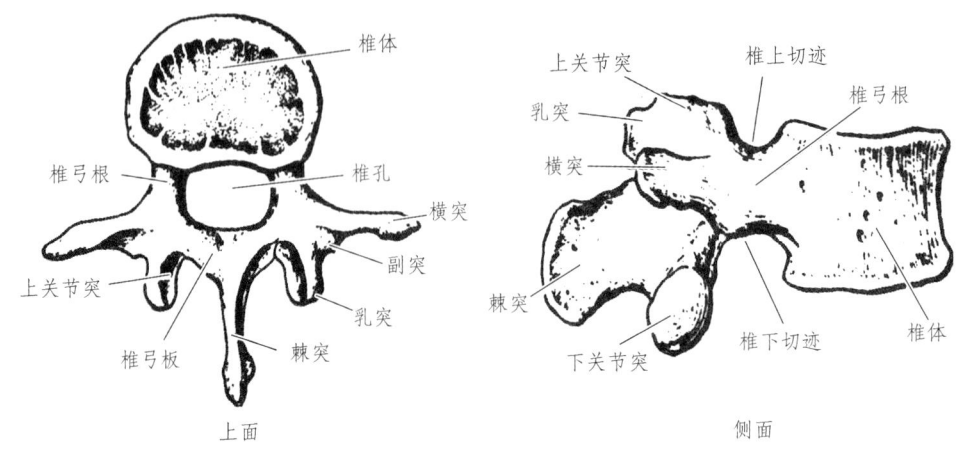

图 2-4-6　腰椎

d：骶骨与尾骨（图2-4-7）：包括上关节突、骶骨岬、骶管、耳状面、骶前孔、骶后孔、骶管裂孔、骶角等。

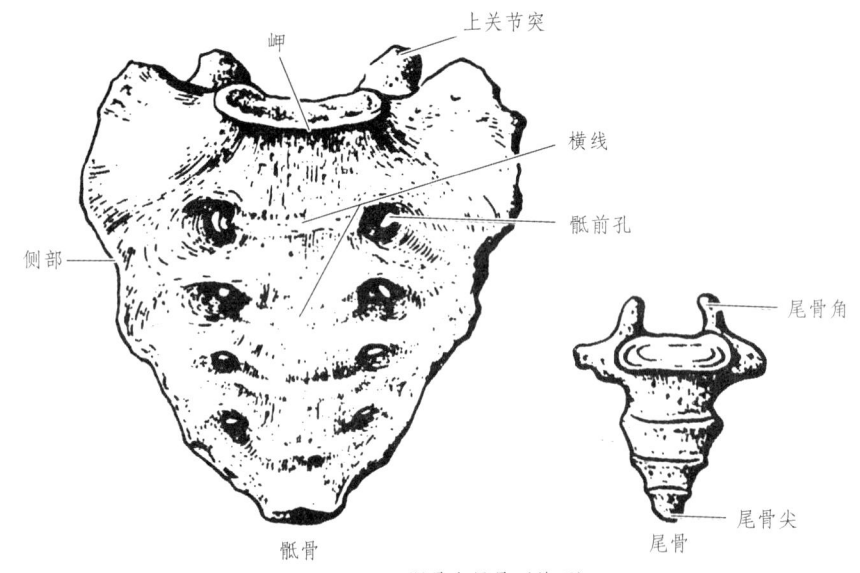

图 2-4-7　骶骨和尾骨

2. 躯干骨主要体表标志的触扪

（1）胸骨：位于皮下，可触扪到胸骨的前面。

（2）肋骨：可触扪到第2至第12肋骨的外面。

（3）椎骨：位于皮下，可触扪到全部椎骨的棘突，低头时在颈后部最长的棘突为第7颈椎，是确定各位椎骨的重要标志。

（三）观察颅骨（图 2-4-8）

1. 颅骨骨性标志

在颅骨标本上辨认眶上缘和外耳门上缘形成的分界线，颅骨可分为脑颅骨和面颅骨两部分。

脑颅骨包括不成对的 1 块额骨、1 块枕骨、1 块筛骨、1 块蝶骨和成对的 2 块顶骨、2 块颞骨，一共 8 块。面颅骨包括不成对的 1 块下颌骨、1 块犁骨、1 块舌骨和成对的 2 块上颌骨、2 块颧骨、2 块鼻骨、2 块泪骨、2 块腭骨和 2 块下鼻甲骨，一共 15 块，构成面部骨架。

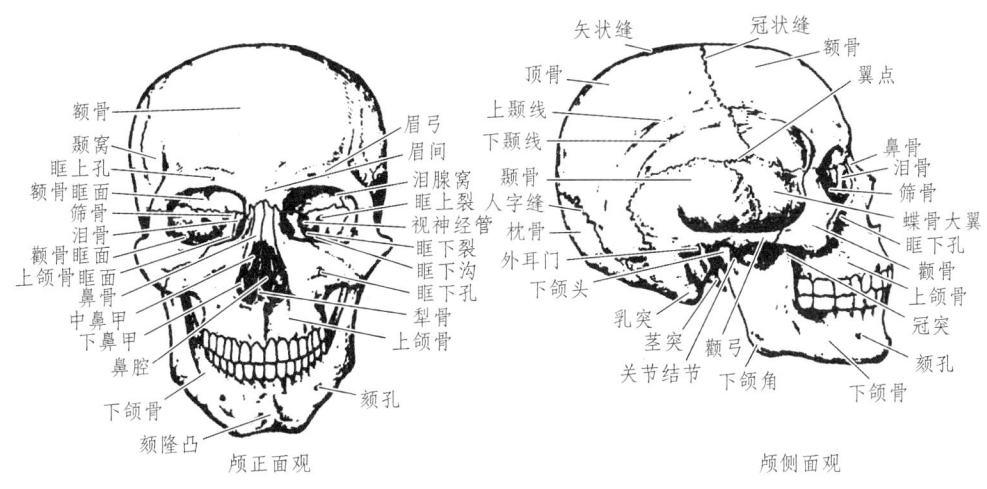

图 2-4-8　颅骨

2. 颅骨主要体表标志的触扪

颅骨颧弓位于两眶下缘外后方皮下；眉弓为眶上缘上方的横行隆起；颞骨乳突位于外耳门后下方皮下；枕外隆凸位于枕部正中皮下，低头时较明显；下颌角位于外耳门前下方。

二、观察中轴骨连结（图 2-4-9）

（一）脊　柱

1. 按如下 3 个方面进行观察

（1）取椎骨连结的纵切和横切标本，观察位于上、下两椎体间的椎间盘，辨认其周围部分的纤维软骨环和中央部分的髓核；辨认椎体前面的前纵韧带和后面的后纵韧带。

（2）取椎骨连结完整标本和矢状切标本，辨认椎弓板间的黄韧带、上下横突之间的横突间韧带、上下棘突之间的棘间韧带和位于棘突尖的棘上韧带。

（3）取相邻上、下位椎骨，并将其连结，观其上位椎骨的下关节面与下位椎骨上关节面相连结构成椎间关节。

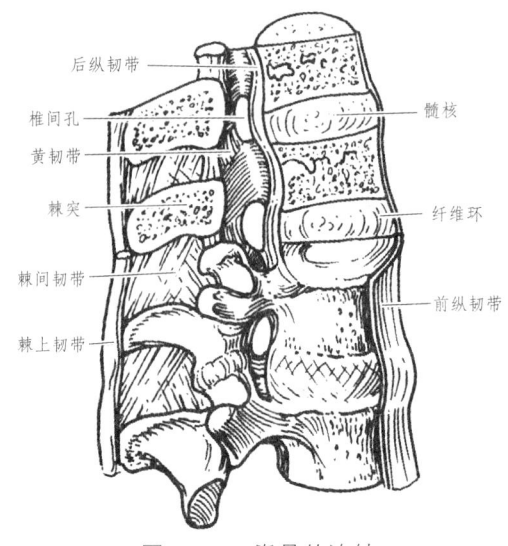

图 2-4-9 脊骨的连结

2. 脊柱整体观

取串联的脊柱标本和骨架，观察脊柱的组成及其形态。

（1）在脊柱标本上可观察到脊柱由 7 块颈椎、12 块胸椎、5 块腰椎、1 块骶骨和 1 块尾骨及 23 个椎间盘借助韧带、关节连结而成。前面观，椎体自第 2 颈椎至第 2 骶椎，椎体逐渐增大，第 3 骶椎向下逐渐窄小；椎间盘胸段最薄，腰段最厚。侧面观，可见到 23 对椎间孔上面观，全部椎骨的椎孔串联构成椎管，其内容纳脊髓。

（2）在骨架上，从前、后面观察，脊柱全长为一直线；侧面观，则全长有 4 个弯，即颈腰段凸向前分别为颈弯和腰弯，胸、骶段凸向后分别为胸弯和骶弯。

（二）观察胸廓的形态（图 2-4-10）

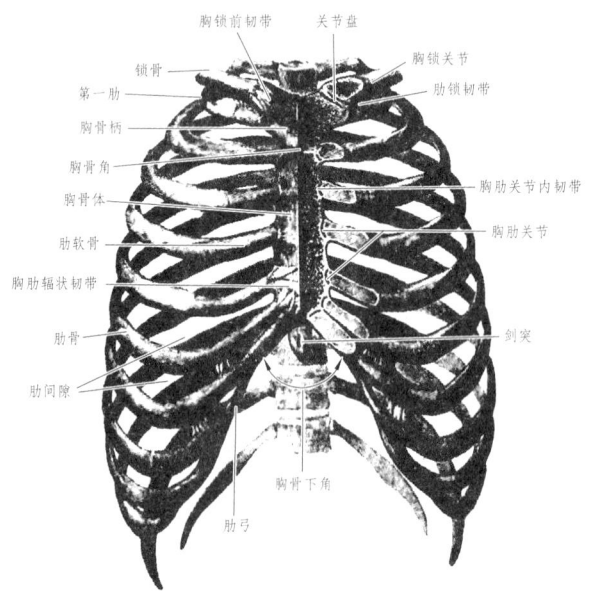

图 2-4-10 胸廓骨的连结

(1)取人体骨架,观察胸廓由 12 个胸椎、12 对肋骨和肋软骨以及 1 块胸骨连结而成。注意观察上位 7 对肋骨借助软骨连于胸骨,为真肋;8~10 对肋骨不与胸骨直接连结,为假肋;第 11、第 12 对肋骨前端游离,为浮肋。同时观察肋骨后端与胸椎形成关节,并思考胸廓扩大时肋骨的上提、下降活动情况。

(2)观察胸廓的形态,可见呈前后稍扁的锥体,其上口小、下口大,并由膈肌所封闭。这个形态形成了胸廓的前后径小于横径。

(三)脊柱的运动实践

令学生做广播体操的腹背运动,伸展动作脊柱做伸运动;体前屈动作脊柱则为屈运动;体侧运动时,脊柱为左、右侧屈运动;体转运动时,脊柱为左、右回旋。平时的腰绕环,脊柱做环转运动。

三、观察中轴骨骼肌

(一)运动头颈肌肉的观察

运动头颈的肌肉多位于头颈部腹侧、背侧和左右两侧。着重观察胸锁乳突肌,该肌在躯干肌标本的颈部,斜列于颈部两侧的浅层。观察此肌起止点和肌纤维方向。

(二)运动脊柱肌肉的观察

1. 腹 肌

腹肌通常指位于躯干腹腔前壁和侧壁的肌肉,包括腹直肌、腹外斜肌、腹内斜肌和腹横肌。除腹横肌外,均可使脊柱运动(图 2-4-11)。

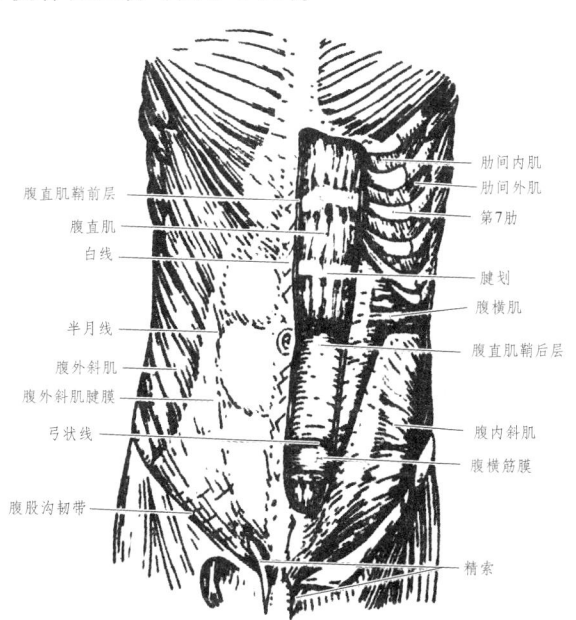

图 2-4-11 腹部的骨骼肌

（1）腹直肌在躯干肌腹侧，可见位于腹前壁正中线的两侧，被腹直肌鞘包裹。将腹直肌鞘翻开，可观察到此肌的全长有 3~4 个横行腱划。观察其起止点，思考其功能。

（2）腹外斜肌位于腹前外侧部浅层，为宽阔扁肌。注意观察上部起点与前锯肌的肌齿相交情况及肌纤维排列方向，思考其功能。

（3）腹内斜肌位于腹外斜肌深面。观察其起止点和肌纤维排列方向，思考其功能。

2. 背部伸肌

背部伸肌包括竖脊肌。竖脊肌位于躯干背面深层，在已切除斜方肌、菱形肌和背阔肌的躯干肌肉标本上，可观察到 3 条纵向平行排列的肌肉，从外侧向内依次是髂肋肌、最长肌和棘肌。观察其起止点，思考其功能。

使脊柱屈的主要肌群有胸锁乳突肌、腹直肌、腹外斜肌和腹内斜肌等。

使脊柱伸的主要肌群有斜方肌和竖脊肌等。

使脊柱侧屈的肌群是位于脊柱矢状轴同侧的肌群，主要有胸锁乳突肌、腹直肌、腹内斜肌、腹外斜肌和竖脊肌等。

当同侧的腹内斜肌和对侧的腹外斜肌一起收缩时，脊柱腰段可完成向同侧回旋。

（三）呼吸运动肌肉的观察

参与呼吸运动的肌肉很多，其中以膈肌的作用最为重要。注意观察膈肌和肋间内、外肌。

（1）在胸腹腔中，可见到位于胸廓下口，分隔胸腔与腹腔，向上膨隆呈圆顶形宽薄的膈肌。此肌的形态特点：周围为肌性，中央为中心腱。注意其分布、肌纤维排列方向，辨认出此肌的 3 个裂孔（主动脉裂孔、食管裂孔和腔静脉孔）。思考该肌收缩与松弛时，与呼吸运动的关系。

（2）观察肋间外肌和肋间内肌位置，肋间外肌位于肋间隙内，居于浅层，肋间内肌位于肋间外肌深面。注意观察两肌的肌纤维方向，思考其功能。

四、人体实体表面躯干肌肉的触扪与观察

通过对躯干浅层有关肌肉的触扪与观察，进一步确认这些肌肉在人体实体中的位置、形态及其作用。

（1）胸锁乳突肌。当头用力转向对侧时，可观察并触扪到位于同侧颈部前方的胸锁乳突肌。

（2）腹直肌。在用力收腹、上体稍前屈时，可在躯干腹部前面观察并触扪到两条凹凸分明的多腹肌，即腹直肌肌腹。

【思考与作业】

（1）阐述脊柱的组成、结构特点，并结合实践说明其运动形式。

（2）试阐述腹直肌、腹内斜肌、腹外斜肌、竖脊肌的起止点、功能以及发展其力量和伸展性的练习方法。

实验五 内脏的观察

【实验目的】

（1）了解消化系统的组成及其主要器官的位置、形态和大体结构；
（2）掌握胃黏膜、小肠黏膜、肝小叶的微细结构；
（3）了解呼吸系统的组成及其主要器官的位置、形态和大体结构；
（4）掌握肺小叶和气血屏障的微细结构；
（5）了解泌尿系统的组成及其主要器官的位置、形态和大体结构；
（6）掌握肾单位的微细结构。

【实验内容】

（1）观察消化系统各主要器官的位置、形态和结构；
（2）观察呼吸系统各主要器官的位置、形态和结构；
（3）观察泌尿系统各主要器官的位置、形态和结构。

【实验器材】

消化系统全模型、呼吸系统全模型、泌尿系统全模型。

【方法与步骤】

一、观察消化系统（图 2-5-1）

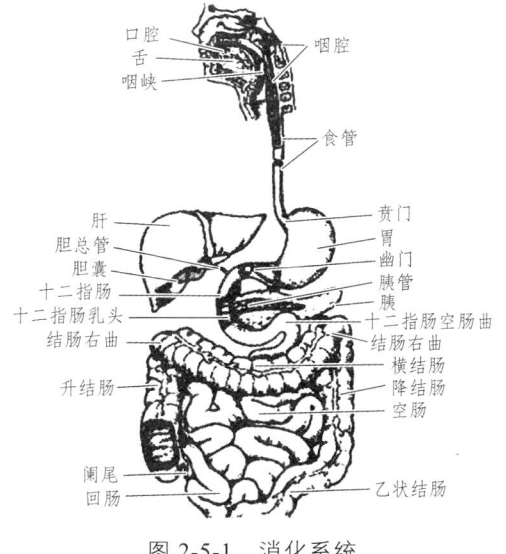

图 2-5-1 消化系统

1. 消化系统的组成，主要器官的位置、形态和大体结构

取消化系统全标本、模型或挂图进行观察。消化系统由消化管（口腔、咽、食管、胃小肠、大肠）和消化腺（3 对唾液腺以及肝和胰等）组成。食管上接口、咽，向下穿过膈，延续于胃的贲门；胃的幽门连结"C"形的十二指肠；向下的空肠和回肠在腹腔迂回成袢状，在右髂窝处移行为盲肠；盲肠的后下方细长的盲管为阑尾；结肠呈"门"字形环绕在小肠周围，分升结肠、横结肠、降结肠、乙状结肠 4 部分，在左髂窝呈"乙"字形入小骨盆接直肠，最后开口于肛管。

取人体半身模型观察，可见开口于口腔的 3 对唾液腺：腮腺、舌下腺和下颌下腺。消化腺还包括肝和胰，分别有胆总管和胰腺管开口于十二指肠大乳头。

2. 胃的位置、形态、大体结构（图 2-5-2）

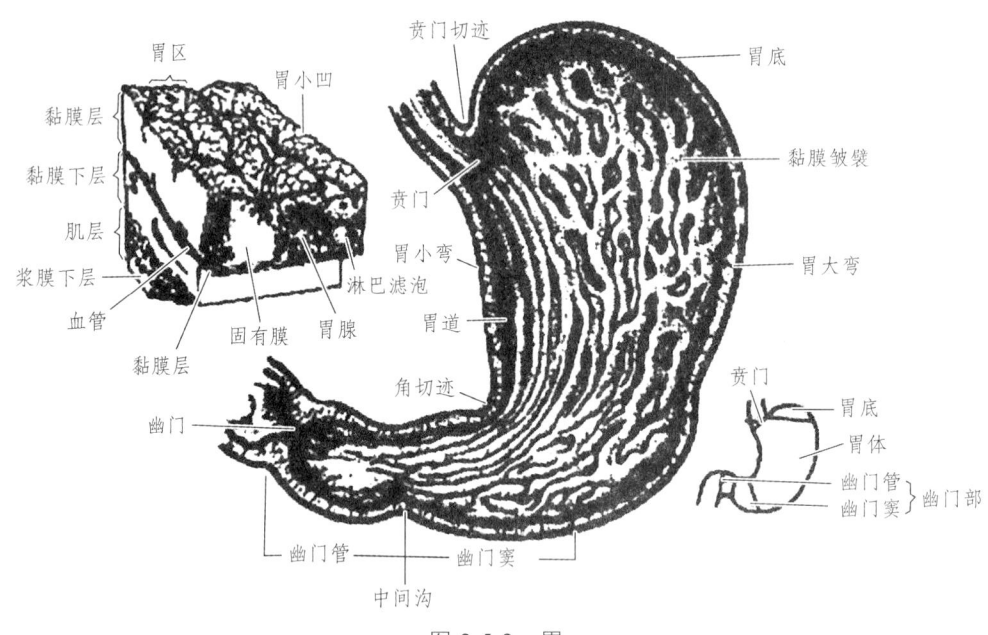

图 2-5-2　胃

取消化系统全标本观察，胃大部分位于腹腔的左季肋区，小部分位于腹上区。取胃的标本、模型或挂图观察，可见胃的 4 分部：近贲门的贲门部、自贲门向左上方膨出的胃底部、中部的胃体部和近幽门的幽门部。胃的入口称贲门，与食管相接；出口称幽门，与小肠相接；胃有前后壁，左侧向外凸起的称为胃大弯，右侧向内凹陷的称为胃小弯。

将胃模型打开成前后两半或取胃冠状切标本观察，胃壁由内向外分黏膜层、黏膜下层、肌织膜和外膜 4 层。黏膜层可见许多黏膜皱襞，在胃小弯处形成几条纵行皱襞。在去除膜外的胃模型上观察肌织膜的 3 层结构——外层纵行肌、中层环形肌、内层斜形肌，注意观察环形肌在幽门处增厚形成幽门括约肌。

思考并讨论上述结构如何与胃的生理功能相适应。

3. 小肠的形态、大体结构

取小肠的纵切面模型观察，小肠黏膜凸向肠腔形成环形皱襞，皱襞表面有密集的小肠绒

毛。在显微镜下观察小肠绒毛的组织切片或使用多媒体观看切片幻灯,可见绒毛表面的单层柱状上皮,杯状细胞散布其间,绒毛中有中央乳糜管,周围可见较多的毛细血管。

思考并讨论上述结构如何与小肠强大的消化吸收功能相适应。

4. 肝的位置、形态、结构

取人体半身模型观察,肝大部分位于右季肋区,小部分位于腹上区及左季肋区。

取肝模型观察,肝呈楔形,右端粗大而圆钝,左端细小,分上、下两面,前、后两缘。肝上面光滑,被矢状方向的镰状韧带分为左、右两叶,下面凹凸不平,有"H"形的3条沟,横沟称肝门,有肝动脉、门静脉、肝管、淋巴管和神经进出。右侧沟前半部分有一胆囊窝,容纳胆囊。后半部分有腔静脉沟,有下腔静脉通过。肝前缘较锐利,后缘较圆钝。

思考并讨论经食物吸收的营养如何在肝血窦完成物质交换。

二、观察呼吸系统(图 2-5-3)

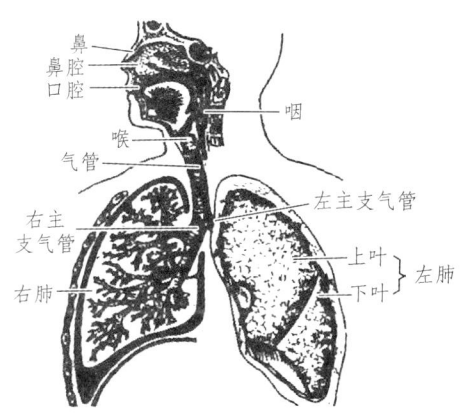

图 2-5-3 呼吸系统

1. 呼吸系统的组成,主要器官的位置、大体形态和结构

取呼吸系统全标本、模型或挂图观察,呼吸系统由鼻、咽、喉、气管、支气管和肺组成。上呼吸道始于鼻腔,向后通一漏斗形、前后略扁的肌性管道——咽,咽向前下通于喉,喉向下与气管相通。肺分左、右两肺,位于胸腔内,中间以纵隔相隔,是进行气体交换的实质性器官。注意观察并分辨进出肺门的管道。从头正中矢状切面标本或模型辨识固有鼻腔侧壁上4 对鼻旁窦(额窦、筛窦、上颌窦、蝶窦)的开口和咽鼓管咽口。在活体上触摸喉结(甲状软骨),在喉腔模型上辨识环状软骨、会厌软骨、杓状软骨以及前庭襞、声襞和声门裂,前庭襞、声襞把喉分为3 个腔,即喉前庭、喉中间腔和声门下腔。取气管连肺标本或模型观察,成人气管在胸骨角(第二肋软骨)水平分为左、右支气管入肺。注意观察和总结左、右主支气管的形态差别,纵隔的位置和其中的主要器官。

2. 肺的位置、形态、结构和肺小叶的微细结构

在人体半身模型上观察,肺位于胸腔内,左右各一,分居于纵隔两侧。观察左、右肺标

本或模型，肺的形状呈圆锥形，分 1 尖（肺尖）、1 底（膈面）、3 面（外侧面又称肋面，内侧面又称纵隔面，下面又称膈面）和 3 缘（前、后、下缘），内侧面中间凹陷处为肺门，有肺的血管、主支气管、淋巴管和神经进出，结缔组织包绕出入肺门的结构构成肺根。左肺较狭长，分上、下两叶，右肺较粗钝，分上、中、下三叶。左肺前缘下部有一弧形凹陷，称心切迹。

观察支气管树模型或挂图，可见主支气管从肺门入肺后反复分支，达细支气管后再分支为终末细支气管，随不断分支而管径渐小、管壁渐薄。这一段结构只输送气体而无气体交换作用，故称为肺的导气部。

观察肺小叶模型或挂图，辨认肺的呼吸部，即呼吸性细支气管、肺泡管、肺泡囊、肺泡。

使用多媒体观看人肺切片的幻灯片，可见上述管壁及肺泡壁均衬有单层扁平上皮。

对照肺泡壁的模型或挂图，辨认气血屏障的构成——肺泡上皮、上皮基膜、毛细血管内皮基膜和内皮细胞。

思考并讨论肺小叶和肺泡壁的结构与其功能的关系。

三、观察泌尿系统（图 2-5-4）

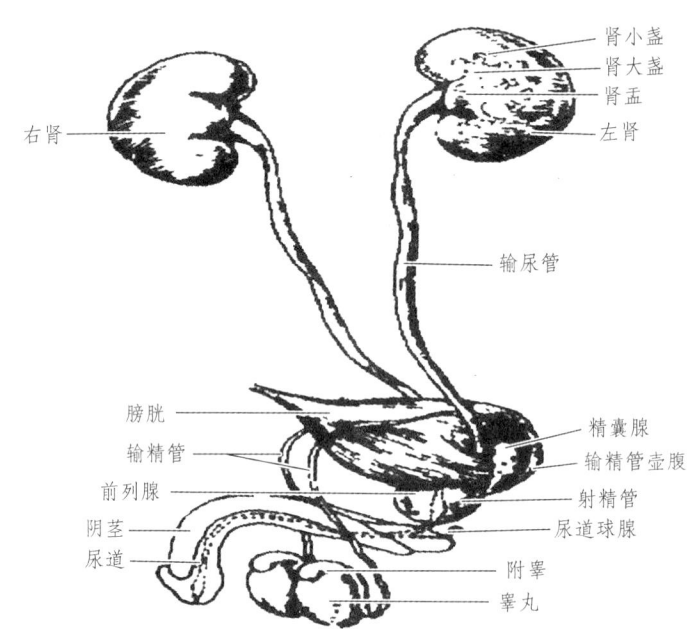

图 2-5-4 泌尿系统组成

1. 泌尿系统组成，各主要器官的位置、形态和大体结构

取泌尿系统全标本或模型观察，泌尿系统由肾、输尿管、膀胱和尿道组成。左、右两肾位于腹腔后上部、脊柱的两侧，紧贴腹后壁，两肾上端稍靠近，下端稍远离。左肾上端平 11 胸椎下缘，下端平第 2 腰椎下缘，右肾比左肾约低半个腰椎体，其上端平 12 胸椎，下端平第 3 腰椎。肾的内缘中部凹陷，该处即肾门，从前到后依次有肾静脉、肾动脉、淋巴、神经和肾盂出入。输尿管为长约 30 cm 的扁圆柱形肌性管道，两侧沿腰大肌前面下降进入盆腔内的

膀胱。输尿管的 3 个狭窄处分别位于起始部、跨过髂总动脉处和进入膀胱处，这 3 处狭窄是泌尿系统结石易滞留的部位。膀胱是位于盆腔内的肌性囊，其形状和大小随尿液的充盈程度不同而改变。观察两性盆腔正中央矢状面标本、模型或挂图，成人膀胱空虚状态下呈锥体形，尖指向前上方，前为耻骨联合，后方在男性有精囊腺、输精管和直肠，在女性有子宫和阴道。尿道位于膀胱底部的下方，为长约 3~4 cm 的肌性管道，男性尿道细而长，女性尿道宽而短。

2. 肾的大体结构（图 2-5-5）

取肾的大体结构模型观察，肾形似蚕豆，外缘凸起，内缘中部凹陷（即肾门）。在冠状面上可见，肾的表面由内向外有纤维囊、脂肪囊和肾筋膜等 3 层被膜包绕。肾包括肾窦和肾实质。肾窦为肾门向肾内延续的一个较大的腔隙，内含肾动脉的主要分支、肾静脉的主要属支以及肾盂、肾小盏和肾大盏；肾实质包括肾皮质和肾髓质。肾皮质位于肾的边缘，呈红褐色，为致密的细小颗粒，其深入髓质的部分称肾柱；肾髓质位于肾的深部，色较淡，为较致密的条纹，有 15~20 个呈锥形的肾锥体，肾锥体尖钝圆，伸向肾窦，称肾乳头。每 2~3 个肾乳头被一个肾小盏包绕，每 2~3 个肾小盏集合成一个肾大盏，每个肾有 2~3 个肾大盏，肾大盏汇合成漏斗状的肾盂，肾盂出肾门后移行为输尿管。

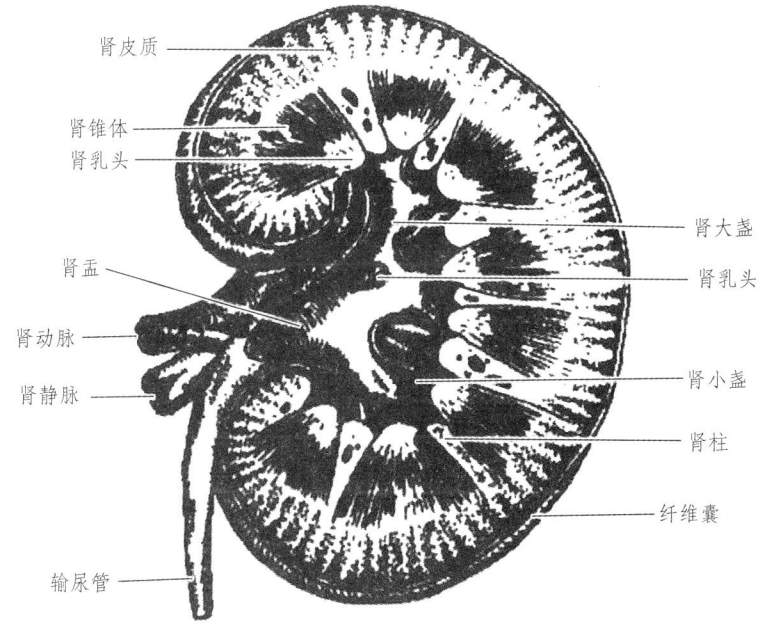

图 2-5-5　肾的大体结构

【思考与作业】

（1）详述人体与消化和吸收功能相适应的胃及小肠的解剖结构特点。
（2）详述肺小叶和肺泡壁的结构与其功能的关系。
（3）结合肾脏的结构，详述尿液的生成过程。

实验六 心血管系统的观察

【实验目的】

（1）了解心的位置及其左右、上下、前后的毗邻关系；
（2）识别心表面的面和沟、与心脏相连的大血管；
（3）掌握心腔的结构和心的营养血管；
（4）掌握体循环主要动脉（静脉）的分支与分布。

【实验内容】

（1）观察心的位置、形态和心腔结构；
（2）观察体循环主要动脉（静脉）的分支与分布；
（3）观察心的营养血管。

【实验器材】

心模型、全身动脉分布模型。

【方法与步骤】

一、心的形态观察（图2-6-1）

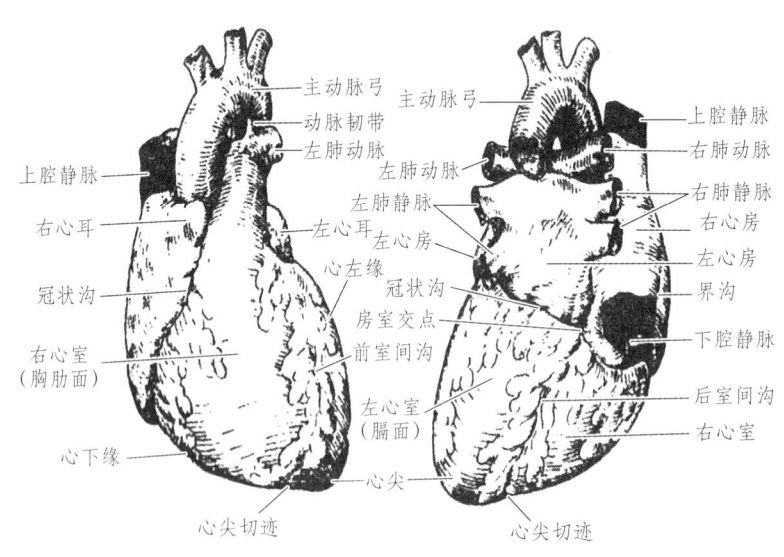

图 2-6-1 心的形态

取心的解剖标本或模型，从外表面观察，心的外形近似前后略扁的倒置圆锥体。心的外形可分为心底、心尖和心体。心底大部分由左心房构成，小部分由右心房的后部构成。上下腔静脉从上、下方分别注入右心房，左、右肺静脉共4条分别从两侧注入左心房。心底及心尖部由左右心室构成，主动脉和肺动脉分别发自左心室和右心室，心尖朝向左前下方，是左心室的一部分。

心的外表面可观察到4个面，即胸肋面（又称前面、前壁，由右心房大部分、左心耳小部分、右心室前壁大部分及左心室小部分构成）、膈面（又称下面，朝向后下方，贴于膈肌，由左心室大部分和右心室小部分构成）、左侧面（朝向左上方，由左心室大部分和左心房小部分构成）和右侧面（由右心房构成，上下分别续于上腔静脉和下腔静脉）。

心外表面还可观察到4个缘：即上缘、左缘、下缘和右缘。上缘主要由左心房构成；左缘（或钝缘）斜向左下方，大部分由左心室构成，小部分由左心耳构成；下缘（或锐缘）近似水平位，大部分由右心室构成，心尖部由左心室构成；右缘由右心房构成，是向右侧微凸的右心房的轮廓，主要用于X线造影。

心的外表面还可观察到4条明显的浅沟，即冠状沟、前室间沟、后室间沟和后房间沟。冠状沟又称房室沟，近心底处呈横位环绕心脏，是分隔心房和心室的标志，冠状沟前部被肺动脉和主动脉隔断。沿冠状沟左行称为左冠状动脉，沿冠状沟右行称为右冠状动脉。前室间沟和后室间沟位于心的前、后面，自冠状沟向下达心尖右侧相汇合（此处又称心尖切迹），是左、右心室在心表面的分界标志。后房间沟是左、右心房在心表面的分界标志。

二、心腔的形态结构观察

取心的解剖标本或模型观察右心房的入口（包括上腔静脉口、下腔静脉口、冠状窦口尖瓣）和出口（右心室口内侧壁为房间隔，房间隔下方有卵圆窝）。右心室的入口为右房室口，三尖瓣借腱索和乳头肌固定在心室里，防止血液倒流。右心室的出口为肺动脉口，有肺动脉瓣，可防止血液倒流。观察肺动脉瓣的结构，思考其作用。

取心的解剖标本或模型观察，左心房的入口（肺静脉口）有4个，左心房的流出口是左房室口。左心室的入口为左房室口，有二尖瓣，通过腱索和乳头肌固定；左心室的出口为主动脉口，有主动脉瓣。比较三尖瓣和二尖瓣的外形区别，思考其不同作用；观察主动脉瓣外形，思考其作用。

三、体循环的主要动脉（静脉）分支与分布（图 2-6-2）

取全身动脉分布模型观察，主动脉连于左心室，起始部发出左、右冠状动脉，向上为主动脉升部和主动脉弓。在主动脉弓上，从右至左依次发出头臂干动脉、左颈总动脉和左锁骨下动脉3大分支。主动脉下行通过的一段称为主动脉胸部，通过腹腔的一段称为主动脉腹部，继续下行平第4腰椎高度，分为左、右髂总动脉。

上肢的动脉发出2个分支：一支向颈部和头部延伸称为颈总动脉，左、右颈总动脉向上延伸至甲状软骨上缘处分为颈外动脉和颈内动脉。在颈内动脉起始处，其内腔有膨大的颈动脉窦存在。在颈内、外动脉分叉处的后壁内有一麦粒状的颈动脉体。颞浅动脉在外耳门前方可摸到其搏动。另一支向上肢延伸称为锁骨下动脉。观察左、右锁骨下动脉，可见该动脉在穿越锁骨下方直接续为腋动脉，穿过腋窝向下移行为肱动脉，再达肘窝中点处分支为桡动脉和尺动脉。在活体上，肘窝的肱二头肌腱内侧可摸到肱动脉的搏动，此处是测量血压时的听诊部位。在桡骨下端近腕横纹桡侧腕屈肌的外侧，可摸到桡动脉的搏动，此处是常用的切脉部位。

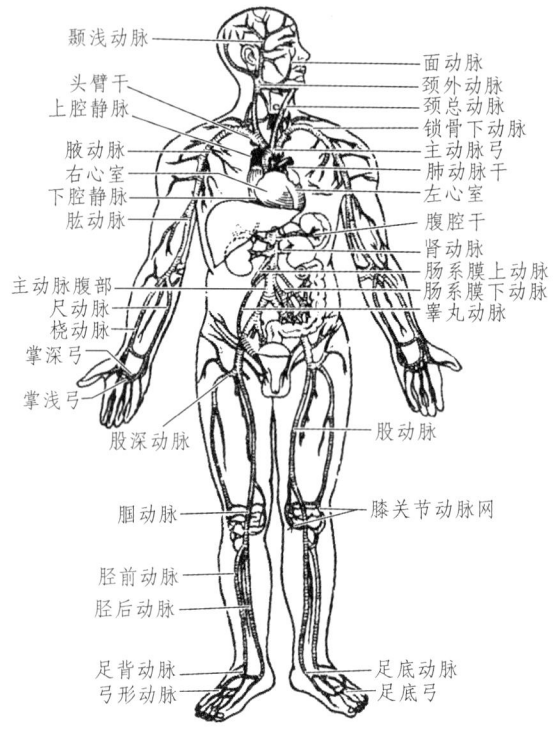

图 2-6-2　体循环的主要动脉分支与分布

下肢动脉主干续于髂外动脉，下行至股骨前部移行为股动脉，在腹股沟处可摸到股动脉的搏动。股动脉再下行至腘窝处移行为腘动脉，继续向下分支为胫前动脉和胫后动脉，继续分支分布于小腿和足。

【思考与作业】

（1）绘制心的纵切面示意图。
（2）详述营养物质从口腔摄入到输送至小腿的途径以及小腿产生的代谢产物排出体外的途径。

实验七　中枢神经系统的观察

【实验内容】

（1）观察脊髓的位置、外形和组成。

（2）观察脑干、小脑、间脑、大脑的位置、外形和组成。

【实验目的】

（1）了解脊髓、大脑、小脑、脑干及间脑的位置和外形。
（2）掌握大脑皮质主要的机能定位中枢。

【实验器材】

脑干模型、小脑模型和脑解剖模型。

【方法与步骤】

一、观察脊髓的外形

观察中枢神经系统整体标本或模型，脊髓呈前后稍扁的圆柱体，上部有颈膨大、下部有腰骶膨大，向下渐渐缩小成脊髓圆锥，再向下延伸为一根细长的终丝。

二、观察脊髓表面的沟及与脊髓相关的结构

（1）脊髓表面有6条纵形的沟或裂。腹侧面可见正中较深的前正中裂及其两侧一对较浅的前外侧沟；背侧面可见正中较浅的后正中沟及其两侧一对较浅的后外侧沟。
（2）与脊髓相关的结构。在脊髓节段解剖模型上可见自脊髓前外侧沟走出的前根；自后外侧沟进入的后根；同一节段的前根和后根在椎间孔处汇合成脊神经（共有31对）。后根在与前根汇合之前，于椎间孔处有膨大的脊神经节。
（3）与每对脊神经的前、后根相连的脊髓节段为脊髓节（共有31节）。注意观察从脊髓各节段发出的脊神经根在椎管内不是平行地穿出相应的椎间孔，其中颈上段为横行，颈下段和胸段为斜下行，然后走向相应的椎间孔，而腰、骶、尾部的脊神经根在出相应椎间孔之前，先在椎管内向下行，围绕终丝集聚成马尾。

三、观察脊髓的内部结构

（1）脊髓主要由中央的灰质和周围的白质构成。在脊髓横断面标本或模型上观察，可见位于中央颜色较深、呈蝶形的灰质，它纵贯脊髓全长，中央有中央管。每侧灰质前端膨大部分称前角，后端较窄细部分称后角，在脊髓胸段灰质的前后角之间有一个向外突出的侧角。

思考前角、后角和侧角内有何性质的神经元。

（2）在脊髓横断面标本或模型上观察，可见位于灰质周围、颜色较浅的白质，包括前正中裂与前外侧沟之间的前索、后正中沟与后外侧沟之间的后索和前、后外侧沟之间部分的侧索。在前索和外侧索中辨认出皮质脊髓前束和侧束，脊髓小脑前束和后束，脊髓丘脑前束和侧束。在后索中辨认出薄束和楔束；辨认出紧贴灰质表面的固有束等。

思考上述各束属何性质的纤维束，回忆脊髓的功能。

四、观察辨认脑干、间脑和小脑的位置

取脑模型，将左、右两半分开，从内侧面观察，脑干呈柱状，上方为间脑，大部被大脑半球覆盖，下方连脊髓，脑干的背侧、大脑后下方为小脑。脑干自下而上依次为延髓、脑桥、中脑。

五、观察辨认脑干的形态与结构

观察、辨认脑干外部形态及主要结构，分3个步骤。

（1）取脑干放大模型观察延髓段。腹侧面可见延髓上部正中裂两侧，有一对纵行隆起为锥体，其下方可见锥体交叉。锥体外侧一对卵圆形隆起为橄榄；背面可见与脊髓相连的后正中沟两侧，有两对隆起，近中线的一对为薄束结节，外上方一对为楔束结节。还可观察到楔束结节外上方的小脑下脚，以及延髓与脑桥背侧面的菱形窝，即第四脑室。

（2）取脑干放大模型观察脑桥段。腹侧面可见隆起的基底部，有横行粗大的纤维束，中央纵行的基底沟，下方为延髓与脑桥的界沟。背侧面可见菱形窝上半部以及小脑中脚。

（3）在脑干放大模型观察中脑段。腹侧面可见两条纵行的大脑脚；背面可见小脑中脚内侧上方的小脑上脚，还可见两对圆形隆起，上方一对为上丘，下方一对为下丘。

脑干除有传导和反射的功能外，其网状结构有特殊的功能。

六、观察辨认间脑的分部与结构

（1）间脑分为5部分，包括背侧丘脑、上丘脑、后丘脑、底丘脑和下丘脑。在脑干放大模型的上后隆凸部，辨认上丘脑和背侧丘脑，在背侧丘脑后下方辨认后丘脑的内侧膝状体和外侧膝状体。在脑干放大型的腹侧，中脑的大脑脚上方辨认下丘脑的乳头体、灰结节、漏斗。丘脑底部在模型上不易观察到。

（2）在透明脑干电动模型上，可观察到背侧丘脑内部有一对较大的卵圆形灰质块，此即丘脑核。模型上有不同染色，可辨认出其前核、内侧核和外侧核。同时可观察到内、外侧膝状体内部有相应的神经核。思考丘脑核和内、外膝状体核分别接受来自何种纤维，属什么皮质下中枢。

七、观察辨认小脑的形态和内部结构

（1）取小脑模型，辨认小脑两半球、中间的蚓部以及表面许多排列有序的沟回。

（2）取小脑切面标本观察，可见小脑内部的表层染色较深的灰质，即小脑皮质，还可见深部色淡的白质以及白质中有 4 对染色较深的小脑中央核。

八、观察大脑的位置与外形（大脑切面标本，透明脑干电动模型）

（1）将人体半身模型的一侧头部取下观察，可见大脑位于颅脑内，其下方有间脑与脑干相连，后下方为小脑。

（2）在脑标本和模型上可观察到大脑由正中的大脑纵裂分为左、右两半球。沿大脑纵裂将大脑模型分成两半球，取一侧半球模型观察可见有 3 个面，即背外侧面、内侧面和底面。背外侧面为较隆凸的面；内侧面是两半球相对较平坦的面；底面向下，为凹凸不平的面。内侧面可见呈弓形的胼胝体，它由连接两半球的横行纤维束构成。

九、观察大脑半球表面的主要沟、回、分叶及大脑皮质重要功能中枢部位

（1）取一侧大脑半球模型观察大脑半球的主要沟裂，辨认位于背外侧面，从前下向后上行的外侧沟；位于背外侧面，半球上缘中点稍后方向前下斜行的中央沟；位于内侧面后部从前下向后上行，并略转至背外侧面的顶枕沟。

（2）在模型上观察大脑半球的 5 个分叶，辨认位于中央沟之前，外侧沟之上的额叶；位于中央沟之后，外侧沟之上，顶枕沟之前的顶叶；位于顶枕沟之后的枕叶；位于外侧沟之下的颞叶；位于外侧沟深部的岛叶。

十、观察大脑的内部结构

取大脑冠状切面标本观察，可见其表层染色较深的灰质，深部色淡的白质。白质中可见回与回之间走向的，即为联络纤维；位于两半球之前弧形走向的为连合纤维，也即构成胼胝体的纤维；从各回向下行走至脑干的纤维为投射纤维。在白质中接近脑底部可见有灰质，即基底核，基底核包括尾状核、豆状核和杏仁体。在透明脑干电动模型上辨认尾状核、豆状核、杏仁体等。

【思考与作业】

什么是大脑皮质机能中枢？请详述主要的机能中枢名称及其位置。

实验八　观察周围神经系统和传导通路

【实验目的】

（1）熟悉第Ⅰ至第Ⅻ对脑神经进出脑的部位，了解其分布概况。
（2）了解脊神经的组成及颈丛、臂丛、腰丛和骶丛的组成、位置和主要分支、分布概况。
（3）了解躯干和四肢的一般感觉传导通路、意识性本体感觉传导通路、锥体系传导通路。

【实验内容】

（1）观察第Ⅰ至第Ⅻ对脑神经进出脑的部位及其分布。
（2）观察脊神经的组成、分支与分布。
（3）观察躯干和四肢的一般感觉传导通路、意识性本体感觉传导通路和锥体系传导通路。

【实验器材】

脑和脑干模型，脑干电动模型，全身主要神经、血管分布模型，传导通路电动模型。

【实验方法】

（1）每2个学生为一组，根据教材和实验指导仔细观察标本和模型，掌握周围神经系统的组成，主要的脑神经及脊神经的功能。
（2）实验前半小时进行实验预习内容抽查考试。

【实验步骤】

一、观察脑神经

脑神经是与脑相连的神经，共12对，用罗马数字表示其顺序。取附有脑神经的脑和脑干模型，观察、辨认第Ⅰ至第Ⅻ对脑神经的位置，观察、辨认脑神经的分布概况。
（1）Ⅰ嗅神经自鼻黏膜处上行穿过筛孔，在额叶底面终于嗅球。思考其属何类性质的神经。
（2）Ⅱ视神经自眼球的视网膜穿过视神经孔经视交叉、视束，终于外侧膝状体核。思考其属何类性质的神经。
（3）Ⅲ动眼神经由中脑的大脑脚内侧出脑至眼眶，分布于眼肌。思考其属何类性质的神经。
（4）Ⅳ滑车神经起于中脑背面、下丘上方，分布于眼外肌。思考其属何类性质的神经。
（5）Ⅴ三叉神经位于脑桥腹侧小脑中脚跟部，分布于咀嚼肌和面部皮肤。思考其属何性质的神经。
（6）Ⅵ展神经位于延髓脑桥界沟内最内侧，分布于眼肌。思考其属何类性质的神经。
（7）Ⅶ面神经位于延髓脑桥界沟内、展神经外侧，分布于面部表情肌及舌黏膜等。思考其属何类性质的神经。

（8）Ⅷ前庭蜗神经位于延髓脑桥界沟内、面神经外侧，分布于内耳。思考其属何类性质的神经

（9）Ⅸ舌咽神经位于延髓腹侧面橄榄后方的纵沟内、为纵沟内最上一对脑神经，分布于咽部和黏膜、舌后黏膜、颈动脉窦和颈动脉球。思考其属何类性质的神经。

（10）Ⅹ迷走神经位于舌咽神经下方的纵沟内，分布于颈、胸、腹部的脏器。思考其属何类性质的神经。

（11）Ⅺ副神经位于迷走神经下方的纵沟内，分布于胸锁乳突肌和斜方肌。思考其属何类性质的神经。

（12）Ⅻ舌下神经位于延髓锥体外侧，橄榄和舌咽神经内侧，分布于舌肌。思考其属何类性质的神经。

二、观察脊神经

脊神经共31对，借前根和后根与脊髓相连。每对脊神经由前根与后根在椎间孔合成。

（1）取附有脊神经的脊髓模型观察脊神经的组成。每一脊髓节的前、后外侧沟内，有脊神经根丝出入。辨认前根和后根，思考其内含神经纤维的性质。后根在近椎间孔处可见一膨大的结节，即脊神经节，思考节内有何神经细胞体。在椎间孔处可见由前根和后根汇合成的脊神经。

（2）取全身主要神经、血管分布模型，观察脊神经前支的分布概况。除胸部的胸神经前支保持着明显的节段性外，其余的相邻脊神经前支均互相吻合交织成神经丛。在模型上分别辨认颈丛、臂丛、腰丛和骶丛的组成及其主要分支。

① 在模型上可见由第1～第4对颈神经的前支组成的颈丛，其分支主要分布于颈肌、肩部。

② 在模型上可见由第5～第8对颈神经前支和第1胸神经前支的大部分组成的臂丛，辨认其主要分支：腋神经、正中神经、肌皮神经、尺神经和桡神经。它们分布于上肢肌和上肢皮肤。

③ 在模型上可见由第12胸神经前支的一部分和第1～第4对腰神经前支组成的腰丛，辨认其分支：股神经和闭孔神经。股神经主要分布于股前群肌和股前面皮肤，闭孔神经主要分布于股内侧肌群和股内侧皮肤。

④ 在模型上可见由第4～第5腰神经前支、第1～第5骶神经和尾神经前支组成的骶丛，辨认该丛发出短支的臀上神经和臀下神经、长而粗大的坐骨神经。臀上神经、臀下神经分布于臀部肌肉和皮肤，坐骨神经在大腿部的分支分布于股后肌群和股后面的皮肤。坐骨神经于腘窝处分支，在模型的腘窝部和小腿处辨认其分支胫前神经、胫后神经、腓神经等，它们分布于股后肌群、小腿肌、足底肌和小腿、足部皮肤。

三、观察躯干和四肢一般感觉传导通路途径

（1）在传导通路模型上辨认每个断面在中枢的部位，以及与传导通路有关的结构：脊髓

丘脑侧束、脊髓丘脑前束、脊髓丘脑束、内囊、丘脑皮质束；脊神经节、脊髓后角细胞、丘脑外侧核、大脑皮质中央后回和中央旁小叶后部。

（2）在辨认与传导通路有关结构基础上，在模型中追寻由躯干和四肢一般感受器，经脊神经节周围突传至大脑皮质感觉中枢的传导途径。注意第一至第三级神经元胞体所在位置，每级神经元纤维沿途交叉部位、上行途径，以及最终到达部位。

四、观察意识性本体感觉传导通路途径

（1）在传导通路模型上辨认每个断面在中枢的部位，以及与传导路有关的结构：薄束、楔束，内侧丘系、丘脑皮质束、内囊；脊神经节、薄束核、楔束核、丘脑外侧核、大脑皮质中央后回和中央旁小叶后部。

（2）在辨认与传导通路有关结构基础上，在模型中追寻意识性本体感觉传导途径。注意第一至第三级神经元胞体所在位置，每级神经元纤维沿途交叉的部位、上行途径，以及最终到达部位。

五、观察锥体系传导通路途径

（1）在传导通路模型上辨认每个断面在中枢的部位，以及与传导路有关的结构：内囊、大脑脚、锥体、锥体交叉、皮质脊髓前束、皮质脊髓侧束；大脑皮质中央前回、中央旁小叶前部、脊髓灰质前角。

（2）在辨认与传导通路有关结构基础上，在模型中追寻锥体系传导通路途径。注意上、下两级神经元胞体所在部位，每级神经元纤维沿途交叉的部位、下行途径，以及最终到达部位。

【思考与作业】

（1）试述 12 对脑神经的名称、发出部位和性质。
（2）请指出打篮球投篮时的神经传导通路途径。
（3）请指出运动员从听到枪声到起跑时的神经传导通路途径。

第三章
运动生理学实验

实验一 坐骨神经-腓肠肌标本的制备

【实验目的】

（1）学习蛙类动物单毁髓与双毁髓的方法。
（2）掌握蟾蜍的坐骨神经-腓肠肌标本的制备方法。

【实验原理】

蛙类的一些基本生命活动和生理功能与温血动物近似，而其离体组织器官的生存更为简单，可以在温室条件下，于一定时间内保持其功能。因此在生理实验中常以蟾蜍的坐骨神经-腓肠肌标本来观察兴奋性、兴奋过程及骨骼肌的收缩特性等。

蛙类坐骨神经-腓肠肌标本是研究神经冲动和肌肉收缩机能等生理试验最常用的试验材料，制备此标本是生理学试验的一项基本但又非常重要的操作技术。

【实验器材】

蟾蜍或蛙、常用手术器械（粗剪刀、手术剪、眼科剪、手术镊、眼科手术镊）、蛙板、蛙针、探针、锌铜弓、玻璃分针、培养皿、任氏液、滴管、烧杯、手术缝合线、棉花。

【实验方法】

（1）每两人为一组，其中一人为主试，另一人担任主试助理，两人互相配合，共同完成坐骨神经-腓肠肌标本的制作。
（2）根据实验步骤，严格按规程操作，随时请实验指导教师指导。
（3）及时检验标本的活性。

【实验步骤】

1. 破坏脑脊髓（图 3-1-1）

双毁髓的方法：左手握蟾蜍（一般可用纱布包住蟾蜍躯干），背部向上。用食指按压其头部前端，拇指压在躯干的背部，使头向前俯；右手持毁髓针，由两眼之间沿中线向后方划触，触及两耳后腺之间的宫凹陷处即是枕骨大孔的位置。将毁髓针由凹陷处垂直刺入，即进入枕骨大孔。然后将针尖向前刺入颅腔，在颅腔内搅动，以捣毁脑组织。如毁髓针确在颅腔内，实验者可感到针触及颅骨。此时的动物为单毁髓动物。再将毁髓针退至枕骨大孔，针尖转向后方，与脊柱平行刺入椎管，以捣毁脊髓。彻底捣毁

图 3-1-1　破坏脑脊髓

脊髓时，可看到蟾蜍后肢突然蹬直，然后瘫软。此时的动物为双毁髓动物。如动物仍表现四肢肌肉紧张或活动自如，必须重新毁髓。操作过程中应注意使蟾蜍头部向外侧（不要挤压耳后腺），防止耳后腺分泌物射入实验者眼内（如被射入，则立即用生理盐水冲洗眼睛）。

2. 剪除躯干上部及内脏（图 3-1-2）

在骶髂关节上 0.5～1.0 cm 处剪断脊柱，将躯干下部脊椎两旁的腹壁及内脏剪去，仅留下后肢、骶骨、脊柱以及由它发出的坐骨神经。

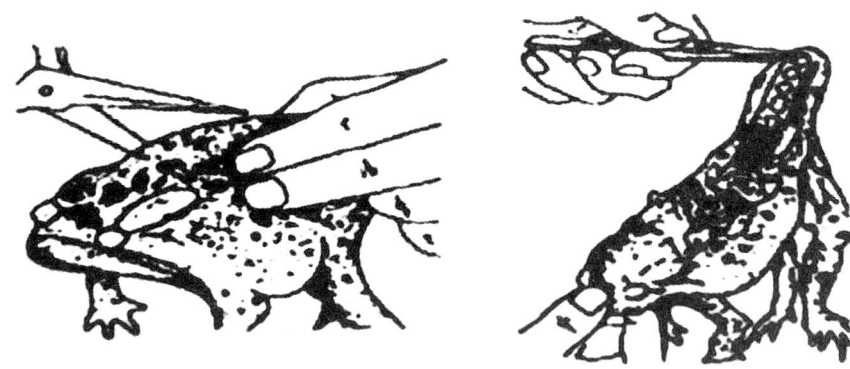

图 3-1-2　剪除躯干上部及内脏

3. 剥　皮（图 3-1-3）

避开神经，左手握住脊柱断端，右手捏住其断端上边的皮肤向下剥掉全部后肢皮肤。然后将标本放在盛有任氏液的培养皿中。

4. 清　洗

将手以及用过的剪子、镊子等全部手术器械洗净，再进行下述步骤。

5. 制作坐骨神经腓肠肌标本

（1）方法一。

① 分离两腿：避开坐骨神经，用粗剪刀从背侧剪去骶骨，然后沿中线将脊柱剪成左右两半，再从耻骨联合中央剪开（为保证两侧坐骨神经完整，应避免剪时偏向一侧）。将已分离的

图 3-1-3　剥皮

标本浸入盛有任氏液的培养皿中。

② 游离坐骨神经：取腿一条，先用玻璃分针沿脊柱侧游离至坐骨神经腹腔部，然后用大头针将标本背位固定于蛙板上。再用玻璃分针循股二头肌和半膜肌之间的坐骨神经沟，纵向分离暴露在坐骨神经的大腿部分，直至分离至腘窝胫神经分叉处。然后剪断股二头肌腱、半腱肌和半膜肌肌腱，并绕至前方剪断股四头肌腱。自上向下剪断所有坐骨神经分支。将透着3~4节椎骨的坐骨神经分离出来。

③ 完成坐骨神经-腓肠肌标本：用尖头镊子在上述坐骨神经-腓肠肌标本的跟腱下方穿孔，穿线结扎之。提起结扎线，在结扎线下方剪断跟腱，并逐步游离腓肠肌至膝关节处，左手握住标本的股骨部分，使已游离的坐骨神经和腓肠肌下垂。右手持粗剪刀水平方向伸进腓肠肌与小腿之间，在膝关节处剪断，与小腿其余部分分离。左手保留部分即为附着于股骨之上的、具有坐骨神经支配的腓肠肌标本。将标本浸入盛有新鲜任氏液培养皿中待用（见图3-1-4）。

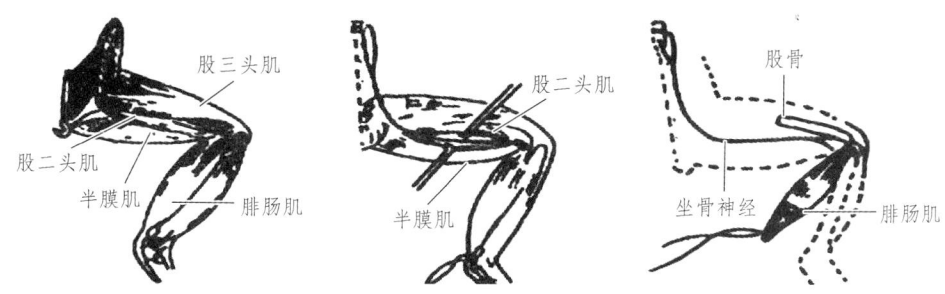

图3-1-4 坐骨神经-腓肠肌标本

（2）方法二。

上述已剥皮的标本不先分离两腿，取仰卧位，用玻璃分针将两侧坐骨神经紧靠脊柱根部，各结扎一线，暂不剪下。再将标本俯卧，用3根大头针将其钉在蛙板上，使标本充分伸直成"人"字形。用尖头镊子夹住骶骨尾端稍向上提，使骶部向上隆起，用粗剪刀水平位剪除骶骨。用弯头玻璃分针自剪口处伸入将一侧坐骨神经轻轻勾出，在其下方横置玻璃分针，使其暴露于剪口上方并具有一定的张力。同方法一，用玻璃分针于坐骨神经沟分离暴露坐骨神经大腿部分，直至腘窝处。剪断股二头肌和半膜肌等肌腱，剪断前方的股四头肌肌腱。然后以同样的步骤，处理另一侧之大腿坐骨神经。撤除固定，从脊柱根部剪断坐骨神经，收执结扎线将神经轻轻提起，按顺序向下剪断其所有分支。将神经搭在腓肠肌上，用粗剪刀自膝关节周围向上剪除，刮尽所有大腿肌肉，距膝关节约1 cm处剪断股骨。依同法处理另一侧标本，如此即制得两个坐骨神经-腓肠肌标本。方法二的优点是：标本固定良好，不摇晃，易操作；神经有一定张力，只要进剪方向与神经方向保持平行，初学者不易伤及神经，缩短操作时间。

6. 检验标本

左手提起标本的脊柱骨片，使神经离开玻璃板，右手持经任氏液浸湿的锌铜弓，使锌铜弓两极接触坐骨神经，如果标本的腓肠肌发生收缩，说明标本机能正常。

【注意事项】

（1）破坏脑脊髓前，可用纱布挤捏蟾蜍头部两侧大的耳后腺，使其排出分泌物，以避免分泌物溅入眼内。

（2）尽量避免用手或金属器械接触神经肌肉，以免降低组织的兴奋性。

（3）要经常用任氏液润湿及清洗标本，防止干燥，勿用清水冲洗，以免影响神经和肌肉的功能。

（4）为便于固定标本，股骨的保留长度以 1 cm 左右为宜。提取标本时，手提跟腱结扎线或用镊子夹住股骨断端，不要直接夹住牵拉标本。

（5）每次神经刺激后应使肌肉休息 30 s。连续刺激不可超过 5 s。

【实验讨论】

（1）根据实验的原理及操作规程完成实验后，检验标本的活性，检验自己的实验是否成功。

（2）对自己的实验过程和结果做出评价，并就如何提高实验的操作熟练程度提出一些看法。

【思考与练习】

（1）制备的坐骨神经-腓肠肌标本为什么要在任氏液中保存？标本为什么不能用清水冲洗或浸泡？

（2）金属器械碰压、触及或损伤神经及腓肠肌可能引起哪些不良后果？

（3）破坏脑脊髓成功的标志是什么？

实验二　坐骨神经-腓肠肌标本的测定

【实验目的】

在保持刺激作用时间和刺激强度-时间变化率不变的情况下，通过逐渐增加或减少对蟾蜍坐骨神经的刺激强度和刺激频率，观察与记录腓肠肌收缩张力的变化；分析探讨刺激强度和频率对肌肉收缩的影响；初步掌握计算机生物信号采集处理系统的使用方法。

【实验原理】

任何刺激要引起组织兴奋，刺激的强度、刺激作用时间和强度-时间变化率这三个要素必须具备一定的条件。如果固定刺激作用时间和强度-时间变化率，只改变刺激强度，可以找到刚好引起组织兴奋的最小刺激强度，称为阈强度，具有阈强度的刺激称为阈刺激。在刺激强度-时间变化率不变的情况下，阈强度值随刺激作用时间而变化。如果以刺激作用时间为横坐标，刺激强度为纵坐标，在二维直角坐标系中可描绘出一条曲线，称为强度-时间曲线，曲线上任何一点对应的强度和时间都是引起该组织兴奋所必需的阈强度和阈时间。

刺激坐骨神经可引起腓肠肌产生收缩。在其他条件不变的情况下，不断增大刺激频率可引起肌肉收缩形式发生改变。若刺激频率较小，两次刺激间隔时间大于一次肌肉收缩和舒张所持续的时间时，肌肉收缩表现为一连串的单收缩；若增大刺激频率，使两次刺激间隔时间大于一次肌肉收缩的收缩期时间而小于单收缩时，肌肉呈现不完全强直收缩；若继续增加刺激频率，使两次刺激间隔时间小于一次肌肉单收缩时间，肌肉则表现出完全强直收缩。肌肉作单收缩、不完全强直收缩、完全强直收缩，其收缩形式和产生的张力各有不同。

【实验器材】

蟾蜍或蛙；铁架台、双凹夹、培养皿、滴管、细线、电刺激器、RM6240C 型多道生理信号采集系统、张力换能器、神经标本屏蔽盒、双针型露丝刺激电极、任氏液；蛙类手术器具等。

【实验步骤】

1. 连接实验装置和设置实验参数

将生物信号采集处理系统与计算机相连，张力换能器的输出端与生物信号采集处理系统的第 1 通道相连。启动生物信号采集处理系统软件，进入软件窗口，点击菜单条中"实验"，分别选择"刺激强度对坐骨肌收缩的影响"和"刺激频率对肌肉收缩的影响"项目，系统自动将仪器参数设置为该实验项目所要求状态。如果显示器扫描不理想，可打开系统控制面板，改变放大倍数和时间参数，直至显示最佳效果。

2. 蟾蜍（或蛙）在体坐骨神经-腓肠肌标本制备

（1）将探针从蟾蜍枕骨大孔刺入，捣毁脑和脊髓，然后从一侧大腿根部起剥去以下全部皮肤，并将标本俯卧位固定在蛙板上。

（2）在大腿背内侧的股二头肌与半膜肌之间，纵向暴露坐骨神经至腘窝处，并在神经下穿线备用。接着分离腓肠肌的跟腱，穿线结扎，并在线下端剪断跟腱，左手持线将腓肠肌分离至膝关节。在膝关节处钉一大头针，折弯压住膝关节，至此在体标本制备完成。

（3）将腓肠肌跟腱的结扎固定在张力换能器的悬臂梁上，不宜太紧，此线应与桌面垂直，调节微距调节器，将前负荷调至 2~5 g。

（4）将穿好线的坐骨神经轻轻提起，放在保护电极上，保证神经与刺激电极接触良好。

3. 观察刺激强度对坐骨肌收缩的影响

打开生理信号采集处理系统"刺激"面板，选择"刺激方式"为单刺激，刺激幅度 0.1~3 V 可调，刺激波宽 0.1 ms。开始记录时点击"刺激"按钮，刺激强度从 0.1 V 逐渐增大，强度增量为 0.02~0.05 V，至最大刺激强度。与此同时点击"记录"按钮，连续记录每次刺激引起的肌肉收缩曲线。如采用"自动强度"刺激方法，设定开始强度为 0 V，结束强度为 2~3 V，增量为 0.05 V。观察分析阈刺激和刺激强度与肌肉收缩张力的关系。改变控制面板放大倍数，拾取最大刺激时一段单收缩曲线，测量肌肉收缩期和舒张期的时间，观察骨骼肌单收缩特征。

4. 观察刺激频率对肌肉收缩的影响

打开生理信号采集处理系统"刺激"面板,选择"刺激方式"为串刺激、连续自动频率,刺激幅度为最大刺激强度,波宽 0.1 ms。点击"刺激"按钮,开始频率为 1 Hz,结束频率为 30 Hz,每次增量为 1 Hz,组间延时大于 5 s。与此同时点击"记录"按钮,连续记录不同频率时肌肉收缩曲线,观察刺激频率变化时骨骼肌收缩形式和张力变化,观察不完全强直收缩和完全强直收缩。

【注意事项】

(1)如骨骼肌未给予刺激时即出现挛缩是由于漏电等原因引起的,需检查仪器接地是否良好。
(2)做肌肉最大收缩实验时,刺激强度不宜太大,否则会损伤神经。
(3)离体坐骨神经-腓肠肌标本制备好后需在任氏液中先浸泡一定时间。
(4)在坐骨神经收缩后,应让其休息一定时间后再作下一次刺激,特别是在观察刺激频率的影响时。
(5)实验过程中应该使张力换能器与标本连线的张力保持不变。

【实验讨论】

(1)为什么阈刺激与最大刺激之间骨骼肌的收缩幅度会随刺激强度的增大而升高?
(2)依据实验结果比较骨骼肌作不完全强直收缩和完全强直收缩时,收缩曲线特点和张力的变化。

实验三 血红蛋白含量的测定

【实验目的】

学会采用比色法测定血红蛋白含量的原理和方法。

【实验原理】

血红蛋白是一种结合蛋白质。当受试者的全血与氰化高铁血红蛋白稀释剂混合后,二价铁血红蛋白氧化成三价铁血红蛋白,再与氰化物结合形成稳定的棕红色的氰化高铁血红蛋白。氰化高铁血红蛋白是一种稳定的色素,其浓度与吸光度成正比,因此在光电比色计上即可测定血红蛋白浓度。

【实验器材】

HB 1002 血红蛋白仪(由光源、比色池、光电测量系统、模拟信号处理系统、自动进样及排样系统、电源等几部分组成）；75%酒精棉球；氰化高铁血红蛋白标准液；氰化高铁血红蛋白稀释剂；一次性采血针及吸管。

【实验步骤】

1. 准备工作

（1）血红蛋白仪开机预热 30 min。

（2）调零：按下"测试"按钮，重复三次吸入蒸馏水，调整"调零"旋钮，使读数显示为"000"。

（3）校正：按下"测试"按钮，吸入已知的氰化高铁血红蛋白标准液，根据显示的刻度，调整"校正"旋钮。

2. 采 血

消毒→快速扎针→吸取 20 μL 全血→与氰化高铁血红蛋白稀释剂混匀→静置 5 min 后待测。

3. 测 试

将测试样品放入吸管内→按下"测试"按钮→仪器显示出的数值即为人体血红蛋白数值。

正常成年男子血红蛋白标准值：130 ~ 170 g/L；正常成年女子血红蛋白标准值：120 ~ 150 g/L。

【注意事项】

实验开始前先对仪器进行校正后再进行测定，测定样品较多时中间需再次进行校正，测试完成后需用蒸馏水对仪器进行冲洗。

【实验讨论】

（1）血红蛋白含量的测定原理是什么？
（2）血液中血红蛋白含量的多少是否能反映机体的健康状况？为什么？

实验四　人体安静与运动过程中心率和动脉血压的测评

【实验目的】

掌握人体安静时心率和动脉血压的测定方法，观察运动对心率和动脉血压的影响。

【实验原理】

1. 心率测定原理

心率测定的方法有心间听诊法、指触法和心率遥测法。

心脏在活动过程中产生的心音可通过周围组织传递到胸壁，用听诊器在胸壁特定部位听诊能测量出心率，此为心间听诊法（心率直接测量法）。

在一个心动周期中，心脏的舒缩会引起动脉血管内的压力产生周期性波动，导致管壁发生搏动，并能以波的形式沿管壁向外传播，且与心脏活动的周期一致。故用手指触摸到的身体浅表部位动脉搏动速率，通常可以间接代表心率，此为指触法（心率间接测量法）。

心率遥测法则是根据心脏活动时的生物电变化而采集心率的。心脏兴奋时的生物电变化传至体表，测定仪器的表面电极将心电信号接收后送入发射机，经接收机接收后显示。

2. 动脉血压测定原理

人体动脉血压测量采用听诊法，测量部位为上臂肱动脉。用血压计的压脉带充气，通过在动脉外加压，然后根据血管音的变化来测量血压。

通常血液在血管内流动时没有声音，但如果血液流经狭窄处形成涡流，则可发出声音。当缠于上臂的压脉带内充气后压力超过肱动脉收缩压时，肱动脉内的血流完全被阻断，此时用听诊器在其远端听不到声音。压脉带徐徐放气，降低压脉带内的压力，当压脉带内压力低于肱动脉收缩压而高于舒张压时，血液将断续流过肱动脉而产生声音，在肱动脉远端能听到动脉音。继续放气，当压脉带内压力等于舒张压时，血流由断续流动变为连续流动，声音突然由强变弱并消失。

因此，听诊器内从无声音到刚刚听见的第 1 个动脉音时的外加压力相当于收缩压，动脉音突然变弱时的外加压力相当于舒张压。

【实验器材】

听诊器、节拍器、心率遥测仪、秒表、酒精棉球、血压计等。

【实验步骤】

1. 心率测定

（1）安静时心率及脉搏的测量：受试者静坐 10 min。采用心前区听诊法直接测量心率。指触法测量脉搏时，通常将示指、中指和环指放在受试者一侧手腕桡动脉搏动处。脉搏测量时先以 10 s 为单位，连续测量 3 个 10 s，其中两次相同并与另一次相差不超过 1 次时，即认为是相对安静状态，否则应适当休息后继续测量，直至符合要求。然后，再测量 30 s 脉搏乘以 2，即为心率。

（2）运动后即刻及恢复期脉搏的测量：令受试者按节拍器节律（30 次/min）以 2 s/次的速度连续做蹲起运动 3 min，然后取坐位，测定运动后即刻、2 min、4 min 和 6 min 的脉搏。

（3）运动过程中心率的测量：运动过程中心率的测量采用 POLAR 心率遥测法。首先，将带有传感发射器的胸带固定在胸前，松紧适度。再将心率遥测仪戴在手腕上，按"选择"

键处于"测试"状态，按"使处于状态/起动-停止"键开始测定相对安静状态和运动过程中的心率变化。测试完毕，再按"使处于状态/起动-停止"键，心率遥测仪停止记录。最后，按"回忆、回收"键，手控提取记录数据或将数据输入到计算机进行分析处理。

（4）基础心率、最大心率、心率贮备、靶心率和靶心率范围的测定：基础心率是指人在基础状态时的心率。基础状态是指人清醒、静卧、空腹、无肌肉活动时的状态。基础心率不受肌肉活动、环境温度、食物及精神紧张等因素的影响，通常是在早晨刚刚醒来尚未起床活动时测取的心率。

运动时运动强度与心率成正比例关系，当人体进行大强度并持续一定时间的运动时，心率增加到极限水平，这就是最大心率。最大心率随年龄增长而逐渐减小，一般用220减去年龄来估算最大心率，或者采用下列公式来估算最大心率：$HR_{max}=207-0.7×$年龄。

最大心率与安静心率之差称心率贮备。靶心率是运动训练或体育课、体育锻炼中欲达到的心率，如欲将跑10 000 m后的心率控制在150次/min，150次/min即为靶心率，但靶心率控制十分困难，故体育实践中，常用靶心率范围来控制。有氧运动的靶心率范围是：[安静心率+（最大心率－安静心率）×60%] ~ [安静心率+（最大心率－安静心率）×80%]。

2. 动脉血压的测量

（1）熟悉血压计的结构：血压计有汞柱式、弹簧式和电子式，一般常用的为汞柱式血压计。汞柱式血压计由检压计、压脉带和橡皮充气球三部分组成。检压计是一标有压力刻度的玻璃管，上端通大气，下端和水银槽相通。压脉带为外包布套的长方形橡皮囊，它借橡皮管分别与检压计的水银槽和充气球相通。橡皮充气球是一个带有螺丝帽的橡皮囊，供充气、放气用。

（2）令受试者脱去一侧衣袖，静坐5 min以上。

（3）松开血压计橡皮球螺丝，驱出压脉带内残留气体，再旋紧螺丝。

（4）令受试者将脱了衣袖的前臂平放于桌上，与心脏在同一水平位，手掌朝上。将压脉带缠在该上臂，压脉带下缘至少在肘关节上2 cm，松紧适宜。

（5）将听诊器耳件塞入外耳道，其弯曲方向与外耳道一致，即略向前弯曲。在肘窝内侧先用手指触及肱动脉脉搏，将听诊器放在肱动脉搏动处。

（6）测量收缩压：用橡皮球将空气压入压脉带内，使检压计中水银柱逐步上升，直到从听诊器里听不到脉搏音为止。继续充气，使水银柱再上升20~30 mmHg。随即松开充气球螺丝，连续缓缓放气，减低压脉带内压力，在水银柱缓慢下降的同时仔细听诊。当开始听到"砰、砰"的动脉音时，此时检压计上水银柱的刻度即为收缩压。

（7）测量舒张压：继续缓缓放气，动脉音先由低到高，然后由高变低，最后完全消失。在声音突然变弱的瞬间，此时检压计上水银柱的刻度即为舒张压。

我国正常青年人安静时的收缩压为100~120 mmHg*，舒张压为60~80 mmHg。血压记录常以收缩压/舒张压表示。反复测血压时，如血压波动小于4 mmHg即为测量准确。

（8）运动后动脉血压测量：拉开压脉带与检压计相连的橡皮管接头，注意不要取下压脉带。令缠好压脉带的受试者按节拍器节律（30次/min）以2 s/次的速度连续做下蹲起立20次，然后取坐位，立即将接头接好，测定运动后即刻、2 min、4 min和6 min时的血压心率变化。

注：*1 mmHg = 0.133 kPa。

将测试结果记录于表 3-4-1 内。

表 3-4-1 人体血压、脉搏记录表

测试指标	安静时	运动后			
		即刻	2 min	4 min	6 min
血压					
脉搏					

【注意事项】

（1）进行遥测心率测试时，受试者不宜穿尼龙类衣服，以免有干扰。
（2）在使用心率遥测仪时，应避免其他强磁场如电视机、高压线、机动车等的干扰。
（3）必要时，遥测仪胸带的电极部位要用酒精棉球进行脱脂处理，以防绝缘而不能成功发射信号。
（4）血压测量应在安静环境下进行。
（5）天冷时测量血压应先让受试者脱去一侧衣袖，以免袖口过紧阻碍血液循环。
（6）充气时不要太快，以防水银柱喷出管外。
（7）重复测量血压时，应让水银柱先回到零位后再测量。

【实验报告】

基础心率、安静心率的测定，运动时、运动后即刻及恢复期心率的测定，可用于评定身体功能状态，了解和确定运动强度的大小，并可间接推算最大摄氧量、通气阈、乳酸阈和最大心率。心率贮备、靶心率等的测定，能帮助我们科学控制运动的强度。

测量血压是临床诊断心血管疾病及其他疾病对心血管功能影响的常用方法，亦用于评价正常人的心血管功能。运动后测量血压有助于观察心血管功能变化和恢复以及推测运动量，也是判定运动性疲劳的重要方法。

学生可连续测量本人一周的基础心率、血压和一周训练课中各项运动练习后即刻的心率和血压。据此对人体心脏功能和运动强度的大小进行评价。

实验五 前庭功能稳定性的测定

【实验目的】

掌握前庭器官功能稳定性的测定方法。

【实验原理】

当人的身体或头部在空间作直线或旋转的变速运动时，由于产生的直线加速度或角速度的变化，引起前庭感受器的兴奋，从而产生机体在空间的位置感觉和变速感觉，并产生许多反射性反应，如姿势反射（肌紧张发生改变）、眼震颤、植物性功能反应（脉搏、血压、呼吸频率、汗腺活动、消化系统等功能变化）等。前庭感受器受到刺激的强度愈大，这些反应就表现得愈明显。如果前庭功能的稳定性较好或经常参加体育运动，可提高前庭功能稳定性，其反射性反应程度较小。

实验时让受试者坐在产生角加速度变化的转椅上，头前倾 30°，使水平半规管处于完全水平位置，转动转椅，使受试者被动接受加速度运动的刺激。根据前庭器官受到刺激所引起的反应程度来判断其功能稳定性水平。

【实验器材】

旋转椅、血压针、听诊器、节拍器、秒表、皮尺、评分表等。

【实验步骤】

1. 观察植物性功能的反应

（1）受试者坐在旋转椅上，平静 3 min 后，测其脉搏频率和动脉血压。

（2）受试者闭眼，头前倾 30°，以 1 周/2 s 的速度均匀地旋转 10 周（采用单方向的旋转）。旋转停止后，立即测出旋转后第 1 个 10 s 的脉率和血压。

（3）根据旋转前后脉率和血压的变化值，按陆查诺夫和柏钦柯所制定的前庭器官功能稳定性评分表（表 3-5-1）来评定受试者的前庭器官功能稳定性。

表 3-5-1 前庭器官功能稳定性评分表

	脉搏变化 （每 10 s 次数）	+5	+4	+3	+2	+1	0	−1	−2	−3	−4	−5	−6
收缩压变化（mmHg）	+30				2	2.25	2.5	2.75					
	+26			2.0	2.25	2.5	2.75	3.0	2.5				
	+23		2.0	2.25	2.5	2.75	3.0	3.25	2.75				
	+20		2.25	2.5	2.75	3.0	3.25	3.5	3.0	2.5			
	+17		2.5	2.75	3.0	3.25	3.5	3.75	3.25	2.75	2.0		
	+14		2.75	3.0	3.25	3.5	3.75	4.0	3.5	3.0	2.5	2	
	+11		30	3.25	3.5	3.75	4.0	4.25	3.75	3.25	2.75	2.25	
	+8		3.25	3.5	3.75	4.0	4.25	4.5	4.0	3.5	3.0	2.5	
	±5	3.5 3.75	3.75 4.0	4.0 4.25	4.25 4.5	4.5 4.75	4.75 5.0	4.25 4.5	3.75 4.0	3.25 3.5	2.75 3	2.5	2
	±2	2.5 2.25	3.0 2.75	3.5 3.25	4.0 3.5	4.5 4.0	4.75 4.25	4.25 3.75	3.75 3.25	3.35 2.75	2.75 2.25		
	−5		2.5	2.75	3.0	3.5	3.75	3.25	2.75	2.25			
	−8			2.25	2.5	3.0	3.25	2.75	2.25				
	−11				2	2.5	2.75	2.25					
	−14												
	−17												

（4）评分表使用说明：

① 例如受试者在安静时脉搏为 11 次/10 s，动脉血压为 116/64 mmHg。旋转后的脉搏为 13 次/10 s，动脉血压为 122/60 mmHg，旋转后脉率增加了 2 次；收缩压上升 6 mmHg。从评分表上端的脉率变化+2 和表左侧所表示的收缩压变化+8，交叉点为 4，即为受试者前庭器官稳定性的评分值。受试者在旋转后脉率和血压的变化越小，所得到评分也就越高，说明前庭器官的稳定性好，所查值在 3 分以下，则为稳定性不良的表现。

② 收缩压变化一栏的数字，正数是表示血压上升的差数，负数代表血压下降的差数。因此，当旋转后血压上升时按正数查表，下降时则按负数查表。

③ 表中收缩压变动数字"±2"一栏，是表示旋转后最高血压变动在+2～-2，就按这一行数字查表。表中+5 是指变动在+3～+5，+8 是指变动在+6～+8，-5 是指变动在-3～-5，依此类推。

④ 当脉压（收缩压与舒张压之差）没有降低，舒张压变化在 ±10 mmHg～±15 mmHg 时，要在查表所得分中减 0.5 分，在 ±16 mmHg～±20 mmHg 时减去 1.0 分，在 ±21 mmHg 以上时减去 1.5 分。

⑤ 如遇到脉压降低时，就不能按收缩压的变化查表，而是把收缩压和舒张压变动数字相加之后按负数查表。

2. 观察躯体运动性反应

（1）用粉笔在旋转椅前方正中的地面上画一条长 6 m 的直线。

（2）受试者坐在转椅上闭眼，头前倾 30°，以 1 周/2 s 的旋转速度均匀地旋转 10 周。在旋转同时，主试者注意观察受试者，在旋转时身体姿势是否有变化。

（3）令受试者在旋转停止后，立刻抬头睁眼，并站立起来尽力控制自己沿地面上所画的直线行走。主试者要注意受试者行走的脚印，并用粉笔作标记。

（4）量出脚印与直线的垂直距离，并注意受试者偏倒的方向。

（5）结果评定：

① 旋转停止后，能沿直线正常行走，或偏离直线不超过 0.25 m 者，属于前庭器官功能稳定性好，得 5 分。

② 旋转停止后，沿直线行走偏离直线不超过 0.5 m 者，得 4 分。

③ 旋转停止后，沿直线行走偏离直线不超过 1.0 m 者，得 3 分。

④ 旋转停止后，2 s 内站不起来，或行走时偏离直线 1.0 m 以上者，属前庭器官功能稳定性不好，得 2 分，为不及格。

3. 观察眼震颤

（1）让受试者坐在旋转椅子上，头前倾 30°，闭眼以 1 周/2 s 的旋转速度均匀地旋转 10 周（逆时针）。

（2）10 周后突然停止旋转（头仍然保持前倾位），让受试者睁眼，同时开动秒表观察受试者眼震颤的强度、方向、次数以及持续时间。

（3）结果评定：

① 正常人旋转停止后，应有中等强度、水平性眼震颤，快动相方向与旋转方向相反，持

续时间为 15~40 s。

② 迷路功能减退者旋转停止后眼震颤消失或减弱，或持续时间缩短。
③ 迷路功能亢进者旋转停止后眼震颤持续时间延长，并伴有晕眩或恶心呕吐等症状。

【注意事项】

（1）转椅旋转速度要严格按规定进行，用节拍器控制不得忽快忽慢。旋转时让受试者坐稳，并加以保护，以免有人因眩晕而掉下。

（2）实验时每组 3 人，1 人为受试者，2 人为主试者，主试者在每项实验前要做好准备工作。按实验要求及时准确地作好测定与观察，3 人在实验中可轮流进行。

（3）测定植物性功能反应时，为了尽量做到及时和准确，要在旋转前作好测定准备。如让受试者左上臂扎好血压计压脉带，主试者戴好听诊器等，以便旋转停止后，能立刻接上血压计的接头，马上进行测量。另一主试者则要做好测量脉率的准备。

（4）在行走运动反应观察时，主试者要跟随受试者，注意保护，以免有人因眩晕而跌倒或碰撞在其他物体上。但也不要扶他，以免影响实验结果。

【实验报告】

根据实验结果，评定受试者的前庭功能稳定状况，并根据全体受试者的训练年限、训练项目，进行统计分析。

实验六　最大摄氧量的直接和间接测定与评价

【实验目的】

（1）学习最大摄氧量的直接和间接测定方法。
（2）掌握人体耐力水平的评价指标。

【实验原理】

人体在进行有大量肌肉参加的长时间激烈运动中，心肺功能和肌肉利用氧的能力达到本人极限水平时，单位时间（通常以每分钟为计算单位）所能摄取的氧量称为最大吸氧量（maximal oxygen consumption，$VO_{2\,max}$）。最大摄氧量的测定方法分为直接测定法和间接测定法。

$VO_{2\,max}$ 直接测定法：$VO_{2\,max}$ 的直接测定法一般采用跑台或骑功率自行车进行测定。测定时要求以呼吸循环系统为中心的各器官系统，充分而最大限度地参加运动。运动过程有递增法和间歇法两种。通过气体分析仪器，收集受试者的呼出气，达力竭运动负荷时测出运动中的最大摄氧量。直接测定法所测出的数据较准确，但费时间，实验程序复杂，并且需要较贵重的仪器和一定的技术。同时，测定时所进行的激烈运动，对于体弱和中老年人比较危险。

VO_{2max} 间接测定法：由于心率、功率和吸氧量在一定范围内呈线性关系，因此可利用人体在进行亚极量运动时，机体处于稳定状态时的功率和心率，推测出受试者的最大摄氧量。

应用与评价：人体进行有氧耐力运动时，最大摄氧量反映机体呼吸、循环系统氧运输工作的能力。最大摄氧量可用于综合判断人的体质状况和运动能力水平，它是评价有氧工作能力的最佳指标，是心肺功能、肌肉耐力以及意志品质的最佳综合反应。最大吸氧量是有氧耐力的基础，其值越大，有氧耐力水平就越高。目前，最大吸氧量已广泛应用于运动员的选材及运动训练程度的评定。

【实验器材】

MAX-I 运动心肺系统、功率自行车、心率遥测仪。

【实验步骤】

1. 运动现场直接测定法

（1）人员分工：心率测定操作者 1 人，控制运动负荷强度者 1 人，安全保护者 1 人，计时 1 人，记录 1 人及总指挥 1 人。

（2）连接仪器，打开电源，对 MAX-I 运动心肺系统进行调试、校准（心率调试、机器调零、通气流量、气体自动定标）。

（3）在系统里输入受试者的个人资料。

（4）让受试者坐在功率自行车上，调节座位高度，使之与腿长相适应。

（5）给受试者戴上心率遥测仪，口含呼吸口嘴，夹上鼻夹。

（6）开始进行负荷运动测定最大摄氧量。在功率自行车上设定递增负荷，基础负荷为 50 W，每 3 min 递增 50 W。递增负荷运动参数见表 3-6-1。

表 3-6-1 递增负荷运动参数

Bruce 方法（活动跑台）			McArdle 方法（功率自行车）		
速度/$m \cdot h^{-1}$	坡度/%	时间/min	蹬圈数/$r \cdot min^{-1}$	功率/W	时间/min
1.7	10	3	60	30	2
2.5	12	3	60	60	2
3.4	14	3	60	90	2
4.2	16	3	60	120	2
5.0	18	3	60	150	2
5.5	20	3	60	180	2
6.0	20	3	60	210	2
6.0	22	3			

（7）令受试者以 60 r/min 蹬车，直至力竭。最大摄氧量的判断方法：当受试者在运动中感到力竭时，测试者可用以下 4 种情况中任何 3 种同时出现时来确定：

① VO_{2max} 不再增加而出现平台；② 呼吸商（呼吸作用所释放的 CO_2 和吸收的 O_2 的分子

比)大于 1.15;③ 心率大于 180 次/min;④ 血乳酸浓度大于 8 mmol/L。

(8)测得最大摄氧量后,蹬车慢慢减速到开始准备活动时的强度,受试者进行整理活动,同时可摘下呼吸面罩(或口嘴),然后停机并摘下呼吸面罩(或口嘴)及心率遥测仪(或电极)。

(9)MAX-I 运动心肺系统每 30 s 记录运动过程中的呼吸商、通气量、心率、摄氧量等指标,运动结束后可打印结果。见图 3-6-1。

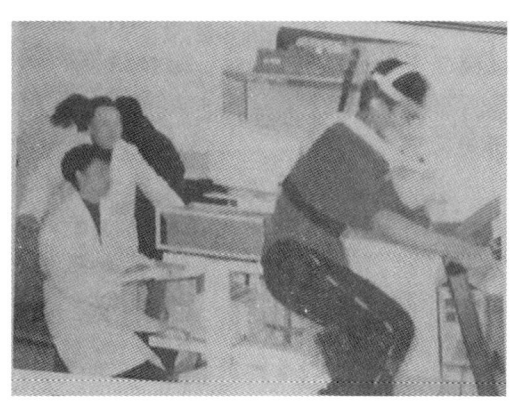

图 3-6-1　最大摄氧量直接测定法

2. 实验室间接测定法

1)Astrand-Ryhming 列线图推算方法

(1)人员分工:心率测定操作者 1 人,控制运动负荷强度者 1 人,安全保护者 1 人,计时 1 人,记录 1 人及总指挥 1 人。

(2)受试者称体重,然后安装心率遥测带(或电极),测定受试者坐位安静时心率。

(3)达安静时指标后,令受试者上跑台(或功率自行车、台阶)。

(4)进行次极限运动负荷(运动负荷方法可选择表 3-6-2 中任何一种递增负荷运动或台阶实验),测定最后 2 min 的平均心率(或脉搏)。

① 递增负荷运动。

表 3-6-2　运动负荷的方法

性别	固定运动负荷法			递增运动负荷法		
	转速/$r \cdot min^{-1}$	功率/W	时间/min	转速/$r \cdot min^{-1}$	功率/W	时间/min
男	60	150	6	60	30	2
女	60	100	6	60	60	2
男				60	90	2
女				60	120	2

② 台阶实验(图 3-6-2)。

这种负荷运动一般进行 5 min 持续运动,以 25 次/min 的速度进行连续上下蹬踏台阶运动(台阶高度:男子为 40 cm,女子为 33 cm),测定结束后第一个 10 s 的心率,乘以 6,作为恢复期第 1 分钟的心率,用 Astrand-Ryhming 计算图(图 3-6-3)推测最大摄氧量。

图 3-6-2 台阶实验

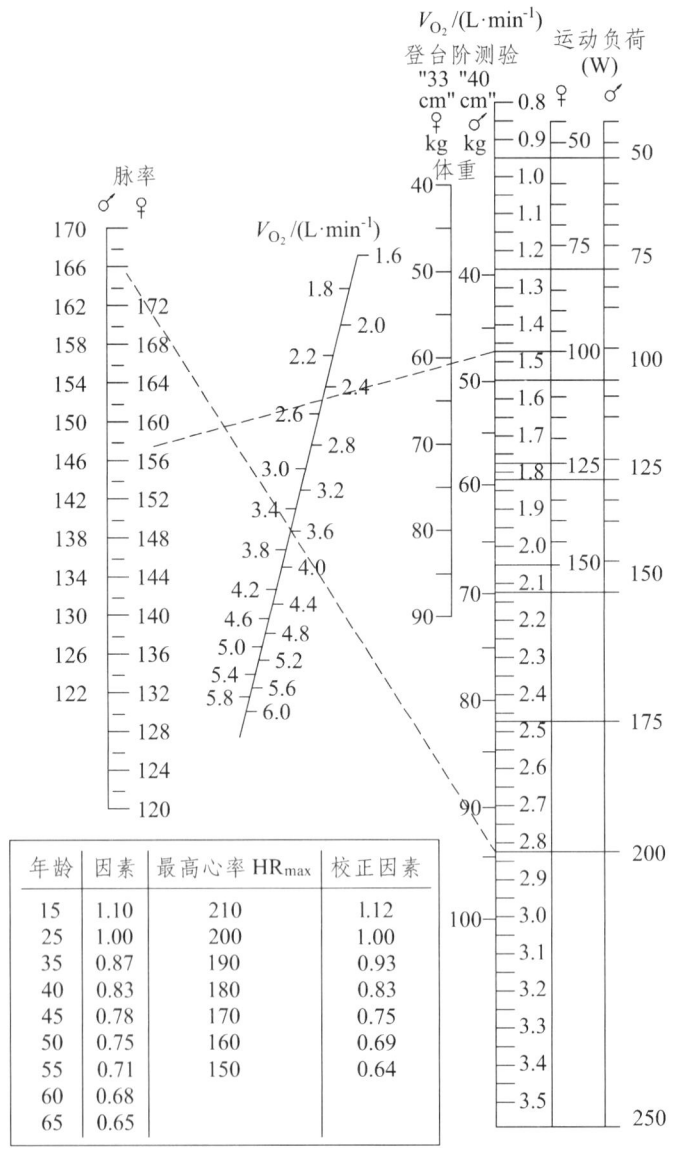

年龄	因素	最高心率 HR$_{max}$	校正因素
15	1.10	210	1.12
25	1.00	200	1.00
35	0.87	190	0.93
40	0.83	180	0.83
45	0.78	170	0.75
50	0.75	160	0.69
55	0.71	150	0.64
60	0.68		
65	0.65		

图 3-6-3 Astrand-Ryhming

（5）最大摄氧量的推测方法。

见图 3-6-3，此图是 25 岁，最高心率 200 次/分的受试者使用，可用此图修正其他不同条件的受试者。例如：20 岁男子，体重 50 kg，台阶实验最后 2 min 的平均心率 156 次/min，可在图中男子体重 50 kg 处为一点，引线到男子心率 156 次/min 交叉最大摄氧量 2.4 L 点，然后此数值经图中最大摄氧量推测值修正表的年龄修正后的值，可作为该受试者的最大摄氧量推测值（运动负荷方式多种，但运动最后 2 min 的心率应该在 120 次/min 以上）。

2）利用回归方程式推算

（1）受试者称体重，测定受试者坐位安静时的心率，达安静时指标后，令受试者进行踏台阶运动，台阶高度男子为 40 cm，女子为 33 cm。以 25 次/min 速度进行上下踏台阶运动，持续运动 5 min，测定最后 30 s 的心率或脉搏，推测最大摄氧量。

（2）将所测之值代入如下回归方程式，得出人体最大吸氧量预测值。

$$青年体育爱好者：Y = 1.4888 + 0.038X_1 - 0.0049X_2$$

$$周期性项目二级以上水平运动员：Y = 3.769 + 0.0388X_1 - 0.0192X_2$$

式中　Y——最大吸氧量预测值，L/min；

　　　X_1——体重，kg；

　　　X_2——负荷后心率，次/min。

（3）结果评价。可根据表 3-6-3 来进行有氧工作能力的评定。

表 3-6-3　有氧工作能力的级别评定

年龄	最大摄氧量/L·min^{-1}（mL·kg^{-1}·min^{-1}）				
	低	稍低	中等	高	很高
女					
20～29	≤1.69	1.70～1.99	2.00～2.49	2.50～2.79	≥2.80
	≤28	29～34	35～43	44～48	≥49
30～39	≤1.59	1.60～1.89	1.90～2.39	2.40～2.69	≥2.70
	≤27	28～33	34～41	42～47	≥48
40～49	≤1.49	1.50～1.79	1.80～2.29	2.30～2.59	≥2.60
	≤25	26～31	32～40	41～45	≥46
50～59	≤1.29	1.30～1.59	1.60～2.09	2.10～2.39	≥2.40
	≤21	22～28	29～36	37～41	≥42
男					
20～29	≤2.79	2.80～3.09	3.10～3.69	3.70～3.99	≥4.00
	≤38	39～43	44～51	52～56	≥57
30～39	≤2.49	2.50～2.79	2.80～3.39	3.40～3.69	≥3.70
	≤34	35～39	40～47	48～51	≥52
40～49	≤2.19	2.20～2.49	2.50～3.09	3.10～3.39	≥3.40
	≤30	31～35	36～43	44～47	≥48
50～59	≤1.89	1.90～2.19	2.20～2.79	2.80～3.09	≥3.1
	≤25	26～31	22～39	40～48	≥44
60～69	≤1.59	1.60～1.89	1.90～2.49	2.50～2.79	≥2.80
	≤21	22～26	27～35	36～39	≥40

3. 运动现场间接测定法

12 min 跑测定法：

受试者在运动场跑道上，以匀速尽力跑完 12 min 的距离为运动成绩，并于表 3-6-4 中推测最大摄氧量值。运动场地为 200 米或 400 米。每 50 米为一个区域单位，可分 4 个或 8 个区域。

（1）受试者做完准备活动后，在起跑线由测试者喊口令"开始"按表计时。记录所跑圈数。

（2）12 min 时间到时，测试者立即鸣哨，受试者听到后立即停止跑步。记录成绩（圈数）。

（3）将跑圈数带入下列公式：

$$200 \times （圈数） + 50 \times （区域） = 12 \text{ min 跑的距离}$$
$$400 \times （圈数） + 50 \times （区域） = 12 \text{ min 跑的距离}$$

（4）根据 12 min 跑的距离，查表 3-6-4 中所对应的最大摄氧量值为受试者的最大摄氧量值。

表 3-6-4　12 min 跑的距离（m）与最大摄氧量（$mL \cdot kg^{-1} \cdot min^{-1}$）

距离/m	<30 岁	30~29 岁	40~49 岁	>50 岁	最大摄氧量等级
<1610	25.0	25.0	25.0		非常差
1610~1990	25.0~33.7	25.0~30.0	25.0~26.4	25.0	差
2000~2390	33.8~42.5	30.2~39.1	26.5~35.4	25.0~33.7	普通
2400~2800	42.6~51.1	39.2~48.0	35.5~45.0	33.8~43.0	好
2810$^+$	51.6$^+$	48.1$^+$	45.1$^+$	43.1$^+$	优秀

【注意事项】

（1）室温保持为 19~21 ℃，湿度为 40%~60%。

（2）受试者在实验前需进行心电图检查，正常者方可进行测定。受试者在实验前 1 h 禁止饮食和吸烟。

（3）注意受试者在运动中的不正常反应，受试者主观感觉不适时，可举手示意立即停机（停止运动），主试者应充分注意对其安全保护。

（4）保证运动过程中气体采集系统不漏气，受试者以口呼吸，而不是鼻呼吸。

（5）操作气体分析仪时，注意气体代谢各指标的变化，特别是达到力竭运动及最大摄氧量出现时的准确性。

（6）最大摄氧量的判断标准：

① 负荷功率继续增加的情况下，VO_2 保持不变甚至稍有下降。

② 呼吸交换率 ≥1.10。

③ 负荷心率 ≥180 次/min。

④ 血乳酸≥10 mmol/L。

【实验讨论】

（1）根据实验的原理及操作规程，实验结束后写出自己的实验结果并对自己的实验过程和结果做出评价。
（2）结合实际就如何提高有氧耐力水平提出一些看法。

【课后练习】

比较不同专项运动员最大摄氧量的绝对值和相对值，并分析其特征。

实验七　无氧功率的测评

【实验目的】

掌握无氧功率的间接测定及评价方法。

【实验原理】

无氧功率是指人体在短时间内所能输出的最大功率，反映机体在缺氧条件下的运动能力。其功能系统是非乳酸功能系统（ATP-CP 分解供能）和乳酸系统（糖无氧酵解供能）。因此，不同的测试方法可反映非乳酸功能系统的最大功率及持续时间、乳酸功能的持续时间。

【器材与药品】

软黑板、直尺、无氧功率测定仪、12 级台阶（每级台阶高度 13～20 cm）、体重计、功率自行车、跑表、滑石粉等。

【实验内容】

1. 纵跳法
（1）受试者先称体重，然后用手指粘些滑石粉，侧向墙壁站立，近侧足应贴近墙根，远侧足置于离墙 20 cm 的白线外缘处。身体轻贴墙壁，尽量上举手臂，用中指尖在软黑板上点一指印。
（2）受试者在距离墙 20 cm 处用力原地向上跳起，达到腾空最高点时用中指在软黑板上点一指印。上下两指印的垂直距离即纵跳高度。
（3）根据下列公式计算功率：

$$P = W \times \sqrt{0.5gH} \times 9.8$$

式中　P——功率，J/s；
　　　W——体重，kg；
　　　g——重力加速度，m/s²；
　　　H——纵跳高度，m。

2. 玛格里亚卡尔曼测试

（1）受试者先称体重，然后站在离台阶 6 m 处。

（2）令受试者听到发令声后从 6 m 远的地方助跑，以每一步踏 3 级台阶的最快速度跑上台阶，如图 3-7-1 所示。一直跑至第 9 个阶梯，记录通过由第 3 级到第 9 级的时间（计时器的开关在第 3 级和第 9 级，当受试者脚踏上第 3 级时，开计时器，而跑到第 9 级时计时器停止，通常大约 0.5 s）。

（3）测试 3 次，取用时最短的作为第 3 级到第 9 级的时间。

（4）根据下列公式计算功率：

$$功率（kg \cdot m/s）= \frac{体重(kg) \times 第3级到第9级的垂直距离(m)}{第3级到第9级的时间(s)}$$

图 3-7-1　玛格里亚卡尔曼测试法

以 a 点为出发点，以最快速度登楼梯，每步 3 级。
在楼梯间安装能记录 0.01 s 的计时器。

3. 温盖特无氧功率测试

（1）准备活动：受试者在功率自行车上蹬车 2~4 min，使心率上升到 150~160 次/min，其间以 4~8 s 进行 2~3 次全力蹬车。

（2）准备活动后受试者休息 3~5 min。

（3）进行测试：发出口令"开始"后，受试者尽力快骑，同时主试者逐渐地调整阻力（2~4 s 内调整好），达到规定负荷后，开始计算蹬圈数。受试者持续作 30 s 最快速度蹬车，主试者一人读圈数，另一人则每 5 s 记录一次圈数。

（4）整理活动：测试结束后，受试者进行放松活动 2~3 min，同时运动负荷尽快减轻。

（5）计算功率：用 Monark 功率自行车进行测试时，可用下列公式计算 5 s 的功率。

$$功率（W）= 负荷阻力（kg）\times 圈数 \times 11.765$$

（6）评定结果：

① 最大无氧能力：6个5 s为一组的圈数中最大圈数，反映ATP及CP的分解供能。通常第1个5 s所算出的瓦特数为最大无氧能力。

② 平均无氧能力：6个5 s的瓦特数平均数，反映非乳酸和乳酸分解供能。

③ 无氧能力下降率：6个5 s组中的最大无氧能力值减去最小无氧能力值，然后除以最大无氧能力值，再乘以100。其结果值反映疲劳指数。

$$无氧能力下降率 = \frac{最大无氧能力值 - 最小无氧能力值}{最大无氧能力值} \times 100$$

【注意事项】

（1）玛格里亚卡尔曼测试和温盖特无氧功率测试前，应试练几次，以熟悉动作过程。

（2）各种实验前受试者应该充分做好准备活动，以免受伤。

（3）运动结束后及时进行整理活动，以防发生头晕等重力休克现象。

【应用与评价】

玛格里亚卡尔曼测试和温盖特测试，反映ATP-CP和糖酵解供能过程。因此，可以用无氧功率来评定受试者的无氧能力。

【实验讨论】

对自己的实验过程和结果做出评价，并就如何提高自己的无氧功率提出一些合理的看法。

【课后练习】

将全班同学所测得的数据，按不同专项特长和训练程度进行统计和分析。

实验八 体成分的测量与评价

【实验目的】

（1）学习体脂百分比的测定方法。

（2）掌握推算体脂百分比、体脂重和瘦体重的方法，分析评价体成分与健康的关系。

【实验原理】

皮褶厚度法实验原理：人体脂肪分布有一定的规律，通常2/3存在于皮下，1/3存在于身体内部、脏器周围，皮下脂肪厚度与体脂总量有一定的比例关系，因此，皮褶厚度的测量不仅可以反映体脂分布情况，也可以从不同部位的皮褶厚度推算出体脂总量，但反映全身体脂含量的程度受年龄、性别、总脂肪量及测量部位和技术的影响。一般情况下，同年龄女性皮下脂肪要多于男性；同性别年轻人皮下脂肪要多于老年人。体脂率对运动成绩非常重要，几乎所有运动项目中，高水平的运动员的体脂率都大大低于一般人的平均值，尤其是在耐力项目中。

生物电阻抗法测量的原理：在构成身体的组织中，水分多的组织（如肌肉、血管等）易导电，其电阻率低，而脂肪组织几乎不导电。通过身体内流过的微弱电流来测量身体的电阻值，从而推算出脂肪与其他组织的比率，此测量法叫生物电阻抗法。

水下称重法的测量原理：人体是由各种组织构成的，根据尸体研究，体脂密度和去脂体质密度分别为 0.90 g/cm^3 和 1.10 g/cm^3。身体内脂肪和非脂肪组织量的不同，身体密度也不同，因此通过身体密度可推算出人体脂肪含量。水下称重法是经典的体成分估算方法，当人体浸于水中，其浮力等于身体排开水的重量。通过人体在水中和陆上的体重变化来计算人体体积和身体密度，从而推算出体脂百分比、体脂重和瘦体重。

【应用与评价】

皮褶厚度计测量法所测得皮下脂肪厚度包括皮肤的厚度，不同个体皮肤压缩率的差异会造成测量误差，对于过度肥胖和皮下脂肪坚实者不很适用。但该方法简便易行，尤其适合大面积普查，目前在国内外被广泛应用。

全班同学测量计算后将所得体脂百分比数值与表 3-8-1 和表 3-8-2 对比，可以分别评价个人和全班学生的体成分状况和健康风险。

表 3-8-1 根据体脂百分比划分的身体成分等级

年龄性别	体脂过少	非常好	很好	正常	体脂多	体脂过多
男≤19	<3	12.0	12.1~17.0	17.1~22.0	22.1~27.0	≥27.1
20~29	<3	13.0	13.1~18.0	18.1~23.0	23.1~28.0	≥28.1
30~39	<3	14.0	14.1~18.0	19.1~24.0	24.1~29.0	≥29.1
40~49	<3	15.0	15.1~20.0	20.1~25.0	25.1~30.0	≥30.1
≥50	<3	16.0	16.1~21.0	21.1~26.0	26.1~31.0	≥31.1
女≤19	<12	17.0	17.1~22.0	22.1~27.0	27.1~32.0	≥32.1
20~29	<12	18.0	18.1~23.0	23.1~28.0	28.1~33.0	≥33.1
30~39	<12	19.0	19.1~24.0	24.1~29.0	29.1~34.0	≥34.1
40~49	<12	20.0	20.1~25.0	25.1~30.0	30.1~35.0	≥35.1
≥50	<12	21.0	21.1~26.0	26.1~31.0	31.1~36.0	≥36.1

表 3-8-2 超重、肥胖诊断的体脂百分比标准及其与疾病危险的关系

肥胖等级		体脂/%	疾病危险（腰围/cm）	
			男≤120 女≤88	男>102 女>88
低体重		<20	—	—
正常体重		20~25	—	—
超重		26~31	有增加趋势	高
肥胖	Ⅰ级	32~37	高	很高
	Ⅱ级	38~45	很高	很高
	Ⅲ级	>45	非常高	非常高

生物电阻抗法具有方便快速、简捷、成本低廉、无创和安全等特点，适用于各个人群，有广阔的应用前景，目前，在医疗康复机构、健身俱乐部、营养研究机构、一般家庭使用较为普遍。随着电阻抗技术的不断发展，已有站立式、手捏式、手脚并用式测量仪问世。然而，生物电阻抗法测得的体脂含量准确性仍需深入研究。

可从肥胖程度、身体质量指数、基础代谢、身体细胞量、身体表面积和身体密度 6 项来评价一个人的营养状况和新陈代谢的状况。从肌肉类型、营养状况和肢体平衡（上下平衡和左右平衡）3 方面来整体评价一个人的身体形态。

身体成分的测量，可以反映人的营养状况和体质水平。所以，通过测量身体成分，不仅可以评价青少年儿童的营养状况和发育水平，而且还能为制订合理的训练计划、科学指导膳食营养、有效控制体重和对训练过程进行医学观察提供客观依据。

【实验仪器】

皮褶厚度计、围尺、人体成分分析仪、体重秤、肺活量计、温度计、皮尺、肥皂等。

【实验方法】

（1）将全班分为 2 个大组，每组进行一种方法的测量，随后再轮换。每种方法测量时每 2 人为 1 小组，其中 1 人为主试者，另 1 人担任受试者，测量完毕后，轮流交换角色进行操作。

（2）注意找准实验过程中测量皮褶厚度的部位，并严格按标准操作。

（3）严格要求，平均测 2~3 次，取测量值平均数，做好记录。

【实验步骤】

1. 皮褶厚度计测定法

皮褶厚度计各部名称：把柄、上臂、下臂、接点、刻度盘、调整零位圈、压力调节旋钮，见图 3-8-1。

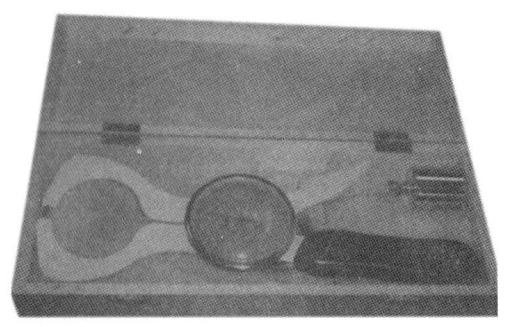

图 3-8-1 皮褶厚度计

(1) 皮褶厚度计的校正:

① 测量前应先校验卡钳,将砝码挂于钳口,调整指针至红色标记刻度的 15~25 mm 范围内。

② 调零:转动圆盘将指针对准刻度表上的"0"位。

③ 校正压力:将皮褶厚度计两个接点间的压力调到国际规定的 0~10 g/mm² 的范围内(图 3-8-2)。

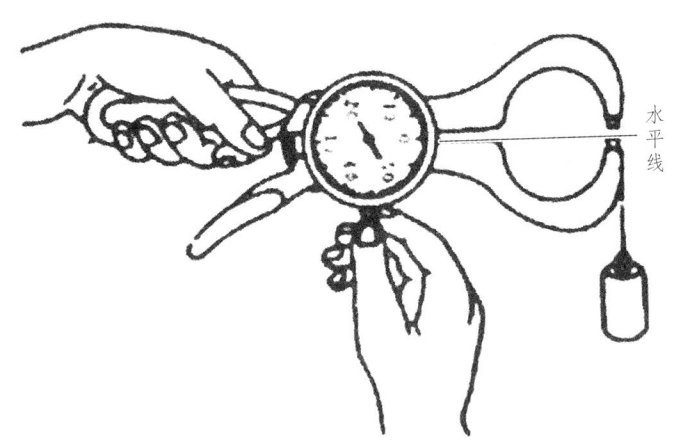

图 3-8-2 皮褶厚度计校正

(2) 测量:

① 受试者自然站立,暴露身体的右侧测量部位。躯干测量部位:肩胛下角、胸部、腹部和髂前上棘等;四肢测量部位:肱三头肌和大腿等部位。女性常测部位:肱三头肌、髂前上棘和大腿部位的皮褶厚度;男性常测部位:胸部、腹部和大腿部位的皮褶厚度。

各测量部位定位如下:

a. 胸部:位于男性腋前线和乳头的斜向连线中点处。

b. 上臂部:上肢自然下垂,于肩峰与尺骨鹰嘴突连线中点处,垂直捏起皮褶。

c. 腹部:脐旁 1 cm 处,垂直捏起皮褶。

d. 髂部:髂嵴上方其水平线与腋中线交界处,垂直捏起皮褶。

e. 大腿部:腹股沟中点与髌骨上缘中点连线的中点,皮褶方向与大腿纵轴平行。

② 测量时,测试者选准测量点,右手持皮褶厚度计,左手拇指和食指将受试者所测部位

的皮肤捏紧提起。拇指、示指应保持适当距离，然后张开皮褶厚度计距离手指捏起的部位 1 cm 处钳入，右手指将皮褶厚度计的把柄松开，读出指针的数值并记录。每个部位应重复测 2 次，2 次所测数值误差应<5%。

（3）计算。

① 身体密度的计算：

将皮褶厚度（mm）测量数据带入相应身体密度公式，计算身体密度值，再将身体密度值代入 siri 或 Brozek 预测公式，计算体脂百分比。

$$身体密度（男）= 1.1125025 - 0.0013125 \times (x_1) + 0.0000055 \times (x_1) \times 2 - 0.0002440 \times (x_2)$$

$$身体密度（女）= 1.0897330 - 0.0009245 \times (x_1) + 0.0000055 \times (x_1) \times 2 - 0.0000979 \times (x_2)$$

式中 x_1——男：胸部+肱三头肌+肩胛下角皮褶厚度，mm；
　　　　女：髂前上棘+肱三头肌+腹部皮褶厚度，mm；
　　x_2——年龄，岁。

此外，也可采用张薇、徐冬青等对国人资料研究后初步建立的国人身体密度公式进行计算：

$$身体密度（男）= 1.0991 - 0.0005 \times 腹部皮褶厚度 - 0.0004 \times 肩胛下角皮褶厚度 - 0.0005 \times 大腿皮褶厚度 - 0.0003 \times 年龄$$

$$身体密度（女）= 1.0837 - 0.0004 \times 腹部皮褶厚度 - 0.0004 \times 肱三头肌皮褶厚度 - 0.0004 \times 大腿皮褶厚度 - 0.0003 \times 年龄$$

② 体脂百分比的计算。

Siri 公式：

$$体脂百分比=（4.950/身体密度 - 4.500）\times 100$$

Brozek 公式：

$$体脂百分比=（4.570/身体密度 - 4.142）\times 100$$

我国现阶段学龄儿童、少年的体脂百分比的调查也采用皮褶厚度法来间接估算体脂百分比。常用公式为：

$$男生：体脂百分比 = 6.930 + 0.428x$$
$$女生：体脂百分比 = 7.896 + 0.458x$$

式中 x（皮褶厚度，mm）=肱三头肌皮褶厚度+肩胛下角皮褶厚度

③ 根据体脂百分比计算体脂重和瘦体重。

$$体脂重（kg）=体重（kg）\times 体脂百分比$$
$$瘦体重（kg）=体重（kg）- 体脂重（kg）$$

2. 生物电阻抗法

使用生物电阻体成分分析仪进行测量的实验步骤如下：

（1）选择受试者的个人资料，或是通过新增受试者的个人资料来进行测试。

（2）受试者个人资料编辑结束后，受试者站到底座上，摆正姿势。受试者平躺于测试平台上，两脚自然分开，与肩齐，手臂自然放置，掌心向下。采用国际标准（4极片式），在受试者左侧腕关节、踝关节、手背掌指关节、足背跖趾关节等4个部位贴电极片，电极片安放之前用酒精棉球擦拭相应部位皮肤。

（3）点击个人资料中的"测试"按钮，或是从"INBODY"菜单项中选择测试，或是点击图标。

（4）几秒钟后，受试者的个人资料向"INBODY 3.0"中传输，测试开始。过程滚动条显示如果要停止该操作，点击"取消"按钮。

（5）人体成分测试数据全部显示完成之后，点击"确定"按钮，测试完成。

【注意事项】

1. 皮褶厚度计测量法

（1）利用皮褶厚度计测量时，要注意精确测量，刻度盘和钳口应经常校正。

（2）捏皮褶时用力要均匀，保持恒定，不应连带肌肉。因皮肤具有弹性，捏起皮褶后会慢慢回缩，所以应及时测量。

（3）测试应分室或有屏风幕布分隔，男女分开，便于测量。

2. 生物电阻抗测量法

（1）测量时，尽量少穿衣服，确保手脚直接与电极接触。

（2）开机后预热5 min，期间测试平台上禁止站人。

（3）先开打印机，再开计算机，等个人资料编辑结束后方可进行测试。测试完后，先关计算机，再关打印机。

（4）由于测量前的运动、饮食、脱水和生物节律变化等都会影响测量值，因此要注意测量条件尽量保持一致。

【实验报告】

（1）根据实验原理及实验步骤完成实验后，写出自己的实验结果。

（2）对自己的实验过程和结果做出评价，分析几种测量方法的优缺点和适用范围。

（3）思考并叙述体脂百分比的测量有何应用价值。

【课后练习】

（1）将全班同学所测的数据按不同的性别、专项特长和训练程度进行统计。比较不同项目的运动员的体脂率与运动员的运动项目的相关性如何？

（2）对测试结果进行分析和评价，并给受试者提出合理的建议。

实验九　PWC 170 的测定与评价

【实验目的】

（1）了解 PWC 170 的测定原理和 PWC 170 测评的意义。
（2）掌握 PWC 170 的测定和评定方法，并能应用于体育运动实践。

【实验原理】

PWC 是英语"Physical Work Capacity"一词的缩写，可直译成"身体工作能力"。用每分钟 170 次的心率值测验身体工作能力，叫作 PWC 170。对于年龄较大的受试者，为了补偿由于年龄增长而最大心率的正常减少，指定的心率值可以低一些（如 PWC 160 或 PWC 150）。

PWC 170 指运动过程中，心率达到 170 次/min 的相对稳定状态下，单位时间内机体所做的功。它反映了机体的工作能力尤其是有氧耐力水平。PWC 170 测定属于亚极限定量负荷运动试验，其直接测定较为复杂，需时较长，通常采用间接测定的方法。间接测定 PWC 170 的原理是：运动过程中，心率和功率在一定的负荷范围内（相当于心率在 120～180 次/min）呈直线关系。依据这一相关关系，令受试者完成两次或两次以上不同负荷的运动，第一次负荷使心率达到 120 次/min 左右，第二次负荷使心率尽可能接近 170 次/min。通过两次负荷的功率以及负荷后的两次心率，就可以推算出心率为 170 次/min 时机体所做的功。

应用与评价：PWC 170 是机能评价中一种常用的次极限负荷实验。一般来说，心率在 170 次/min 或接近此值时，肌肉的工作强度与身体机能呈直线关系，心率超过 180 次/min 以上，即表现为非直线关系。心率在 170 次/min 时呼吸循环系统的机能相互适应，在正常情况下，心脏容积越大，心率为 170 次/min 时所完成的功率就越大，故能间接反映心脏的容积和射血能力。对于中长跑运动员和超长跑的耐力运动员，PWC 170 值具有特殊的意义。PWC 170 值越大，说明身体机能越好，耐力素质越高，运动成绩就越好。所以，PWC 170 实验可作为评定运动员的身体工作能力、选拔运动员特别是耐力运动员的一个参考指标。

一般来说，PWC 170 值越高，表示受试者身体工作能力包括心脏的做功能力越强，不同运动项目、不同性别之间 PWC 170 值都有明显的差异，一般耐力项目运动员的 PWC 170 值较高，男性 PWC 170 值高于女性。

我国部分运动项目的运动员的 PWC 170 试验正常值分别见表 3-9-1（男）和表 3-9-2（女）。

表 3-9-1　中国部分运动项目的优秀运动员的 PWC 170 试验正常值（男）

项目	例数	PWC 170 绝对值（kg×m/min）	PWC 170 相对值（kg×m/min）
羽毛球	22	1 632±46	24.7±0.66
足球	22	1 670±40	24.2±0.54
中长跑	14	1 596±46	23.8±0.08
短跑	41	1 563±24	22.7±0.30

续表

项目	例数	PWC 170 绝对值 （kg×m/min）	PWC 170 相对值 （kg×m/min）
乒乓球	33	1 465±25	21.9±0.33
长游	8	1 608±57	21.8±0.53
短游	12	1 433±35	20.8±0.60
体操	13	1 155±46	20.8±0.92
排球	21	1 651±57	20.6±0.37
跑步	11	1 342±51	19.4±0.73
投掷	10	1 697±74	17.4±0.92

表 3-9-2　中国部分运动项目的优秀运动员的 PWC 170 试验正常值（女）

项目	例数	PWC 170 绝对值 （kg×m/min）	PWC 170 相对值 （kg×m/min）
羽毛球	11	1 090±25	20.2±0.49
足球	15	1 148±27	20.0±0.44
中长跑	24	1 129±35	19.4±0.61
短跑	18	747±29	19.0±0.49
乒乓球	10	1 096±60	18.8±1.01
长游	28	1 012±17	18.6±0.24
短游	15	1 359±54	17.8±0.79
体操	21	1 225±27	17.8±0.50
排球	13	985±24	17.5±0.18
跑步	23	938±26	17.21±0.43
投掷	13	1 263±42	15.5±0.52

【实验器材】

自行车功率计（或台阶）、秒表、节拍器、遥测心率仪或心电仪（或手触脉搏的方法监测心率）。

【实验方法】

（1）每 3 人为一组，其中 1 人为主试者，1 人为主试助理，另 1 人担任受试者，做完一轮后，轮流交换角色进行操作。

（2）重点把握好实验中运动负荷。实验步骤较为复杂，严格按标准操作，并请实验指导教师指导。

（3）严格要求，做好记录。

【实验步骤】

1. 测试方法

令受试者完成两次不同负荷的定量运动试验，每次负荷持续 3~5 min（以负荷时心率相对稳定为度，一般 3 min 即可），两次负荷之间休息 5 min，并于每次负荷后即刻测定心率。第一次负荷的功率在心率达到 120 次/min 左右为宜，第二次负荷的功率可根据第一次负荷后的心率来确定，以达到 170 次/min 心率的负荷为宜。负荷功率的选择可参考表 3-9-3。

表 3-9-3　负荷功率选择参考值

受试者 PWC 170 的估计值（kg·m/min）	第一次负荷的功率（kg·m/min）	第一次负荷后即刻心率（次/min）		
		100~109	110~119	120~129
		第二次负荷功率参考值（kg·m/min）		
1 000 以下	400	900	800	700
1 000~1 500	500	1 100	1 000	900
1 500 以上	600	1 300	1 100	1 000

台阶试验法：如果没有自行车功率计，可以用台阶试验来测定 PWC 170 值，计算公式为：

$$W = \frac{p \times h \times n}{t \times \left(1 + \frac{1}{3}\right)}$$

式中　W——功率，kg·m/min；

p——体重，kg；

h——台阶高度，m；

n——上下台阶次数；

t——上下台阶总时间，min。

由于下台阶所做的功大约是上台阶所做功的 1/3，故台阶试验中所做的功可用上述公式计算。例如，受试者体重为 50 kg，台阶高度为 0.5 m，上下台阶总次数为 140 次，上下台阶的总时间为 5 min，其功率为：

$$W = 50 \times 0.5 \times 140/5 \times (1+1/3) \approx 933 \text{ kg·m/min}$$

2. 结果与计算

（1）直接法（坐标法）。

以功率为横坐标、心率为纵坐标作图。如某受试者第一次负荷为 100 W，心率为 120

次/min，相交于 a 点，第二次负荷为 200 W，心率为 160 次/min，相交于 b 点。连接 a、b 两点，得一直线，向上延长与心率 170 次/min 的平行线相交于 c 点。然后从 c 点作一垂直线与横坐标相交于 d 点，该点就是该受试者的 PWC 170 的测定值，此值为 233W，如图 3-9-1 所示。

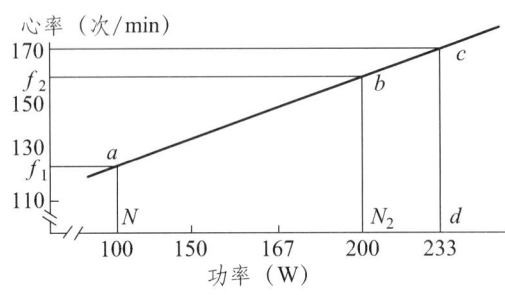

图 3-9-1　PWC 170 的作图法

（2）间接法。

该方法系根据 KapMaH 提出的下列公式计算而得到受试者的 PWC 170 值。

$$\text{PWC 170} = W_1 + (W_2 - W_1)[(170 - P_1)/(P_2 - P_1)]$$

式中　W_1——第一次负荷的功率，kg·m/min；

　　　W_2——第二次负荷的功率，kg·m/min；

　　　P_1——第一次负荷的心率，次/min；

　　　P_2——第二次负荷的心率，次/min。

在进行 PWC 170 的机能试验后，将所测得的所得的 W_1、W_2、P_1、P_2 的数据代入上述公式，便能精确地计算出受试者的 PWC 170 值。

（3）按下式推算最大吸氧量。

运动员：$VO_{2\ max} = 2.2 \times \text{PWC 170} + 1\ 070$（mL/min）

普通人：$VO_{2\ max} = 1.7 \times \text{PWC 170} + 1\ 240$（mL/min）

（4）实验结果的填写。

将实验结果填入表 3-9-4 中。

表 3-9-4　实验结果

姓名	体重	W_1	W_2	PWC 170	$VO_{2\ max}$	评级	实际耐力水平

将被测者的 PWC 170 值与表 3-9-1、表 3-9-2 中我国部分优秀运动员的 PWC 170 值进行比较，将 $VO_{2\ max}$ 评级。

【注意事项】

（1）测试前，受试者应有充足的休息。测验前至少 1 h 不应进食、饮水、吸烟。

（2）蹬车时间：如采用自行车功率计实验，受试者在进行定量负荷运动时，当身体功能动员起来并达到稳定状态后再蹬 30 s 即可，绝大多数受试者运动 3 min 就可达到相对稳定状态的水平。因此，试验中蹬车时间不宜过长，否则体力消耗过大。

（3）两次负荷之间应休息 5 min，一般可坐在车上休息。

（4）如果没有心电仪或遥测心率仪，可以用手触脉搏的方法计数负荷后即刻第一个 10 s 的心率，然后乘以 6 即为每分钟的心率次数。

（5）心率和功率在一定的负荷范围内（120～180 次/min）方为线性关系，因此，第一次负荷的心率必须超过 110 次/min，而第二次负荷心率不能超过 180 次/min。

（6）受试者的年龄、性别及训练水平不同，PWC 170 实验可将心率标准降低至 130 或 150 次/min 均可。

（7）实验的时间较长，负荷逐渐增大，受试者应坚持做完实验。

【实验报告】

（1）根据实验原理及实验步骤完成实验后，写出实验结果。

（2）对实验过程和结果做出评价。

【课后练习】

（1）根据全班实验结果比较不同运动专项 PWC 170 的差别。

（2）分析你的耐力素质如何，这次测试能反映你的实际耐力水平吗？

实验十　运动性疲劳的判断

【实验目的】

（1）掌握运动性疲劳的生理指标测定与评定方法。

（2）通过对运动性疲劳的正确判断，学会合理安排运动负荷，防止过度疲劳的发生。

【实验原理】

人体疲劳时，各器官系统功能都会下降，下降的程度和疲劳程度有关。因此测定运动前后机体一些生理指标的变化，可以判断机体是否出现疲劳及疲劳程度。

【实验仪器与试剂】

（1）实验仪器：肺活量计、反应时测定仪、膝反射阈测定器、闪烁值测定仪、自行车功率计。

（2）实验用品：血压计、听诊器、诊断床、两脚规和秒表。

（3）实验对象：健康男女大学生。

【实验步骤】

1. 安静时指标

（1）反应时。反应时是指刺激信号（光、声音等）出现后机体迅速做出反应的最短时间。受试者取坐姿，连续测量 5 次红灯信号反应时（每次间隔 10 s），取其平均值。

（2）呼吸肌力量耐力：连续测试受试者 5 次肺活量（每间隔 15 s 测定一次），记录每一次的肺活量值。

（3）膝反射阈：受试者闭上眼睛，坐在椅子上，小腿下垂，检测者将膝反射阈测定器的重锤（H 为 200 g）调节到正好对准膝盖下髌韧带的中央，从角度计（M）5°的高度上开始重锤落下，叩打腱部，以后每次增加下落角度 5°，间隔 5 s 让重锤落下叩打腱部，直至引起膝跳反射动作的最小下落角度，就是膝反射阈值。

（4）血压体位反射：受试者取坐姿，先测其安静时血压，然后躺卧在诊断床上 3 min，并使受试者返回坐姿（推受试者背部，使其被动坐起）立即测定血压，每 30 s 测定一次，共测 2 min。

（5）皮肤空间阈（两点阈）：能引起皮肤产生两点感觉的两刺激间的最小距离。实验人员用触觉计或两脚规，将其两端以同样的力轻触受试者的皮肤，先从感觉不是两点的距离开始，逐渐加大两脚规的距离，直至受试者感到两点的最小距离作为皮肤空间阈（两点阈）。

（6）闪光融合频率：受试者坐在闪烁值测定仪的前面。测定仪的高度要与受试者的面部在同一水平面上，接触测定仪的窥视窗口，眼睛注视闪光屏。主试者控制测定仪上的数字显示器调节旋钮，使闪光频率次数逐渐从慢到快，直至受试者感到断续的闪光变成连续光感时为止。引起连续光感时的断续闪光的最小频率，即为临界闪光融合频率（或称闪光融合阈），可以从测定仪上的数字显示上读数。记录其频率（r/s）。一共测三次，取平均值。

（7）时间再生法：让受试者看钟表的秒针走动 1 min，然后闭眼，每隔 20 s 举手发出信号，做 15～20 次。主试者记录受试者每次发出信号之间的时间间隔。由此计算出平均值及标准差，再由两个值算出动摇度，即（标准差/平均值）^{2}。

2. 运动实验

（1）准备活动：受试者脚蹬自行车功率计，按功率 50 W、转速 60 转/min 运动 3 min。

（2）疲劳试验：准备活动后先休息 1 min，然后按规定的逐级递增负荷连续进行运动，男性从 150 W，女性从 100 W 起始，每 3 min 递增 50 W，直到筋疲力尽，跟不上测功器的转速为止。

（3）运动后立即测定运动前所测部位的同一生理指标，观察运动后的变化，参考实验结果评定的标准，判断有无疲劳和疲劳的程度。

3. 实验结果和评定

（1）反应时：运动后疲劳时的反应时延长。
（2）呼吸肌力量耐力：运动后疲劳时的肺活量一次比一次下降。
（3）膝反射阈按表 3-10-1 评定。

表 3-10-1　膝反射阈评定表

疲劳程度	增加角度	恢复速度
轻度	5°～10°	睡一夜可以恢复
中度	15°～30°	直到次日方能恢复
重度	大于 35°	休息一周才能恢复

（4）血压体位反射的测定：若在 2 min 内完全恢复，说明没有疲劳，恢复一半以上为轻度疲劳，完全不能恢复为重度疲劳。
（5）皮肤空间阈值较安静时增加 1.5～2 倍为轻度疲劳，增加 2 倍以上为重度疲劳。
（6）闪光融合频率按表 3-10-2 评定。

表 3-10-2　闪光融合频率表

疲劳程度	闪光频率减少（r/s）	恢复速度
轻度	1.0～3.9	休息后当日可以恢复
中度	4.0～7.9	睡一夜才能恢复
重度	大于 8	休息一夜仍不能完全恢复

（7）时间再生法：动摇度在 0.03～0.07 为轻度疲劳，在 0.08 以上为重度疲劳。
（8）主观判断：根据受试者的主观感觉判断疲劳程度，受试者可以根据运动中的主观感觉判断疲劳程度，按 Borg 设计的疲劳主观感觉表（RPE）表（表 3-10-3），报出级别。

表 3-10-3　RPE 分级表

6 7	8 9	10 11	12 13	14 15	16 17	18 19 20
非常轻松	很轻松	尚轻松	稍累	累	很累	精疲力竭

【注意事项】

（1）受试者应身体健康，若发现有呼吸道感染、心动过速、高血压、心电图异常或口腔温度高于 37.5 ℃ 等，则不能进行实验。

（2）受试者应密切合作，运动要坚持同一指标和同一部位进行测定，以减少测量误差。

【实验结果与分析】

（1）根据实验结果，准确判断运动训练后的疲劳程度。

（2）正确理解合理安排运动负荷对防止过度疲劳的重要意义。

第四章 体育保健学实验

实验一 体格的测量与评价

【实验目的】

（1）使学生通过实验，熟练掌握人体长度、围度、宽度、重量常用指标的测量方法。
（2）使学生掌握人体长度、围度、宽度、重量等常用指标的测评意义。

【实验原理】

体格测量是指对人体整体及各部位的长度、宽度、围度和量度所进行的测量，是研究人体外部形态结构、生长发育水平等必不可少的方法手段。通过测试体格可评估身体组成和发育，参照国家标准量表来判断学生发育是否良好。

【实验器材】

身高坐高计、马丁尺（长、中、短）、带状皮尺、直脚规、游标卡尺、足长测量仪。

【实验方法】

（1）每2人为一组，其中1人担任受试者，另1人担任测试者。受试者取直立测量位，测试者一般测量受试者的右侧肢体。
（2）熟练掌握各个测点和测量方法，并严格按实验步骤进行测量，做好记录。

【实验步骤】

一、体重的测量

（1）测试意义：体重是指人体净重，它不仅反映人体骨骼、肌肉、脂肪等重量，而且还能说明人体营养情况和肌肉发达程度，在运动训练中，还可以反映运动量的大小，有否过度训练等，有助于合理安排运动训练。

（2）测试仪器：电子体重计。

（3）测试方法：将体重计放平，校准"0"点，被测者轻轻踏上秤台，立于正中，听到响声，记下读数，精确到小数点后1位（单位：kg）。

（4）注意事项：① 受试者如是男性，可只穿短裤，女性可穿短裤和背心。② 受试者测体重最好时间为晨起排空大小便后。③ 上下体重计时的动作要轻，称重时一定要站在秤台的中央。④ 体重计用前一定要校准，并检查零点。

二、长度的测量

1. 身　高

身高是人体在立位时，颅顶点到地平面的垂直投影高度，它是反映长度生长指标，也是生长的基本指标。

（1）测试意义：身高是反映人体骨骼发育和人体纵向高度的重要形态指标。通过身高与体重、其他肢体长度及围度、宽度指标的比例关系，可反映人体匀称度和体形特点。

（2）测试仪器：身高坐高计，其结构为一2 m长的立柱固定于一正方形的底板上，右侧有厘米（cm）的刻度，上面装有可以移动的滑动板，测量前要用标准钢尺校正立柱标记刻度，误差每1 m不得超过0.5 cm。

（3）测试方法：受试者赤足，立正姿势，背向身高计立柱站立，两足跟、骶中部及两肩胛间轻靠在立柱上，躯干自然挺直，两眼平视前方，耳屏上缘跟眼眶下缘呈水平位，即头部保持正直，不得靠紧立柱，测试者立于身高坐高计右侧，将水平滑板沿立柱下滑，至受试者头顶时要轻轻下压，这时滑板下缘立柱上的刻度，就是受试者的身高。读数时，测试者的两眼应与滑动板呈水平位。记录以cm为单位，精确到小数点后1位。测试误差不超过0.5 cm（图4-1-1）。

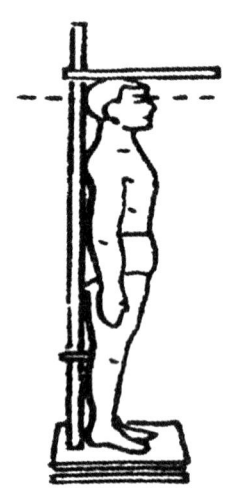
身高测量

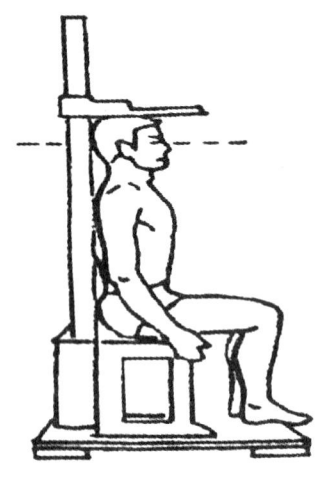
坐高测量

图4-1-1　身高与坐高的测量

（4）注意事项。

① 被测者两足跟、骶中部和两肩胛间要靠在立柱上，头部必须保持正直。

② 身高坐高计应选择平坦靠墙的地方放置，立柱的刻度尺应面向光源。

③ 测量前要检查立柱有无晃动，是否垂直于底板等。水平滑动板滑至头顶时，松紧要适度。

④ 测量完毕，立即将滑动板推向安全高度，以防碰坏或碰伤人。

2. 坐　　高

坐高是坐姿时颅顶到坐平面的垂直投影高度。它可以反映躯干的高度及其与下肢的比例关系。一般简单地计算下肢长的公式是：

$$下肢长 = 身高 - 坐高$$

（1）测试意义：坐高是人体取正位坐姿时头和躯干的长度。它主要反映人体躯干生长发育状况及躯干和下肢的比例关系，是人体形态结构与发育水平的指标之一。

（2）测试仪器：身高坐高计。

（3）测量方法：受试者端正坐在身高坐高计底板上，头正、躯干挺直紧靠立柱，测试者将水平压板下滑至轻压受试者头顶部，以压板水平位刻度记其坐高数（图4-1-1）。

（4）注意事项：① 坐高计的坐板应平稳固定。② 坐高计的放置高度应根据受试者小腿长短加以调整。可使用垫板以保证受试者双足平踏地面或垫板，大小腿呈直角。③ 其他注意事项参看身高的测量。

（5）评价：一般用"坐高/身高×100"这一指数研究人体体格、体型特征。指数为52以下是短躯型；52～53为中躯型；54以上为长躯型。

3. 颈长和项长

颈长：颏下点至胸上点之间的直线距离。项长：指枕外隆凸点至颈点之间的距离。

测量方法可参照身高测量。

4. 上肢各环节长度

（1）测试意义：四肢长度的测量不但在健康和体质评定中有一定的价值，对运动员的选材也是必不可少的，很多项目中，往往上肢或下肢较长的运动员具有较大的优势。

（2）测试仪器：马丁尺，每1 m误差不得超过0.2 cm。

（3）测试方法（图4-1-2）：测上肢时，被测者两臂自然下垂，手指伸直；测下肢时被测者取立正姿势，重心要落在两足之间。

① 上肢全长：受试者自然站立，两腿分开与肩同宽，臂伸直稍外展，五指并拢伸直，手掌手指与前臂必须成一直线，测试者站在受试者右侧后方测量肩峰到中指尖的距离。

② 上臂长：为肩峰尖至桡骨小头上缘的直线距离，测量姿势同上。

③ 前臂长：测量时，可取屈肘90°，前臂于正中位姿势，前臂长为桡骨小头上缘至桡骨茎突尖的直线距离。

④ 手长：测量时可取掌心向上，五指并拢，手与前臂保持在同一平面的姿势，手长为平桡骨茎突尖的腕横纹中点至中指尖的直线距离。

5. 下肢各环节长度

（1）下肢全长（图 4-1-3）：受试者直立，两臂下垂，取立正姿势。可分别采用以下的方法来表示下肢长度：

① 身高减坐高。

② 髂脊点至地面的垂直距离，称为下肢长 H，所测得的值大于实际的下肢全长。

③ 臀纹线至地面的垂直距离，称为下肢长 C。

④ 髂前上棘点至地面的垂直距离，称为下肢长 A。

⑤ 大转子点到地面的垂直距离，所测得的值小于实际的下肢全长，称为下肢长 B。

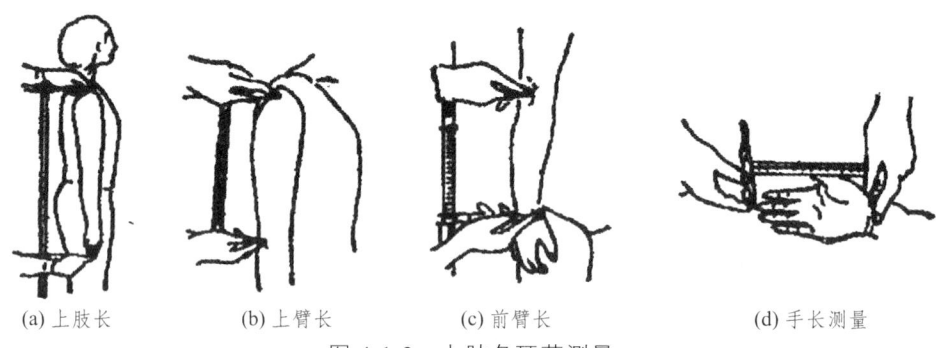

(a) 上肢长　　(b) 上臂长　　(c) 前臂长　　(d) 手长测量

图 4-1-2　上肢各环节测量

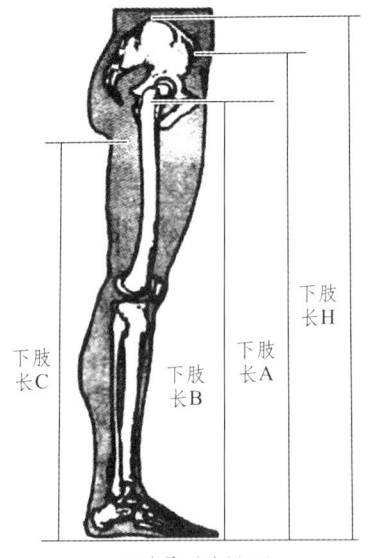

下肢骨（外侧面）

图 4-1-3　下肢全长测量

（2）大腿长：为髂前上棘或股骨大转子尖到膝关节间隙胫骨外髁上缘的垂直距离。

（3）小腿长：为膝关节间隙，胫骨内髁上缘至内踝尖的垂直距离，测量时，被测者可取膝关节屈曲成直角，全脚掌踏于凳面的姿势（图 4-1-4）。

（4）足高：为内踝尖至地面的垂直距离，测量姿势同上。

（5）足长：为足跟向后最突出点（跟骨结节）至最长足趾尖的直线距离（图 4-1-4）。测量姿势可同上。

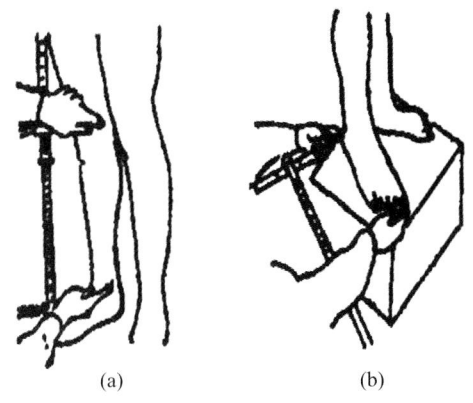

图 4-1-4 小腿长和足长测量

6. 肩臂与手足间距（图 4-1-5）

（1）肩臂长（中指间距）。

① 测量意义：对运动员的选材有一定的价值，很多项目中，如篮球、游泳项目的运动员往往肩臂长较身高长。

② 测量方法：为两手指尖之间的水平位时的最大直线距离，测量时，受试者自然站立，两上肢侧平举。掌心向前，五指并拢，测试者将量尺托着，固定于被测者胸前，量尺上缘与胸骨柄上缘平齐。

③ 评价方法：肩臂长一般与身高等长，如果肩臂长/身高小于 1 者为臂短型，大于 1 者为长臂型。

（2）手足间距（站立摸高）。

① 测量意义：对运动员的选材有一定的价值。

② 测量方法：为上肢高举站立时，中指尖至地面的最大垂直距离。测量时，受试者右上肢伸直高举，同侧身体贴墙站立。

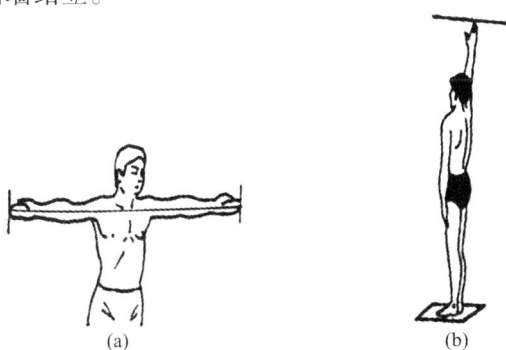

图 4-1-5 中指间距和手足间距的测量

三、跟腱长的测量

1. 测试意义

测量跟腱长对于某些项目运动员的选才十分重要，例如，篮球运动员及跳跃运动员除要求身高优势和四肢修长外,还要求具有长而清晰的跟腱。

2. 测试方法

跟腱长为腓肠肌内侧头肌腹下缘至跟骨结节间的直线距离,测量时,先令受试者尽量提踵站立,以显示腓肠肌内侧头肌腹与腱的交界处,测试者用笔给予标记,然后在受试者自然站立的姿势下进行测量(图 4-1-6)。

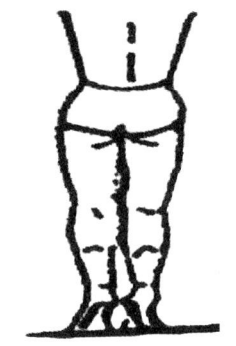

图 4-1-6　跟腱长的测量

四、宽度的测量

1. 测试仪器

直脚规、游标卡尺。

2. 测试方法

(1) 手宽:受试者五指并拢,手伸直,测量第二掌骨小头至第五掌骨小头间的最大直线距离,测量误差不得超过 0.2 cm。

(2) 足宽:受试者五趾并拢,脚伸直,测量第一跖骨小头至第五跖骨小头间的最大直线距离,测量误差不得超过 0.2 cm。

(3) 肩宽(图 4-1-7a):为左右肩峰尖之间的直线距离。测量时,受试者两脚分开与肩同宽,自然站立,两肩放松,上肢自然下垂,测试者测量受试者左右肩峰尖之间的直线距离。

注意事项:受试者两肩必须自然放松,不得驼背,弯腰或耸肩。测量点必须是肩峰点而不是肩峰外侧。

(4) 骨盆宽(图 4-1-7b):立位时两髂嵴点之间距离。测量时受试者自然站立,测试者用骨盆测量器的两脚端置于其髂嵴外缘,在作前后滑行的过程中取骨盆的最宽距离。

(5) 臀厚(图 4-1-7c):臀部最高点至腹股沟中点间的直线距离。受试者的测量姿势同上。

　　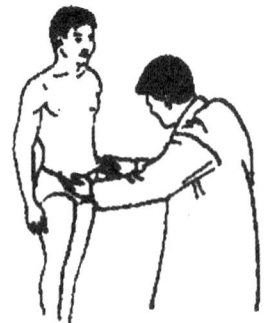　　

(a) 肩宽的测量　　　　　　　(b) 骨盆宽的测量　　　　　　　(c) 臀厚的测量

图 4-1-7　肩宽、骨盆和臀厚测量

五、围度的测量

1. 头　围

用带状皮尺通过眉弓上缘，眉间点和头后点绕头一周进行测量。

2. 颈　围

（1）测量意义：颈围可反映颈项部肌肉发育状况。

（2）测量方法：受试者头部自然地正视前方，不缩颈，不耸肩，测试者将带状皮尺放于其甲状软骨下方（带状皮尺上缘在喉结下方），以水平绕颈一周进行测量，测量误差不得超过 0.5 cm。

3. 胸　围

（1）测量意义：胸围反映呼吸器官、胸部肌肉和胸部脂肪的发育情况。

（2）测试方法：受试者两足分立与肩同宽，两上臂自然放松下垂。测试者面对受试者，将皮尺上缘经背部肩胛骨下角下缘绕至胸前。男性和乳房未发育的女性，皮尺的下缘可经乳头点测量，乳腺已发育的女性，则贴皮尺下缘应经乳头上方的胸中点（第四胸肋关节）测量，测试误差不得超过 1 cm（图 4-1-8）。

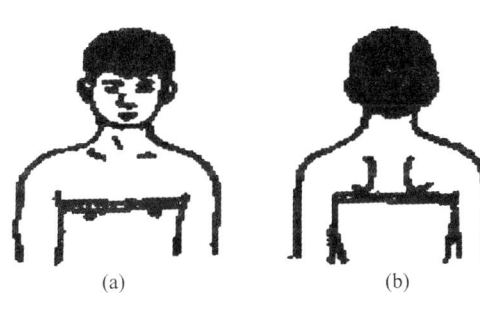

图 4-1-8　胸围的测量

（3）注意事项：① 两人为一组进行测量检查，测试者站在受试者前面，注意皮尺有无转折，位置是否正确。受试者不得低头、耸肩、驼背，若姿势不正确，应予纠正。② 皮尺的松紧要适度。③ 测量呼吸差时，皮尺一定保持在受试者安静时的胸围的原位上，不得移动，不得取下。

（4）测量呼吸差时，应在保持皮尺位置不动的情况下，先测量最大深吸气胸围，再测最大深呼气胸围，两者的差值即为呼吸差。

$$呼吸差 = 最大吸气时胸围 - 最大呼气时的胸围$$

经常参加运动的人呼吸差有所增加，运动员的呼吸差较一般人大，运动员大部分平均为 7~9 cm，一般人平均为 5~7 cm。游泳、中长跑、耐力运动的运动员呼吸差则更大些。

4. 腰　围

（1）测试意义：主要反映腹壁肌和腹部脂肪的情况。当腹壁肌肉紧张度降低或腹部脂肪堆积过多时腰围会增加；体育锻炼可使脂肪减少，腹部张力提高，因而可使腰围减小。

（2）测量方法：测试者站在受试者的右侧或对面，将皮尺放在其髂峰上方 3~4 横指的位置（相当于腰部最细处）绕腰一周进行测量。

5. 腹　围

（1）测试意义：主要反映腹壁肌和腹部脂肪的情况。

（2）测量方法：受试者自然站立，目视前方，测试者将带尺置于受试者脐上，以水平位绕腰腹一周，在受试者自然呼吸的过程中取测量值，测量误差不得超过 1 cm。

6. 四肢围度

四肢围度包括上臂围、前臂围、大腿围和小腿围，它可反映四肢肌肉发育情况。由于皮下脂肪会影响厚度，所以对四肢围度进行分析测量时应考虑皮褶厚度，用皮尺测量。四肢围度的测量误差不得超过 0.5 cm。

（1）上臂围。

① 测试意义：反映上臂肌肉发达的程度。

② 测试方法：受试者站立姿势同上，左上臂向前方约 45°平举，掌心向上握拳，用力曲肘，测试者站在受试者的对面，先将皮尺绕肱二头肌腹最粗处量取上臂紧张围；皮尺的位置不变，让受试者将肘关节伸直，肌肉放松，手指放松，测量上臂放松围，分别记录（图 4-1-9a）。测试误差不得超过 0.5 cm。

（2）前臂围

① 测试意义：反应前臂肌肉发育情况。

② 测试方法：受试者取站立位，上肢自然下垂，测试者将带尺在受试者前臂最粗处以水平环绕一周进行测量（图 4-1-9b）。

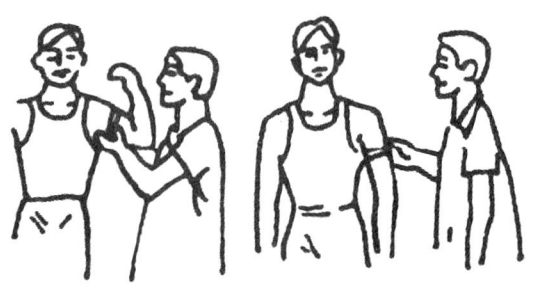 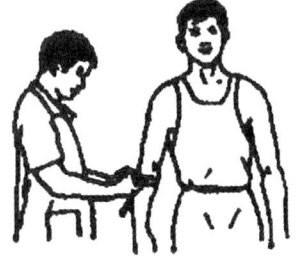

(a) 上臂紧张围和放松围的测量　　　　　　　　　(b) 前臂围的测量

图 4-1-9　上肢各围度的测量

（3）大腿围。

① 测试意义：反映大腿肌肉发育的情况。

② 测试方法：受试者站立，两足分开与肩宽，双肩放松，测试者站在受试者的侧方，将皮尺由受试者的大腿大肌皱纹（臀纹点）下经过腿间水平绕至大腿前面，量其围度。临床上常测量髌骨上缘 5 cm 或 10 cm 处，要求受试者自然站立水平绕一周量其围度（图 4-1-10a）。大腿围可反映股四头肌的发育情况。

（4）小腿围。

① 测试意义：反映小腿肌肉发育程度。

② 测试方法：受试者取站立位，两腿分开与肩同宽，测试者将皮尺在受试者的小腿最粗处以水平位绕一周读数（图 4-1-10b）。

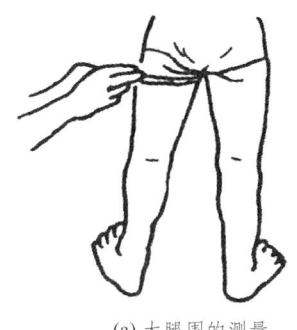

(a) 大腿围的测量　　　　　　　　(b) 小腿围的测量

图 4-1-10　大腿围、小腿围的测量

（5）踝围。

踝围是测量小腿踝关节上方最细部位的水平周长。测试方法可参考小腿围的测量。

【注意事项】

（1）受试者应注意：① 身体测量时应保持标准的直立位姿势，头部以眼耳平面定位，眼睛平视前方，肩部放松，上肢自然下垂，手伸直，手掌朝向体侧，手指轻贴大腿侧面；② 着装尽量减少；③ 测试前应排便。

（2）测试者应注意：① 测试者一般测量受试者的右侧肢体；② 熟练掌握测试方法和测点。

（3）测试前要进行仪器设备的调试和校正，测量仪器读数时，视线应垂直于测量仪器上的标度部分，尽量减小误差。

【实验结果与评价】

（1）实验结果：

① 写出直接测量结果及派生指标（表 4-1-1）。

表 4-1-1　测量结果及派生指标

姓名：		性别：		年龄：	
运动专项：				体重/kg：	
长度指标	测量结果/cm	派生指标	计算结果	围度指标	测量结果/cm
身高				胸围	
坐高		坐高/身高		最大吸气胸围	
颈长				最大呼气胸围	

续表

项长			呼吸差	
上肢全长		上肢长/身高		
上臂长		上臂长/下肢长	颈围	
前臂长		前臂长/下肢长	腰围	
手长		手长/身高	腹围	
下肢长		下肢长/身高	臀围	
大腿长		大腿长/下肢长	上臂紧张围	
小腿长		小腿长/下肢长	上臂放松围	
跟腱长		跟腱长/身高	上臂放松围与紧张围的差值	
指距		指距/身高		
手足间距			前臂围	
			大腿围	
宽度指标	测量结果/cm	派生指标	小腿围	
肩宽		肩宽/身高	踝围	
盆骨宽		盆骨宽/身高		
胸宽		胸围/身高		
手宽				
足宽				

② 求出以下派生指标的结果（表 4-1-2）。

表 4-1-2　某些派生指标结果

派生指标	计算结果
身高体重指数[体重（g）/身高（cm）]	
身高坐高指数[坐高（cm）×100/身高（cm）]	
身高质量指数[体重（kg）/身高（m）^{2}]	

（2）实验结论评价：通过测量结果评价受试者体格状况，如为长躯型或臂长型，是否肥胖等。

【课后思考】

（1）运动专项与身体形态有什么关系？
（2）测量过程中有哪些注意事项？
（3）练习：课后熟练掌握各个测量点。

实验二　基本按摩手法

【实验目的】

能正确掌握按摩的基本手法；体会手法的功力，即持久、有力、均匀、柔和、深透。

【实验原理】

在中西医理论的指导下，按摩主要是凭借术者的双手，采用各种手法，作用于人体的一定部位或穴位上，通过机械、神经、体液的刺激和调节，提高各器官系统的功能，以达到调理人体功能、防治伤病目的的一种物理疗法。

【实验器材】

按摩床、按摩巾、按摩介质、多媒体课件、图片、录像带。

【实验方法与步骤】

一、摩擦类手法

（一）推　法

按而送之为推，是指用指、掌或肘着力于人体的一定部位上，进行单方向的直线推动。推法的手法可分轻、重手法，轻推多用于按摩的开始和结束，缓解重手法如揉捏、按压时的不适感，重手法多与其他手法交替进行。拇指推摩多作用于身体较小的部位（头、面、四肢小关节等理顺肌腱等）。

1. 方法与步骤

（1）轻推摩：四指并拢，拇指分开，全手接触皮肤着力沿着淋巴流动方向轻轻向前推动，动作柔和、均匀，力量作用于皮肤。

（2）重推摩：方法同上，但用力大，虎口翘起，掌根用力，深达皮下组织，但注意避免病人产生疼痛。

（3）拇指推摩：用拇指指腹，单手或双手操作向一定方向推摩。

2. 动作要领

轻推摩时用的压力较轻；重推摩时用的压力较重。作全掌重推法时，四指并拢，拇指分开，要求掌根着力，虎口稍抬起，必要时可用另一手掌重叠按压于一手背上，双手同时向下加压，沿着淋巴流动的方向向前推动（图4-2-1至图4-2-4）。

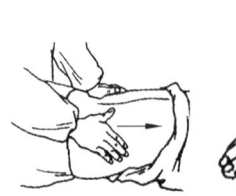 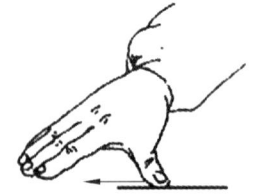  

图 4-2-1 推法　　图 4-2-2 拇指推法　　图 4-2-3 掌推法　　图 4-2-4 拳推法

（二）擦　法

擦法是用拇指或四指的指腹、大鱼际、小鱼际、掌根紧贴于皮肤，做来回直线形往返摩动的方法。有三种手法：拇指指腹和大鱼际肌擦摩、拇指擦摩、手掌或掌根擦摩，用于四肢、腰背、关节、韧带肌腱，根据不同部位采用不同手法。

 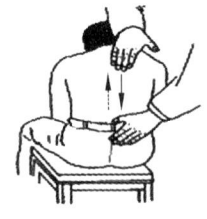 

（a）掌擦法　　　　（b）小鱼际擦法　　　　（c）大鱼际擦法

图 4-2-5 擦法

1. 方法与步骤

（1）拇指指腹和大鱼际肌擦摩：将拇指指腹和大鱼际平行地放在皮肤上往返地擦摩，其余四指托住被按摩的部位。

（2）指腹擦摩：以四指为支点，用拇指指腹擦摩，或以拇指为支点，四指指腹擦摩。

（3）手掌或掌根擦摩法：手掌或掌根放在被按摩的身体部位，往返重复擦摩，可以掌平擦、侧立掌擦、大鱼际擦（图4-2-5）。

2. 动作要领

（1）操作时腕关节要伸直，使前臂与手接近相平，以肩关节为支点，带动手掌作前后或左右的直线往返擦动，不可歪斜。

（2）按摩者手掌向下的压力要均匀适中，在擦动时以不使皮肤褶叠为宜。

（3）擦法的速度一般较快，往返擦动的距离要长，动作要均匀而连贯，但不宜久擦，以局部皮肤充血潮红为度，防止擦损皮肤。

（三）摩　法

摩法是指示、中、环指或手掌面着力，附着于被按摩的部位上，以腕部连同前臂作缓和而有节奏的环形抚摩动作，着力部位不吸定皮肤，而在体表环旋滑动。摩法有指摩法和掌摩法两种（图4-2-6、图4-2-7）。摩法刺激轻柔缓和而舒适，常用于按摩的开始，以减轻疼痛或不适，常配合揉法、推法、按法等治疗消化不良、胀气腹痛、痛经。

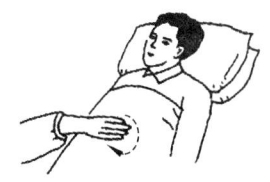
图 4-2-6　指摩法

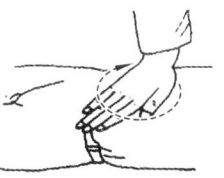
图 4-2-7　掌摩法

1. 方法与步骤

用示、中、环指指面或手掌面着力，附着两者之间被按摩的部位上，肘关节微屈，腕关节放松，指掌关节自然伸直轻轻放在体表上，以腕部连同前臂作缓和而有节奏的环形抚摩移动，可沿顺时针或逆时针方向均匀往返地连贯操作。

2. 动作要领

（1）操作时手腕放松，指掌自然伸直，随动作自然地屈伸，可沿顺时针或逆时针方向均匀往返地连贯操作。

（2）摩法频率一般为 120 次/min。

（3）动作柔和协调，用力不可太重。

（四）抹　法

用单手或双手的指腹或掌面紧贴于体表上，略用力作上下左右或弧形曲线的往返移动，称为抹法（图 4-2-8、图 4-2-9、图 4-2-10）。抹法适用于头面部、颈项部、胸腹部和掌指部，尤以头面部较为常用。对头痛、头晕及颈项强痛等症常用本法作配合治疗。

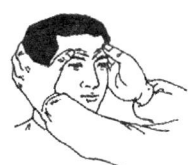
图 4-2-8　抹法

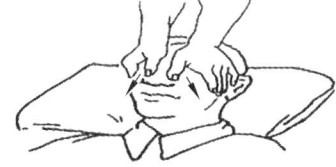
图 4-2-9　拇指抹法

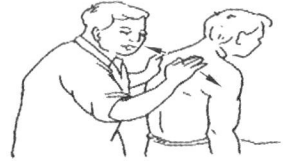
图 4-2-10　四指抹法

1. 方法与步骤

抹法的动作与推法相似，但推法是单方向移动，而抹法则可根据不同治疗部位作单向或任意往返移动。

2. 动作要领

（1）操作时用力要均匀，动作要缓和，只刺激到皮肤、血脉及浅层肌肉，防止推破皮肤。

（2）手法要轻而不浮，重而不滞。

二、按压类手法

按压类手法的操作特点是用掌指或肢体其他部位从施术部位的表面向深部垂直用力。此类手法包括按、点、掐等。

（一）按　法

用手指或手掌在体表某一部位或穴位上逐渐用力下压称为按法，一般可分为指按法、掌按法和肘按法。患者腰背、肩、四肢僵硬或发紧时常应用此法施治。在腕关节处，可用两手十指交叉，两掌根夹住手腕，相对用力，按压反复数次。

1. 方法与步骤

用手指、掌根或单双手，双手重叠或肘关节等按压身体的一定部位（痛点、穴位或关节），力量由轻→重→轻，均匀用力，并稍留片刻，频率不宜过快，次数不可太多，3~4次为宜。在某些关节、大肌肉群、腰部可间断性一按一松，有节奏地按压，力量由轻到重（图 4-2-11、图 4-2-12）。

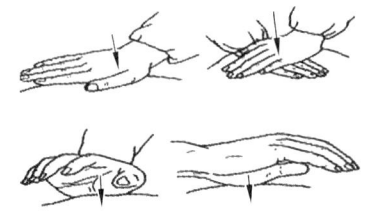
图 4-2-11　掌压法

图 4-2-12　掌按法和指按法

2. 动作要领

（1）按压着力部分要紧贴体表不可移动，操作时用力方向要与体表垂直，由轻到重，稳而持续，使力达组织深部。

（2）拇指按穴位要准确，力度以病人有酸、胀、热、麻等感觉为度。

（二）点　法

用拇指或中指的指端压体表叫点。点穴位处叫点穴。点法多用于穴位和疼痛点。

1. 方法与步骤

用拇指点时，其余四指握拳，拇指伸直或微屈使其指间关节紧靠示指以助力；若用中指点穴，则拇指和示指夹中指远端间关节以助力；在肌肉丰厚处可用肘尖点。点穴应由轻到重，使患者有"得气感"（酸、麻、胀、重的感觉）。点后稍待片刻再逐渐减轻力度，并轻揉点压处以缓解点穴后的不舒适反应（图 4-2-13）。

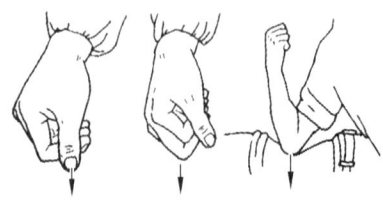
图 4-2-13　点法

2. 动作要领

（1）点法分拇指点、屈指点、肘尖点和中指点，点处接触面积小，用力集中，刺激量大。

（2）点法练习时要精力集中，认真严肃。做到力到意到，贯彻由轻到重，再由重到轻的原则。

（三）掐　法（图 4-2-14）

用指端或指甲缘着力，在穴位或肿胀部位掐压用力的手法称为掐法。本法具有行气、防止粘连、开窍提神、缓解痉挛、消肿的作用，常用于昏厥、休克、抽搐等急救时掐穴位。

图 4-2-14　掐法

1. 方法与步骤

用于消肿，应从远心端向近心端移动。用于掐穴位，应逐渐加力，有"得气"感（酸、胀、麻、串、沉）。如掐"人中"穴，勿用指甲。

2. 动作要领

（1）操作时施术者拇指微屈，用指端按压穴位，以拇指掐法为常用。

（2）操作时垂直用力按压，不宜反复长时间使用。

三、揉搓类

揉搓类手法动作轻快柔和，刺激舒适而无副作用。特点是操作时带动皮下组织一起运动，而不在皮肤表面摩擦。本类手法包括揉法、揉捏、搓法、滚法等。

（一）揉　法

揉法是用手掌、掌根、大鱼际、小鱼际、拇指或四指指腹部分，着力于一定的部位上，作圆形或螺旋形的揉动，以带动该处的皮下组织随手指或手掌的揉动而滑动。

1. 方法与步骤

揉深层组织时频率宜慢（30～60 次/min）。在肌肉肥厚处，可用双手重叠，在大面积皮肤或四肢上揉动，可螺旋移动。揉法的手法较柔和，适应于运动按摩也适应于治疗按摩，尤其在消除疲劳时应用更广泛，可用于身体各个部位（图 4-2-15、图 4-2-16）。

2. 动作要领

（1）揉动时手指或掌要紧贴在皮肤上，不要在皮肤上移动，手腕要放松。

（2）以腕关节连同前臂或整个手臂作小幅度的回旋活动，不要过分牵扯周围皮肤。

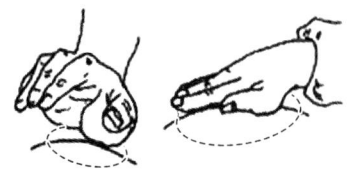

图 4-2-15　掌根揉和平掌揉法

图 4-2-16　大鱼际和小鱼际揉法

（二）揉　捏

揉捏法是拇指外展，其余四指并拢，手成钳形，将全掌及各指紧贴于皮肤上，作环形旋转的揉捏动作，边揉边捏边作螺旋形地向心方向推进的一种手法。根据需要可单手或双手操作。

1. 方法与步骤

四指并拢，虎口张开，全手指均匀地紧贴皮肤，用力将肌肉钳住上提，着力点在虎口附近。可以局部揉捏，也可以在四肢揉捏。在移动时手指、手掌都不能离开皮肤，手指不得弯曲，用力应均匀，避免指尖用力，根据需要可单手或双手（双手重叠，双手并排揉捏）操作，双手操作时要向同一方向进行。往往拇指以揉为主，四指以捏为主，揉捏频率一般为 50～100 次/min（图 4-2-17）。

2. 动作要领

（1）揉捏要求全掌着力均匀，必须有意识地减少示指与拇指尖习惯性地对掌用力，以加强拇指与其他三指的掌根对掌用力。

（2）腕部应柔和放松。

单手　　双手

图 4-2-17　揉捏法

（三）滚　法

用手背及掌指关节背侧的突起处在被按摩部位滚动的手法，称为滚法。

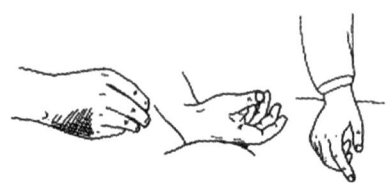

图 4-2-18　滚法

1. 方法与步骤

手指轻度屈曲，略微分开，腕部稍屈，用手的尺侧手背，小指、环指、中指的掌指关节着力，连续往返地前后滚动，滚动时肩、臂、腕不要紧张，用力要均匀，动作要协调而有节奏，不能跳动和摩擦（图4-2-18）。滚法常用于腰、背、大腿等肌肉丰厚的部位。

2. 动作要领

（1）肩臂和手腕要放松，肘关节微屈约120°，即腕关节屈曲，前臂旋后时向外滚法约80°；腕关节伸展，前臂旋前时向内滚法约40°。
（2）着力要均匀，动作要协调而有节律，一般滚动的频率为每分钟约140次。

（四）搓　法

用双手掌着力，挟住被按摩部位，作相对用力、方向相反、来回往返地移动的按摩手法称为搓法。适用于四肢的肌肉及肩、膝关节等处，常在每次按摩的后阶段使用。

1. 方法与步骤

双手把被搓的部位夹在两掌心之间，作相对用力、方向相反地来回搓动，频率一般为100～200次/min。强度小时被按摩者感觉舒适放松，强度大时会有明显酸胀感。搓法的速度宜由慢→快→慢，以慢结束，动作连贯不可间断。搓上肢时，被按摩者宜取站立或坐位，施术者可取马步站立在被按摩者一侧，上体略前倾，便于发力，力达皮下组织和肌肉（图4-2-19）。

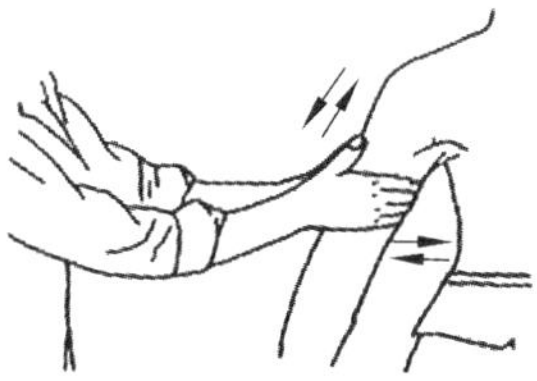

图 4-2-19　搓法

2. 动作要领

（1）操作时两手用力要对称，动作柔和而均匀，搓动要快，移动要慢。
（2）在被按摩者运动前，对被按摩者作压力大、频率快而持续时间短的搓动，能提高被按摩者肌肉的工作能力；运动后，采用压力小、频率缓慢而持续时间较长的搓动，能加强消除被按摩者肌肉的疲劳。

四、提拿类手法

此类手法的共同特点：对皮下组织或肌肉进行上提或牵拉，手法频率较低，重复次数较少，刺激性较强；具有解表发汗、疏通经络、解痉止痛的作用。此类手法包括拿法、提弹（弹筋）和捏脊法。

（一）拿　法

用拇指与其他四指相对用力，在穴位或按摩部位提拿、揉捏的手法叫拿法。

1. 方法与步骤

肩臂放松，腕、掌、指等关节协调用力，用单手或双手的拇指与示、中指或与其他四指相对用力提拿、摇晃、揉捏被按摩部位,力度由轻到重,再由重到轻。主要用于颈项、肩背、四肢部或风池、肩井等穴位及颈项两侧部位。可治疗外感,也可用于运动中振奋精神(图4-2-20、图4-2-21)。

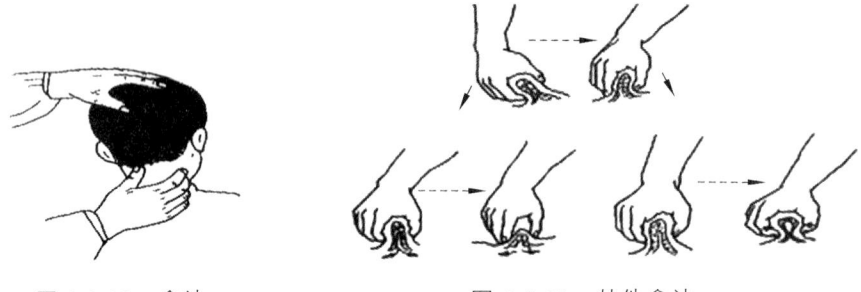

图 4-2-20　拿法　　　　　图 4-2-21　其他拿法

2. 动作要领

(1)操作时肩臂要放松,腕要灵活,以腕关节和掌指关节活动为主,用指面相对用力提拿。

(2)用力要由轻到重,再由重到轻。

(3)拿法刺激强度较大,因此拿捏持续时间宜短,次数宜少,拿后应配合使用轻揉法,以缓解刺激引起的不适。

(二)提弹(弹筋)

用手指将被按摩部位的肌肉或肌腱迅速提起后又迅速放开的手法称为提弹(弹筋)。此手法常用于治疗慢性肌肉损伤(肱三头肌、斜方肌、背阔肌和股二头肌的损伤)等。

1. 方法与步骤

用拇指与示、中二指或拇指与其余四指,将肌肉或肌腱速提速放,像木工弹墨线一样。弹筋后,应立即配合揉法以缓解不适(图 4-2-22)。

2. 动作要领

(1)用指腹着力,切勿用指端用力内掐。

(2)用力要由轻到重,刚中有柔。每处每次弹筋 1~3 次,然后使用轻揉法以缓解因提弹而引起的不适感。

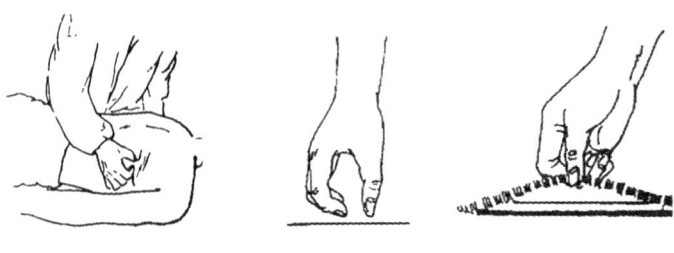

图 4-2-22　弹筋

（三）捏脊法

用两手在脊柱两旁将皮层提起和捏推的一种联合手法，为捏脊法。捏脊法常用于治疗小儿消化不良和呼吸系统疾病，对成人神经衰弱及消化不良也有较好疗效。

1. 方法与步骤

施术者两手拇指与其余四指相对，拇指在后，其余四指在前，捏起患者脊柱两旁的皮肤，随捏随提，双手交替捻动皮肤并向前推进，自尾骨起沿脊柱向上至大椎骨止，反复10次左右；或者将两手拇指伸直，其余四指屈曲，以拇指与食指中节桡侧面相对，拇指在前，捏起脊柱两侧的皮肤操作（图4-2-23）。

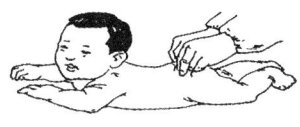

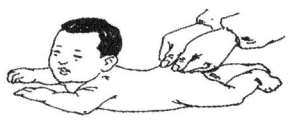

图4-2-23 捏脊法

2. 动作要领

（1）患者俯卧，背部肌肉放松。施术者提起皮肤时用力要均匀。

（2）动作要缓和、连贯，防止皮肤的不适感。

五、叩击类

此类手法的共同特点是均以有节奏的冲击力，即叩、击、拍、打等力刺激治疗点。叩击类手法包括叩法、击法和捶法。

（一）叩　法

以臂力带动腕关节活动，使两手在治疗部位作轻快而有节奏的弹打，称为叩法。根据着力点不同，叩法又分为指叩、掌叩和拳叩。叩法具有舒筋活血、祛风止痛及消除肌肉疲劳的作用。

1. 方法与步骤

拳叩两手握拳，用拳的尺侧面交替叩打，叩击时力量要均匀，手指、手腕尽量放松，发力在肘部。切击：两手手指伸直张开，用手的尺侧进行切击。拍击：两手半握拳，掌心向下或两手伸直张开进行拍击。以上手法，快慢要适中，由轻而重（图4-2-24～图4-2-28）。

另外，还有五指尖合拢捏撮或分开指尖叩打。

2. 动作要领

叩法较击法力量轻，轻击为叩。可以半握拳轻轻捶击，两手交替上下好像击鼓；也可以两手平放，掌心虚空或用手指叩击。叩法应用时可发出有节奏的啪啪声。叩击时以肘为支点进行发力，肩、肘、腕要放松。

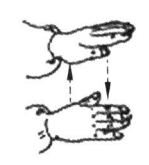 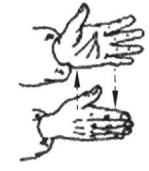 

图 4-2-24　平掌叩　　　图 4-2-25　侧掌叩　　　图 4-2-26　合掌叩

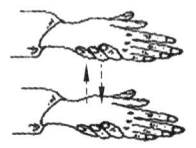 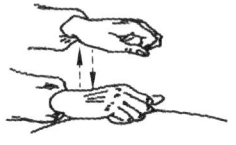

图 4-2-27　手背叩　　　　图 4-2-28　俯拳叩

（二）击　法

用掌背、掌根、掌侧小鱼际、指尖或用桑枝棒击打体表，称为击法（图 4-2-29）。根据使用部位不同分为：拳击法、掌击法、侧击法和指尖击法。常用于头顶、腰背四肢部位。

1. 方法与步骤

以拳击法为例：两手握拳，用拳的尺侧面交替叩击体表，叩击时力量要均匀，手指、手腕尽量放松，发力在肘部。另外，还有五指尖合拢捏撮或分开指尖叩击，如雨点落下。

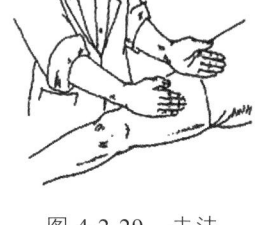

图 4-2-29　击法

2. 动作要领

由于击法类手法作用力直接且多用"刚劲"，如果运用不当易给患者造成不必要的疼痛，因此，临床应用本法时，要注意动作技巧，直接击打，刚中含柔，均匀协调，操作和缓有序。

（三）捶　法

按照叩击要领，以单手的侧拳、仰拳或掌根击打治疗部位的手法，称为捶法。捶法分为侧拳捶、仰拳捶和掌根捶，常用于肩胛、腰骶、四肢关节和肌肉隆起处。

1. 方法与步骤

捶法要肩、肘、腕放松，力度深达组织深部，两手有节奏地进行上下交替捶击。动作要协调、连续、灵活（图 4-2-30）。

2. 动作要领

捶法是以实拳直接刺激组织而产生振动，发出声音比较闷实。因此捶法要求做到：准（对准治疗点）、狠（用力要足够）、稳（捶下去要稳住不可移动）、实（发出闷实声音）。一般一个治疗点捶 1~3 次。侧拳捶时手握实拳，以拳的小鱼际面为着力点；仰拳捶时手握实拳，以掌背掌骨部为着力点；掌根捶时五指伸直，以掌根部为着力点。

图 4-2-30　捶法

六、动摇关节类

使关节作被动运动的手法,称为动摇类手法。动摇类手法具有滑利关节、松解粘连、增强功能、整复脱位、调节气血等作用。

(一)抖　法

用双手或单手握住患者肢体远端,小幅度、快速连续地摆动其肢体或肌肉,称为抖法。抖法可分为肢体抖动和肌肉抖动。此法常作为治疗腰腿疾病的结束。

1. 方法与步骤

肌肉抖动法:被按摩者肌肉放松,按摩者用掌、指轻轻抓住肌肉,进行短时间的快速振动。肢体抖动法:按摩者单手或双手握住被按摩者肢体的末梢,做上下、左右快速抖动(图4-2-31、图4-2-32)。

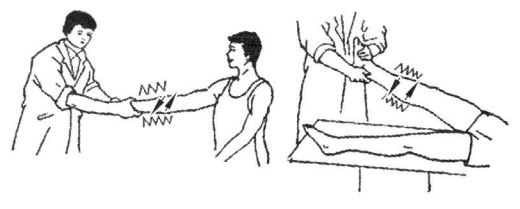
图 4-2-31　肢体抖动
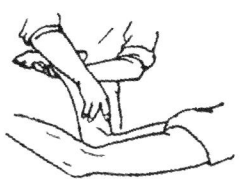
图 4-2-32　肌肉抖动

2. 动作要领

动作要连续、均匀,频率要由慢到快,再由快到慢;抖动的幅度要小,频率一般较快,用力不要过大。

(二)运拉法

按摩者在被按摩者的某一关节部位作被动的屈伸、内收、外展、内旋、外旋、环绕等牵引活动的手法称之运拉法。运拉法常用于四肢和关节按摩结束时,以活动肢体和关节。

1. 方法与步骤

按摩者一手握住被按摩者的关节近端肢体,另一手握关节远端肢体,根据关节活动的可能性,作屈伸、内收、外旋、内旋、外展、环绕等牵引活动。动作要轻柔,关节活动范围由小到大,以不引起关节疼痛为原则,切忌强行拉伸,以免造成损伤,由于各关节的活动范围不同,要注意力度的大小,下面主要介绍七个关节的运拉(图4-2-33~图4-2-38)。

(1)肩关节:按摩者一手握住被按摩者的肘部,另一手按住其肩上固定,作肩关节的屈伸、内收、外展、外旋、内旋、环绕等活动。

(2)颈部:按摩者一手扶住被按摩者的头颈,另一手托其下颌处,轻轻地作左右旋转和前俯后仰的屈伸动作。

(3)肘关节:按摩者一手托被按摩者肘关节后部,另一手握住其腕部运拉前臂,使肘关节作屈伸、前旋、后旋等动作。

图 4-2-33 腕关节运拉
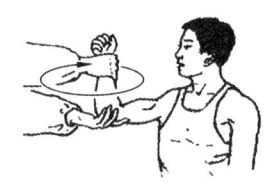
图 4-2-34 肘关节运拉
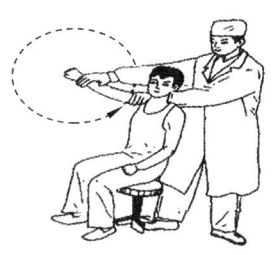
图 4-2-35 肩关节运拉

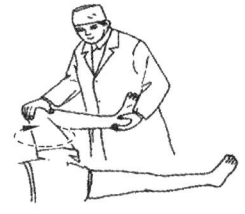
图 4-2-36 髋关节运拉
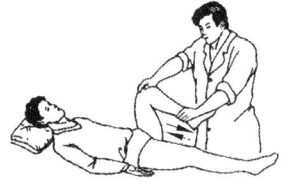
图 4-2-37 膝关节运拉
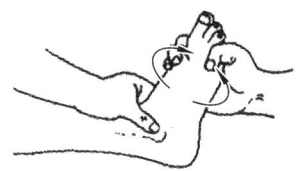
图 4-2-38 踝关节运拉

（4）指关节：按摩者一手握住被按摩者腕关节，另一手抓住其手的四指，作屈伸、内收、外展、环绕等动作。

（5）髋关节：被按摩者仰卧，按摩者一手握其踝部，另一手按于其膝关节上，使膝关节屈曲，然后使髋关节屈伸、回旋、环绕。

（6）膝关节：被按摩者仰卧，按摩者一手按其膝关节，一手握住其小腿下部，做小腿内旋、外旋动作，使膝关节屈伸、旋转。

（7）踝关节：按摩者一手握被按摩者踝关节上部，另一手握住其前足掌，作屈伸、内翻、外翻及环绕动作。

2．动作要领

（1）运拉时动作要缓和，用力要稳，动作幅度要在关节生理活动范围内，由小到大。

（2）作环转运动时，可沿着顺时针或逆时针方向进行。

（三）拔伸法

拔伸即牵引的意思。固定肢体或关节的一端，牵拉另一端的方法称为拔伸法。此手法常用于颈项和四肢关节的错位，肌肉或韧带部位痉挛。

1．方法与步骤

用于肩部的拔伸手法，称为"肩部拔伸法"，如"肩部端提拔伸法""肩部膝顶拔伸法""肩部外展拔伸法""肩部抬举拔伸法"等；用于肘部的拔伸手法，称为"肘关节拔伸法"，如"掌屈拔伸法""背伸拔伸法""尺偏或桡偏拔伸法"等。还有拔指法等。

2．动作要领

（1）颈部拔伸法：被按摩者正坐，按摩者站在其背后，用双手拇指顶在其枕骨下方，掌根托住其两侧下颌角的下方，并用两前臂压住其两肩，两手用力向上，两前臂下压，同时向相反方向用力（图 4-2-39）。

（2）肩关节拔伸法：被按摩者取坐位，按摩者双手分握其腕和肘并逐渐用力牵拉，让其身体向另一侧倾斜（或有一助手帮助固定被按摩者身体），与牵拉力对抗。

（3）腕关节拔伸法：按摩者一手握住被按摩者前臂下端，另一手握住其手部，两手同时向相反方向用力，逐渐牵拉。

图 4-2-39　颈部拔伸法

（4）指间关节拔伸法：按摩者用一手捏住被按摩者被拔伸指间关节的近侧端，另一手捏住其远侧端，两手同时用力向相反方向牵拉。在操作时用力要均匀而持久，动作要缓和。

【注意事项】

（1）按摩操作时要洗手、剪指甲，手指上不能戴饰物。
（2）按摩者和被按摩者体位与姿势要正确；注意使用按摩介质。
（3）身体各部位按摩及手法应有先后顺序，用力通常先轻后重，再由重到轻。
（4）按摩的方向应沿着血液回流的方向。
（5）要随时观察被按摩者的反应，询问其感觉，以便及时调整手法和强度。

【实验作业】

（1）列表写出推法、运拉、擦法、揉法、揉捏、搓法、按法、拍击法、抖动法这九种手法应用时的动作要领和手法的分类（以按摩的动作形式分：摩擦类、揉动类、挤压类、提拿类、叩击类、动摇关节类；以按摩的用力方向分：平行用力、垂直用力、对合用力、对抗用力、关节运动类手法）。

表 4-2-1　按摩手法名称、动作要领及手法分类

手法名称	动作要领	手法分类 1 （以按摩的动作形式分类）	手法分类 2 （以按摩的用力方向分类）

（2）写出按摩手法学习中的体会（指出手法的重点、难点）。

实验三　穴位按摩技术实习

【实验目的】

通过实验使学生熟悉常用穴位，熟练掌握取穴定位方法，掌握穴位按摩的基本方法。

【实验原理】

对人体各部位经络上的某一穴位或组穴位，应用点、按、揉、掐等基本按摩手法刺激穴位，激活脏腑功能，达到防病治病的目的。

【实验器材】

计算机、投影仪、教学 VCD 视频光盘、按摩床、枕头、床单、布巾、按摩油等。

【实验方法】

（1）每 3 人为一组，其中 1 人扮作患者，1 人担任按摩师，另 1 人观摩并纠错。轮流交换角色进行操作。

（2）按摩手法要严格按照正规的方法和程序来做。根据教材中对穴位位置的描述，参考书中图示，并按照指导老师的提示和示范，确定选穴方法，找准穴位，并在穴位处用笔画一标记，同学之间互相印证和纠错，亦可请指导老师判定，确保取穴位置准确无误。

（3）用适度的力量，点或按压找准的穴位，观察患者是否有酸、麻、胀、痛、热等感觉，亦称"得气"。

【实验步骤】

一、熟悉穴位类型及常用穴位（表 4-3-1、表 4-3-2；图 4-3-1～图 4-3-4）

1. 经　穴

分布在 14 条经脉上的穴位，有固定的名称、部位、明确的主治范围。要求在实验课熟练掌握的穴位：头面部的百会、太阳、人中、攒竹、风池；躯干部的大椎、肾俞、大肠俞、天宗、中脘；上肢的肩贞、曲池、内关、扭伤、合谷；下肢的风市、足三里、承山、昆仑、涌泉。

2. 奇　穴

继十四经之后发现的具有奇效的穴位，称"奇穴"或"经外奇穴"。

3. 阿是穴

以压痛点作为穴位，无固定名称和部位。

二、熟练掌握穴位按摩的常用手法

穴位按摩常用手法为点、按、揉、掐。按摩过程中体会按摩感觉，并调整手法。

三、熟练掌握常用的取穴方法

（1）指寸法：以患者手指宽度为标准。如拇指指关节处的宽度为1寸；示指与中指合并，以中指中节（第二节）横纹处为准，示指与中指并拢宽度为1.5寸，四指并拢，以中指中节（第二节）横纹处为准，四指横量宽度为3寸。

（2）解剖标志法：用人体体表各种解剖标志作为取穴的根据。

（3）骨度分寸法：将身体不同部位之间规定出尺寸，按这些尺寸在患者身上画出等分。如胸剑联合至脐为8寸，肘横纹至腕横纹为12寸。

四、掌握正确的选穴原则

（1）就近取穴：即在伤病的邻近部位选穴。

（2）循经取穴：即循经络选穴，按经络的内在联系取穴，如头面、躯干疾病，可选用四肢肘、膝关节以下的穴位。

（3）对症取穴：针对某些疾病的症状选用相应穴位。例如，发热选大椎穴与曲池穴，腓肠肌痉挛选承山穴，昏迷选人中、十宣、涌泉、内关、百会穴等急救穴位。

（4）注意事项：

① 按摩前必须将患者摆好体位，注意胸腹部保暖，点穴时遵循一定的顺序，每一手法开始要由轻到重，再由重到轻结束。随时注意患者的反应并调整手法及力度。

② 按摩操作者要放松，点穴时精力要集中，力度适中，随时注意患者的反应并调整力度。

③ 个别病人可能会反应敏感，出现紧张、甚至难以耐受时，要减轻手法，并改为刺激小的手法如推、揉等，少用点、指压等强刺激手法。出现明显反应不适者，应立即停止按摩、点穴等操作，让患者平卧休息、饮用热水即可恢复常态。

头面部及躯干部常用穴位见图4-3-1、图4-3-2。

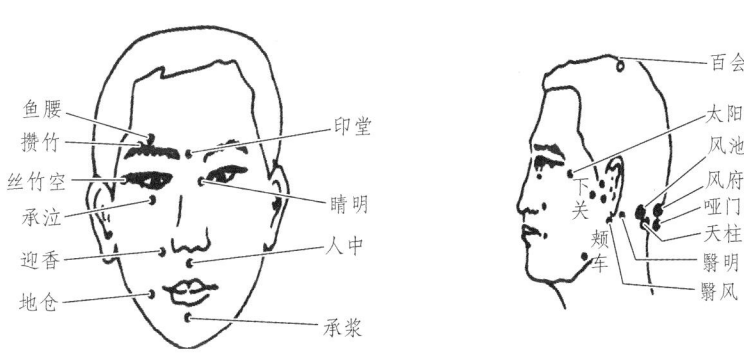

图4-3-1 头面部常用穴位

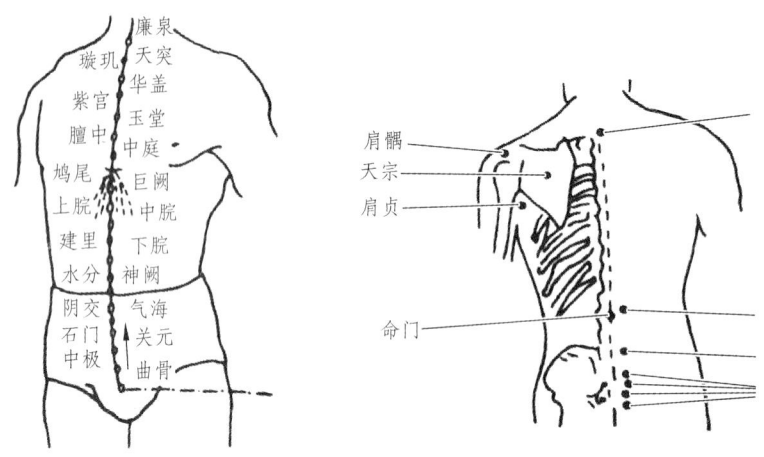

图 4-3-2 躯干常用穴位

头面、躯干部以及上下肢常用穴位的定位及主治病症见表 4-3-1、表 4-3-2。

表 4-3-1 头面、躯干部常用穴位的定位及主治病症

穴位	定位	主治
百会	头顶正中线与耳尖连线的交点	头疼、头晕、昏迷
印堂	两眉内侧端连线之中点	头痛、偏头痛、失眠、鼻疾
人中	人中沟上 1/3 与下 2/3 的交界处	昏迷急救、急性腰扭伤
攒竹	两眉内侧眉端	头痛、近视、三叉神经痛
迎香	鼻翼外缘中点旁开 0.5 寸,鼻唇沟中凹陷处	鼻部疾患
下关	耳前方颧弓与下颌切迹所形成的凹陷处	牙痛、面瘫、三叉神经痛
太阳	眉梢与外眼角中间向后移一横指的凹陷处	头痛、感冒、眼疾
风池	胸锁乳突肌与斜方肌之间凹陷处、与耳垂相平	头晕、头痛、颈痛、耳鸣
大椎	第七颈椎与第一胸椎棘突之间凹陷处	发热、颈痛、中暑
天宗	肩胛冈下缘正中与肩胛骨下角连线的 1/3 与 2/3 交界处	肩背痛、落枕
肾盂	第 2、3 腰椎棘突间,旁开 1.5 寸	腰痛、肾病
命门	第 2、3 腰椎棘突间	腰痛、盆腔疾患
大肠俞	第 4、5 腰椎棘突间,旁开 1.5 寸	腰腿痛、肠炎
天突	胸骨上切迹(胸骨上窝)凹陷处	咳嗽、哮喘、呕吐
腹中	两乳头之间	胸痛、肋间神经痛
中脘	脐上 4 寸的前正中线	胃痛、呕吐、腹胀
天枢	脐旁开 2 寸	胃炎、肠炎、腰痛
气海	前正中线脐下 1.5 寸	神经衰弱、肚腹疾患

表 4-3-2 上下肢常用穴位的定位及主治病症

穴位	定位	主治
肩髃	肱骨大结节与肩峰之间。肩前呈现凹陷处	上肢功能障碍、肩周炎
肩贞	腋后皱襞端上1寸	肩周炎、肩背酸痛
曲池	屈肘，肘横纹尽头与肱骨外上髁之中点	肘痛、肩臂痛、发热、过敏
扭伤	屈肘，掌心向内曲池向腕部下3寸	急性腰扭伤
内关	腕掌侧远侧横纹上2寸，掌长肌腱与桡侧腕屈肌腱之间	昏迷、胸痛、肘腕指痛、胃痛
外关	腕背侧横纹上2寸，桡、尺骨之间	腕臂指痛、落枕、头痛
列缺	在桡骨茎突的上方，腕横纹上1.5寸	头痛颈痛、腕部损伤
合谷	第1、2掌骨之间靠近第2掌骨桡侧中点	牙痛、上肢痛、头面痛、晕车
后溪	握掌第5掌骨头后，掌横纹尽头处	头、颈痛、腕部损伤
十宣	十指尖端，距指甲游离沿约0.1寸处	中暑、休克
环跳	股骨大转子与骨骶裂孔连线以外1/3与内2/3交界处	腰痛、髋痛、坐骨神经痛、下肢瘫痪
风市	股部外侧膝上7寸（立正，两手下垂，中指尖到达之处）	腰腿痛、坐骨神经痛、下肢萎缩
委中	腘窝正中，腘窝横纹中点	腰背痛、膝关节痛
膝眼	屈膝髌韧带两侧的凹陷处	膝痛
足三里	外膝眼下3寸，向胫骨外侧一横指处	下腹痛、膝痛、强壮作用
承山	小腿后侧，腓肠肌肌腹下人字纹分叉处正中	腓肠肌痉挛、腰腿痛
悬钟	小腿外侧，外踝尖上3寸，腓骨前缘	踝扭伤、落枕
昆仑	外踝与跟腱连线的中点	腰腿痛、踝扭伤、痛经
太溪	内踝与跟腱之连线中点	腰腿痛、踝扭伤、足跟痛
涌泉	屈足，足底前1/3与后2/3交界处的正中凹陷处	中暑、昏迷、足底肌痉挛

上肢和下肢常用穴位见图 4-3-3、图 4-3-4。

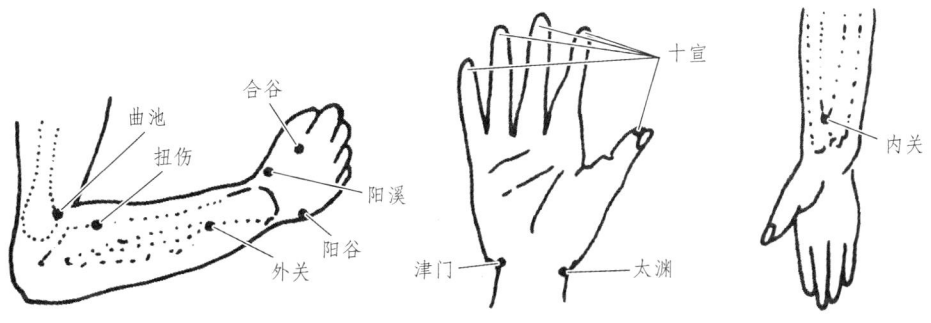

图 4-3-3 上肢常用穴位

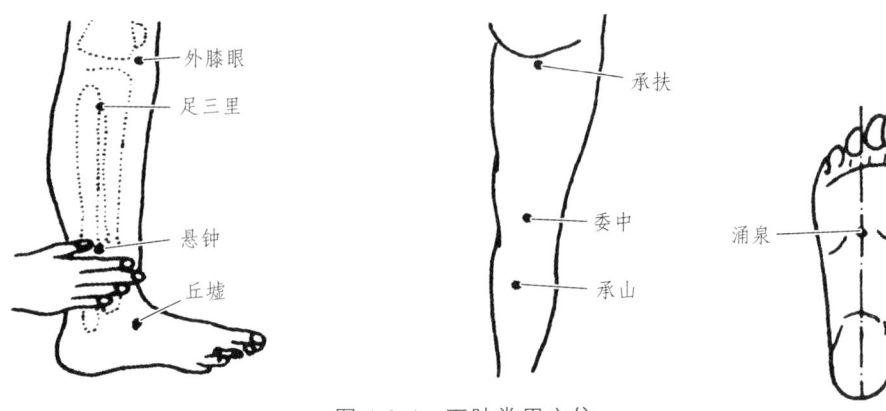

图 4-3-4　下肢常用穴位

【实验作业】

（1）通过实践操作，体会做好穴位按摩的关键技术（要点）有哪些？

（2）通过练习是否已掌握穴位按摩的技术？还有哪些问题或困难（要点）？如何解决？

【课后练习】

课后与同学互相练习点穴操作方法并说出体会，每周练习点穴操作3遍，连续5周以上。要求能熟练准确定位常用穴位，并能应用正确手法进行穴位按摩。

实验四　保健按摩技术实习

【实验目的】

使学生初步掌握保健按摩的基本程序和方法，促进养成自我按摩的良好习惯。

【实验原理】

保健按摩是增强人体机能的一种自然疗法，该法采用按摩基本手法及穴位按摩技术，有针对性地作用于全身或身体的某部位或穴位，可发挥有病治病、无病强身的作用，以提高人体各部位机能，增强对疾病的抵抗能力及减少损伤的发生。

【实验器材】

计算机、投影仪、教学VCD视频光盘、按摩床、枕头、床单、布巾、按摩油等。

【实验方法】

（1）每3人为一组，其中1人扮作患者，另2人担任按摩师，轮流交换角色进行操作、观摩，并翻阅教科书向操作者提示正确手法操作，予以纠错。

（2）依次练习全身按摩、自我按摩技术，按照顺序，逐个部位练习。同学之间互相提示和纠错，亦可请教师指导，确保技法正确无误。

一、全身按摩

（一）颈部按摩

1. 动作要领

颈部按摩顺序应自上而下，运拉时切忌暴力。

2. 方法与步骤

（1）患者取坐位或俯卧位，按摩师立于患者左侧（按摩师以右手操作为例）或坐于患者头顶端。

（2）推法：按摩师用双手虎口处或双拇指，沿患者颈椎两侧，自上而下地推至肩部，重复3~5次。

（3）拿法：按摩师用单手或双手的拇指与其他四指，自上而下沿患者颈椎两侧拿至肩部，重复3~5次。

（4）揉法：按摩师用单手拇指自上而下揉患者颈椎，拇指和四指揉颈椎两侧肌肉，重复3~5次。

（5）叩打：按摩师用单手切击或双手合击自上而下叩打患者颈椎两侧，叩至肩部，重复3~5次。

（6）运拉：按摩师用左手在前托住患者下颌，右手在后托住其枕部，做颈部前屈、后伸、侧屈、环转、拔伸等被动运动。

（二）腰背部按摩

1. 动作要领

腰部按摩重点在腰骶部，宜用力重且时间长。

2. 方法与步骤

（1）患者取俯卧位，按摩师立于患者左侧，右手操作。

（2）推法：按摩师右手全掌自患者腰骶部先右后左推向肩部（也可双手同时从腰骶推向肩部），力量先轻后重，重复3~5次。

（3）擦法：按摩师用掌侧小鱼际处，在患者脊椎处上下反复擦3~5次，然后在其背部两侧用平掌擦摩。

（4）揉法：按摩师先用单手在患者腰背部做大面积的轻揉，然后两手交叉用双手小鱼际做较大面积的中等力度的按揉，最后双手重叠用掌根加压做重点部位的按摩。一般反复3~5次。

（5）按压：按摩师在患者腰背部用双手并列从上到下，从中间到两边，力量先轻后重进行按压，重按后再停顿 3~5 s，然后缓慢抬起。

若需加力按压可采用双手重叠，借助身体重心的力量，在所需按压的重点部位用掌根施术。脊椎处按压可适当地采用冲击力或缓慢按下突然抬起的方式，这样可改善椎体间小紊乱的情况。

（6）点穴：用点按点穴手法（用拇指的指端由轻到重点按委中、环跳、大肠俞、肾盂、天宗等穴位），每穴位点按一次，每次点按 20~40 s。

（三）胸腹部按摩

1. 动作要领

胸部按摩力度不宜过大。

2. 方法与步骤

（1）患者取仰卧位，按摩师立于患者右侧，熟练手法操作。

（2）推法：按摩师用四指指腹，自患者天突穴向下沿胸骨至剑突作推摩，一般做 3~5 次，然后用双手拇指，从剑突向肋弓两侧分推上腹部，一般 3~5 次。

（3）擦法：主要作用于患者胸肋间，用分肋法（左手五指自然分开按压在患者肋骨上，右手顺分开的左指间隙在肋间反复擦动）。两边各操作 3~5 次。

（4）揉法：重点做患者腹部的圆形或螺旋形的揉动，力度先轻后重。

（5）摩法：在患者腹部以脐眼为中心，由右向左画"?"号摩动。

（6）点穴：按摩师点按患者的天突、鸠尾、中脘、天枢、气海等穴位。

（四）上肢按摩

1. 动作要领

重点做运动负荷比较大的肌群。

2. 方法与步骤

（1）患者取仰卧位或坐位。

（2）推法：患者上肢伸直，按摩师先做远侧肢体的推法按摩，从手部起到肩部，先上面，后内、外侧及下面，不间断从下推向上端。每侧面推 3~5 次。

（3）擦法：重点在患者腕、肘、肩部韧带处做擦法，直到局部发热。

（4）揉捏：从患者前臂向前部方向做起。每部位做 5~8 次。

（5）点穴：点患者的合谷、内关、外关、曲池、肩井等穴位，每穴位点按一次，每次点按 20~40 s。

（6）叩打：按摩师自下而上用轻拍、切击手法叩打患者上肢，每种手法各做 3~5 次。

（7）运拉：按摩师按肩、肘、腕顺序做患者关节的各方位的功能活动，幅度要由小到大，力量要缓。

（五）下肢按摩

1. 动作要领

重点做运动负荷比较大的肌群。

2. 方法与步骤

（1）患者取仰卧位，按摩师立于右侧，右手操作。

（2）推法：患者下肢伸直，按摩师从其踝部起到大腿的根部，先上部，后内、外侧，不间断从下向上推，每侧面推3~5次。

（3）擦法：重点在患者踝、膝、髋部韧带处做擦法，直到局部发热。

（4）揉捏：患者膝关节屈曲，按摩师左手固定其膝部，右手于其左小腿后侧三头肌揉捏，然后做股四头肌和股后肌群的揉捏，每部位做5~8次。

（5）点穴：点按患者的风市、阴陵泉、阳陵泉、足三里、委中、三阴交、悬钟、昆仑等穴位。

（6）叩打：按摩师用轻拍、切击手法自上而下叩打患者下肢，每种手法各做3~5次。

（7）运拉：按摩师按体、膝、踝顺序做患者关节运拉的各方位的功能活动，活动幅度由小到大，但力量应缓。

二、自我按摩

1. 头颈部按摩

（1）取坐位或站位。双手呈梳式置于额前，从前发际向后发际做推法。

（2）头稍抬起，按摩颈部时拇指与其余四指分开，两掌分别置于胸锁乳突肌上向下做推摩，双手交替进行。

（3）颈后用单手或双手指腹做推摩，自上而下推至外侧，然后做揉和揉捏。

2. 面部按摩

（1）取坐位或站位。

（2）两手掌相对搓热后在面部做干洗脸动作。从下颌正中线向两侧经面颊至太阳穴向上至前额，从前额沿面正中线向上下颌正中线，反复约做10次或以感面部发热为度。

（3）左右旋转眼球，然后轻闭双眼将双手指腹擦热后轻贴在眼球上，使眼球上下、左右旋转各5次，移动时要像注视某一物体。再以示、中、环三指指腹按压眼球3~5s，再从鱼尾穴运揉至太阳穴，重复3次。

（4）刮眼眶：用双手示指（或中指）中节，从内向外刮上下眼眶各8~10次。

（5）运眉弓：两手中指指腹从印堂穴沿眉弓向外运揉到眉外侧端，分推运揉5~8次。点揉眼周围。

（6）推摩鼻翼：拇指与示指成"八字"，余三指弯曲，拇指在颌下，示指从目内眦向下沿鼻翼两侧向下推摩约10次或以感鼻翼发热为度。

（7）揉耳轮、耳舟：用双手拇、示二指，拇指在后，示指在前，从上往下揉耳轮、耳舟，反复8～10次。

（8）揉耳根：用双示指（或双中指）在耳前根、耳后根作上下揉推各8～10次。

（9）鸣天鼓：取站位或坐位，用双手掌将两耳向前压盖耳孔，余指在脑后枕骨结节处。

3. 胸、腹部按摩

（1）取坐位、站位或仰卧位。

（2）两手指、掌从胸大肌斜向外下方分推、揉。

（3）取仰卧位，屈膝屈髋。使腹肌放松多用揉等手法，揉时以肚脐为中心向左至右慢速运揉15～20次。揉搓两肋时，左右两掌分别从两肋部向下推摩至小腹，反复推摩15～20次。

4. 腰骶按摩

（1）取坐位或站位。

（2）按摩时，身体微前屈，多用推、擦、揉、扣等手法。

（3）双手握拳，以手背紧贴腰部棘突的两侧，作环形、上下揉搓20～30次。

（4）在腰骶部可两手握拳，用手背或掌指关节的突起部揉搓，用力由轻到重，自觉有热感为度，一般持续2～3 min。

5. 上肢按摩

（1）手、腕：取坐位或站位，一侧前臂支持在同侧的大腿上，另一侧手多用推、擦、拉、揉手法按摩手、腕。

（2）前臂：体位同上，多用推、擦、揉、捏等手法。

（3）上臂：取坐位，多用揉、捏、擦等手法。

6. 下肢按摩

（1）臀部：取立位，被按摩的一侧稍屈膝，躯干略前倾，整个身体重量支持在另一侧肢体，用同侧手做推、擦、揉、揉捏、肌肉抖动等按摩。

（2）大腿：取坐位，被按摩的下肢伸直，做股四头肌按摩；然后膝微屈，同时大腿稍外旋，做股内、股后肌群按摩。

（3）膝关节：取坐位，被按摩的下肢伸直，用推、擦、揉等手法按摩膝关节。

（4）小腿：取坐位，被按摩的下肢屈膝、屈髋，另一大腿微外旋。用推、擦、揉捏、肌肉抖动等手法按摩小腿部。

（5）足踝部：取坐位。按摩足背时，被按摩肢体屈膝、屈髋，按摩足底、足趾时，把小腿置于另一大腿上，用擦、推、揉和运拉等手法分别按摩足背、足底及足趾。

7. 注意事项

（1）按摩师要修剪指甲，不戴饰物，保持双手清洁、温暖，以免操作时伤及患者皮肤或引起不适。

（2）操作时按摩师要始终保持正确的位置、身法、步法、手法、功法。意到力到，心手合一。

(3)在各部位按摩治疗过程中,注意操作方向,通常都是顺血液和淋巴液回流的方向。

(4)按顺序进行各部位按摩,不要遗漏。一般顺序是从上往下、从前往后。

(5)应随时注意患者对手法治疗的反应,及时调整按摩手法的强度、按摩时间的长短,用力由轻到重,再逐渐减轻而至结束。按摩的力度要适中,既要有效果,又要防止力度过大造成不适甚至损伤。

【实验作业】

(1)通过练习,体会保健按摩有哪些保健作用?如何养成自我按摩的习惯?做好保健按摩要注意哪些事项?

(2)给本次实验做一个小结,对自己的按摩技术做点评。

【课后练习】

(1)本次实验后,每天晚间做一次自我按摩,或与同学互相交换每天一次做全身按摩,连续坚持10周以上。

(2)在此学期期末根据保健按摩的技术特点和体会,自己命题写出小论文,计入期终实验考核。

实验五　治疗按摩手法的综合应用

【实验目的】

通过实验初步掌握治疗按摩的成套手法,并能运用在伤病治疗的实践中.

【实验原理】

通过纠正局部解剖变位,改善局部血液循环,改变局部病理变化等途径来达到治疗伤病的目的。

【实验器材】

针灸模型、解剖挂图、按摩床、床单、枕头等。

【实验内容】

1. 踝关节扭伤

踝关节扭伤多发生在外踝,有明显的扭伤史,局部肿胀、疼痛,足内翻试验阳性。

（1）准备手法。

① 擦法：先轻后重擦足部和小腿 3～5 次。

② 推法：由足趾向小腿到膝，先前再后推 3～5 次。

③ 揉法：先做较大面积的足踝、小腿的放松揉及揉捏，然后做受伤局部重点按揉。

④ 点穴：点按解溪、昆仑、太溪、悬钟、足三里、委中等穴位。

（2）治疗手法。

① 受伤部位淤血肿胀：采用推、揉、切等手法按摩。

② 受伤部位组织粘连：采用揉、分筋等手法按摩。

③ 受伤部位结构变位：采用理筋、弹筋、运拉等手法按摩。

（3）结束手法。

① 局部按压。

② 由足部远端向近端推至膝部。

③ 做足、踝部的抖动。

2. 落　枕

落枕多见于酣睡醒后，出现颈部胸锁乳头肌或斜方肌痉挛僵硬，转动颈时活动受限，疼痛加剧，可向头部、背部及上肢放射，有时见于急性扭伤。表现为颈部肌肉紧张，旋转困难，头向病侧偏斜，胸锁乳突肌或斜方肌的上缘均有明显压痛。

（1）准备手法。

① 推：由颈部上端两侧用双手向下推至肩部 3～5 次。

② 揉：由上向下揉颈部肌肉，重点揉斜方肌、胸锁乳突肌。

（2）治疗手法。

① 点穴：点按风池、大椎、肩井、天宗等穴位。

② 滚法：在颈、背部肌肉处反复滚动。

③ 弹拨：采用弹拨手法按摩斜方肌、胸锁乳突肌。

④ 运拉：用运位手法对颈部进行牵引并向各方向运拉及搬动。

（3）结束手法。

① 轻揉。

② 顺理。

3. 腰部肌肉筋膜炎

腰部肌肉筋膜炎表现为腰部两侧肌肉不适，长时间维持一种姿势时症状加剧，遇热或活动时疼痛降低。

（1）准备手法。

① 抚摩：患者俯卧，按摩师站在其一侧，抚摩其腰背部，以手掌紧贴在腰部皮肤上，用前臂带动手腕，作有节律的环形抚摩。从上至下，先健侧后患侧，缓慢而柔和地进行，以 60 次/min 的频率作 30 次。

② 揉捏：揉捏患者腰部诸肌，揉捏方向与肌纤维垂直，从上到下直至臀大肌，先轻后重，先健侧后患侧，重点要放在棘突两侧竖直肌和压痛明显处，反复揉捏 1～2 min。

③ 点穴：点按命门、肾俞、腰眼、大肠俞、环跳、委中等穴位。

（2）治疗手法。

① 揉：按摩师以掌根或小鱼肌着力，在患者病灶部位作环形揉推法，边揉边移动，揉推 2～3 min，再以掌根沿脊椎作鱼摇尾式推摩，反复推摩 8～12 次。

② 运拉。

a. 腰部侧搬法：患者侧卧，双手臂交叉于胸前，上面的腿伸直，下面的腿弯曲。按摩师站在患者背后，一手握住其下侧的手腕，另一手推上侧的髋部，双手配合一前一后搬动，先轻轻晃动，然后再用力将臀部前推，另一手向后拽腕使肩关节固定，如能听到"嗒嗒"声响，则是手法成功的标志。

b. 单腿后搬法：患者俯卧，下肢伸直，按摩师立于其一侧，一手臂抱托患者一侧大腿的下 1/3 处，用力向上搬动，同时用另一手掌根按压其腰部，搬按 3～5 次，再采用此法搬另一只腿。

c. 双腿后搬法：方法同"单腿后搬法"，但双腿同时后搬，连续搬 3～5 次。

（3）结束手法。

推法：患者俯卧，按摩师站在其体侧，双手拇指在内，余四指并拢在外，自下而上以拇指进行推摩，拇指紧贴皮肤，沿皮肤轻轻上滑，再紧贴皮肤进行下推，着力点在皮下深层组织。切勿摩擦皮肤以避免出现疼痛，然后再点按肺俞、肾俞穴。

4. 髌骨劳损

髌骨劳损起初发病及症状不明显，患者可逐渐感到膝疼、膝软，症状严重时活动受限。本病一旦明确诊断，除调整运动负荷外，可进行按摩治疗。

（1）准备手法。

① 推：患者取坐位或仰卧位，按摩师自患者小腿中端向上推膝关节上下左右至大腿中段。先上后下，然后推膝部两侧，各推 3～5 次。

② 擦：按摩师用四指抱擦患者膝内、外侧韧带和髌韧带 3～5 次。

③ 点穴：点按阳陵泉、血海、阴陵泉、双膝眼和足三里等穴位。

（2）治疗手法。

① 按压：患者取坐位，伤肢伸直，髌骨放松，按摩师左手垫在其伤膝窝下，右手按压伤膝髌骨，一按一松，改善关节内的滑液循环，按压 10～15 次。

② 刮法：按摩师用左手固定患者髌骨并通过按压尽可能将劳损的病灶暴露出来，然后用右手的拇指端横向刮动受损的髌骨部位，操作 2～3 min。

（3）结束手法。

① 轻推。

② 轻擦。

【注意事项】

（1）按实验要求操作，思想要集中，态度要严肃认真。

（2）操作前首要要安排好患者的体位。根据治疗的要求和治疗的部位，选择俯卧、仰卧、侧卧、坐位等体位，便于患者肌肉放松同时便于按摩师操作。

（3）患者新伤按摩时不要用力过大，不要在受伤局部过多操作，以免引起新的出血，以患者舒适为宜。陈伤可在患部用较长时间和较大力度进行按摩，以患者能耐受为宜。

【思考题】

根据自己的体会总结出一些行之有效的治疗方法。

实验六　开放性软组织损伤的早期简易处理方法

【实验目的】

通过本实验，使学生掌握开放性软组织损伤的早期简易处理方法，能够对开放性软组织损伤在第一现场做出正确的早期处理，为伤口的顺利愈合打好基础。主要内容有：开放性伤口的清创消毒、无菌敷料的制作和贴敷，以及有关溶液的配制、敷料和器械的简易消毒方法等。

【实验原理】

开放性软组织损伤的伤口与外界相通，最常见的有擦伤、切伤、刺伤和撕裂伤等，如果局部伤口处理不当容易引起出血和感染，影响伤口的愈合。这是因为，受伤在 6 h 内，细菌仅存在于伤口的表面，细菌还处于相对静止的状态，尚未开始繁殖，若早期对伤口进行恰当的处理，将大大减少伤口感染的机会，有利于伤口的愈合。

【实验器材】

2%碘酒、95%酒精、5%络合碘、生理盐水、蒸馏水、食盐、纱布、胶布、棉花、小竹签、镊子、剪刀、医用软毛刷、量杯、高压消毒器、天平等。

【实验方法】

每 2 名学生为一组，练习本次实验的各种技术，互相提示和配合，正确掌握全部实验内容。

【实验步骤】

1. 调配溶液（清洗液、消毒液等）

高浓度溶液配成低浓度溶液通常采用以下公式：

$$\text{低浓度溶液的浓度（\%）×低浓度溶液量（mL）=}$$
$$\text{高浓度溶液的浓度（\%）×高浓度溶液量（mL）}$$

例如，现需要 80%酒精 100 mL，应取 95%酒精多少进行稀释？
代入上述公式：

$$80\% \times 100 = 95\% \times X$$
$$X = 80 \times 100/95 = 84.2（mL）$$

即取 95%酒精 84.2 mL，加蒸馏水至 100 mL，即稀释成 80%的酒精 100 mL。

溶质为固体时配制溶液的方法如下：

例如，现需要 0.8%的生理盐水 100 mL，应取多少食盐进行配制？
代入公式：

$$X = 0.8\% \times 100 = 0.8（g）$$

即取 0.8 g 食盐加入蒸馏水至 100 mL，即可配成 0.8%的生理盐水 100 mL。

2. 敷料制作方法

（1）纱布。

取长方形消毒纱布（长宽比为 3∶2）一块，按图 4-6-1 中折线①、②折叠，最后对折即可。

图 4-6-1　纱布折叠法

（2）棉垫。

先将消毒棉花薄薄地铺在消毒纱布上，再盖上同样大小的纱布，并将棉花和纱布压紧、抹平，然后按照需要裁成大小不同的棉垫。

（3）棉签。

取一块消毒棉花，把消毒后的小竹签放在棉花块的边缘（竹签与棉花接触约 1 cm），然后沿同一方向慢慢卷紧即成松头棉签；若需做成紧头棉签，按照上述方法卷至棉花将近 2/3 处时，把竹签上部的棉花向下折再继续卷紧即可。

3. 敷料与器械的消毒

消毒是采用各种措施杀灭具有生长繁殖能力的病原微生物，但对于细菌芽孢没有杀灭作用。杀菌是指杀灭所有微生物的方法。

（1）煮沸蒸汽消毒方法：把敷料及器械放在蒸笼内，将水加热到 100 ℃，煮沸 1 h 左右。

（2）药液浸泡法：将刀、镊子等手术器械浸泡在 75%酒精中 10 min 以上。

4. 伤口清创处理

（1）清洗皮肤：用煮沸后刚放冷的凉开水（或生理盐水）从伤口边缘向外冲洗伤口周围皮肤，并用棉签擦洗皮肤（或用医用软毛刷刷洗），用棉球擦拭干。

（2）清洗伤口：用生理盐水冲洗伤口内异物及血块，用消毒棉球拭干。

（3）消毒伤口周围皮肤：用2%碘酒沿伤口边缘从内向外作同心圆消毒，待碘酒干后，以同样方法用酒精擦去碘酒。或用5%络合碘溶液（或聚维酮碘、碘伏）沿伤口边缘从内向外作同心圆消毒伤口周围皮肤，并可将络合碘溶液稀释成 1%~3%浓度用于伤口内组织的消毒。

（4）伤口用药：面积很小且表浅的伤口按上述方法消毒后即可，可以不覆盖敷料；如果伤口较大，须先以大量生理盐水冲洗伤口，再按上述方法消毒，并覆盖无菌纱布，用胶布固定，每2天换1次药。

【注意事项】

（1）较小而不严重的伤口经上述处理即可，伤口严重时经临时止血后，应立即送往医院作进一步处理。

（2）需要缝合或贴蝶形胶布的伤口，皮肤消毒时切勿将碘酒、酒精药液直接涂在伤口上，稀释络合碘液可以做伤口内消毒。

（3）如果发现伤口已感染，应按化脓伤口处理。

（4）蝶形胶布应用于伤口长度在 2 cm 以内，且较干净、边缘较整齐、局部张力较小的伤口。

【实验讨论】

（1）请对你自己本次实验的情况作一评价。
（2）归纳本次实验内容，总结实验体会。

【课后练习】

思考：开发性软组织损伤早期正确处理的作用和意义。

实验七　闭合性软组织损伤的早期简易处理方法

【实验目的】

通过本实验，使学生了解闭合性软组织损伤早期正确处理的作用和意义，熟练掌握闭合性软组织损伤早期的简易处理方法。

【实验原理】

闭合性软组织损伤是指受伤局部皮肤或黏膜完整，无裂口与外界相通，损伤时的出血聚集在组织内，这种损伤在体育运动中最为常见。常见的闭合性软组织损伤有挫伤、肌肉肌腱拉伤、关节韧带扭伤、滑囊炎、肌腱腱鞘炎等。闭合性软组织损伤的早期（伤后24~48 h），其病理变化的主要特点是组织撕裂或断裂后，局部出现血肿或水肿，发生反应性炎症，临床上表现为损伤部位的红、肿、热、痛和功能障碍。早期正确处理有利于损伤的尽快修复和愈合，处理原则是制动、止血、防肿、镇痛和减轻炎症。

【实验器材】

冰袋、氯乙烷、冰（冷）水、毛巾、海绵、纱布、棉花、绷带等。

【实验方法】

每2名学生为一组，练习本次实验的各种技术，互相提示和配合，正确掌握全部实验内容。并随时请指导老师指导。

【实验步骤】

闭合性软组织损伤早期的处理方法可根据具体情况选择以下一种或多种方法并用。

1. 冷疗、加压包扎、抬高患肢

这种方法应在伤后立即使用，具有制动、止血、止痛、防止或减轻肿胀的作用。冷疗法是运用比人体体温低的物理因子刺激来进行治疗的一种物理疗法。冷疗包括以下几种方法。

（1）冰袋冷敷法：用特制冰袋（内置冰块）或用一塑料袋装入碎冰块，置于伤部冷敷10~15 min。

（2）冰毛巾裹敷法：将毛巾在混合冰水（1∶1）中浸湿后拧干，敷于受伤局部。开始每隔1 min更换一次毛巾，以后每隔2 min更换一次，总冷敷时间为20 min。

（3）冷气雾法：利用喷射装置将制冷剂（氯乙烷或氟甲烷）喷射于伤部及其周围。每次喷射5 s，间隔1 min后再喷，每一次治疗共喷射2~3次，在受伤组织表面形成一层薄霜即可。

（4）局部冰水浴：先把约4 cm厚的海绵放在伤部，外敷弹力绷带，然后将裹有弹力绷带的伤肢浸入混合水中5~10 min，使伤处局部降温。

加压包扎要在冷敷后用一定厚度的棉花或海绵置于伤部，然后立即用绷带稍加压力进行包扎。加压包扎后抬高患肢，以减轻肿胀。24 h后拆除包扎固定，根据伤情再作进一步处理。

2. 外敷新伤药

在伤处外敷新伤药可以达到消肿、止痛和减轻炎症的效果。

3. 服用止痛剂

若伤后疼痛较为剧烈，可服用止痛剂（最好在医生指导下服用）。如果局部出现明显红肿，可同时服用清热、活血、化瘀的中药。

【注意事项】

（1）冷疗时要防止组织发生冻伤及神经麻痹，冰敷时间一般不要超过 20 min。
（2）颌面部受伤应用冷气雾法时，应注意保护眼睛、耳朵、鼻子以及口部，防止误伤。
（3）加压包扎 24 h 后要拆除包扎固定，根据伤情再作进一步处理。
（4）若受伤严重，早期处理后应立即送往医院作进一步处理。

【实验讨论】

（1）请对你自己本次实验的情况作一评价。
（2）归纳本次实验内容，总结实验体会。

【课后练习】

（1）思考：闭合性软组织损伤早期正确处理的作用和意义。
（2）练习：随身携带冷敷用品，为体育课和训练中受伤的运动员和同学做冷敷治疗。

实验八　闭合性软组织损伤简易中药外敷疗法

【实验目的】

通过本次实验，使学生了解应用中药外用治疗闭合性软组织损伤的方法。

【实验原理】

中草药外用治疗运动损伤在我国有着悠久的历史，在治疗闭合性软组织损伤中运用中医辨证施治原则，根据伤情采取不同的调剂方法，可取得较好的效果。

【实验器材】

常用中药、白酒、蜂蜜、食用醋、剪刀、筛子、弯盘、药勺、玻璃棒、药钵、刀具、油纸、绷带、胶布等。

【实验方法】

每 4 名学生为一组，练习本次实验的各种技术，互相提示和配合，正确掌握全部实验内容。必要时请指导老师指导。

【实验步骤】

一、简单的中药前处理方法

（1）纯净处理：采用挑、拣、簸、筛、刮等方法去掉药材中的灰屑、杂质及非药用部分，使药物清洁纯净。

（2）粉碎处理：采用捣、碾、锉等方法，使药物粉碎，以符合制剂及其他炮制法的要求。

（3）切制处理：采用切、铡的方法，把药物制成一定的规格，使药物有效成分易于溶出。据药材的性质和医疗的要求，切制有许多规格。如天麻宜切薄片，泽泻、白术宜切厚片，黄芪宜切斜片，桑白叶宜切丝，麻黄宜铡成段，茯苓宜切成块等。

二、中药外用药的常用调制方法

1. 药末加蜂蜜

用药勺取适量已配伍好的药末于弯盘中，加入适量蜂蜜，用玻璃棒搅拌均匀。用蜂蜜调制可以缓和药性，减轻副作用，同时可延缓药物干燥的过程，因而有利于治疗，缺点是成本稍高，多用于损伤早期。

2. 药末加白酒

用药勺取适量已配伍好的药末于弯盘中，加入适量白酒，用玻璃棒搅拌均匀。用白酒调制有利于加强药物的活血化瘀的作用，主要用于损伤中期仍有明显的肿胀者，此法作用较为强烈。

3. 药末加醋

用药勺取适量已配伍好的药末于弯盘中，加入适量食用醋，用玻璃棒搅拌均匀。祖国传统医学认为，醋能散瘀血、消肿解毒，可减轻药物毒性，增强散瘀止血作用。

三、中药外用药的敷用方法

（1）将调制好的药物均匀摊放在油纸（也可用塑料纸）上，厚约 0.5 cm，面积要比患处大一些。

（2）将患处皮肤暴露，用湿毛巾轻轻擦去皮肤表面的污垢。

（3）将油纸托起，有药物的一面朝向皮肤，轻柔地置于患处。

（4）用绷带在油纸外包扎数圈，然后用胶布固定。

（5）若患处在关节部位，还需用小夹板固定关节，以防关节活动时造成药物脱落。

【注意事项】

（1）用药要根据患者伤情的轻重、体质的强弱、局部与整体的关系、单纯损伤与并发症的变化等情况，在临床上遵医嘱相应地加减药味，临时配方，灵活配制。

（2）外敷药制成粉末后，可分别装在瓶内，使用时再根据伤情变化进行调配。

（3）外敷药时有少数患者局部起皮疹、发痒，严重者有红、肿、热等过敏现象。此时可用开水调敷黄柏、甘草、地肤子粉末，如有水疱，用以上药粉涂擦。但若皮肤过敏严重，应立即停止外敷药物，将患者送医院进一步诊治。

（4）一般外敷药都研成细末，用开水或蜂蜜搅拌均匀，并适当加热，或根据病情用醋调制。一般可连敷两天，两天后再换药；两天内若外敷药已干，可重新加水或蜂蜜调制，或者加醋调制再敷。

（5）外敷药的处方必须由医生开具，不得个人自行配方。

【实验作业】

（1）请对你自己本次实验的情况作一评价。

（2）归纳本次实验内容，总结实验体会。

【课后练习】

（1）思考：中药外用治疗闭合性软组织损伤的原理和常用的调制、敷用方法。

（2）练习：选取中药，用白酒调制成活血化瘀的外用药，装入玻璃瓶备用，遇到适宜的闭合性软组织损伤时，在医生的指导下，以该药外用治疗，并观察、总结疗效。

实验九　闭合性软组织损伤的物理疗法

【实验目的】

通过本次实验，使学生了解闭合性软组织损伤的常用物理疗法的原理，初步掌握常用的物理疗法如冷冻疗法、温热疗法等操作方法。

【实验原理】

物理疗法的方法很多，常用于闭合性软组织损伤的治疗与康复，以下几种物理疗法为常用的治疗闭合性软组织损伤的方法。

（1）冷冻疗法：应用比人体温度低的物理因子刺激治疗伤病的方法，其机理是收缩血管（减轻充血、降温）、抑制感觉神经。

（2）温热疗法：应用比人体温度高的物理因子刺激治疗伤病的方法，其机理是扩张血管（改善血液和淋巴循环、增强组织新陈代谢）、缓解肌肉痉挛、促进淤血和渗出液的吸收。

（3）红外线理疗和电磁波治疗。红外线理疗仪是利用红外线的热辐射作用起到温热治疗作用；特定电磁波治疗仪（TDP）可发射出 2～50 μm 特定电磁波，照射人体部位，促进新陈代谢，改善血液循环，活化酶系统，促进上皮生长，促进生长发育，调整性机能，对多种伤病具有治疗作用。

（4）拔罐疗法：以杯、罐为工具，利用火的燃烧排除罐内的空气从而产生负压吸附在皮肤上来治疗疾病的方法，其机理有溶血作用、穴位作用、温热作用等。

【实验器材】

计算机、投影仪、教学光盘、冰块、氯乙烷、毛巾、海绵弹力绷带、冰块、冷水、热水袋、布袋、理疗仪（红外线理疗仪、TDP）、各种火罐、酒精、镊子、火柴、龙胆紫、无菌纱布、胶布、正骨水、红花油等。

【实验方法】

（1）每3人为一组，分别进行冷冻、温热、理疗仪、拔罐治疗操作练习，轮流交换角色进行操作，互相提示同伴以正确手法进行操作。

（2）严格按照正规的方法和程序来做，通过观看教学 VCD 示范，参看书中图示，复习课堂知识，然后按指导老师示范和提示进行练习。

【实验步骤】

一、冷冻疗法

冷冻疗法是指应用比人体温度低的物理因子刺激治疗伤病的方法。
（1）作用：止血、退热、镇痛、消肿。
（2）适应证：急性闭合性软组织损伤早期。
（3）方法。

① 冰（冷）敷法：用冰袋装入冰水或碎冰粒，贴于急性闭合性软组织损伤患处 5~15 min。或用毛巾浸入冷水或冰水，拧干后敷于患处 1~2 min，然后更换毛巾，总冷敷时间 20 min。治疗期间注意观察患处，谨防冻伤。

② 蒸发冷冻法：将冷镇痛喷雾剂氯乙烷或氟甲烷喷射于损伤部位，每次喷 5 s，间隔 1 min 再喷，共喷射 2~3 次，在损伤组织表面形成一层薄雾即可，每日 2 次。

二、温热疗法

温热疗法是指应用比人体温度高的物理因子刺激治疗伤病的方法。
（1）作用：消肿、散瘀、止痛、减轻粘连、促进愈合。
（2）适应证：急性闭合性软组织损伤中期、后期或慢性闭合性软组织损伤。
（3）方法。

① 热敷法：用热水袋或热毛巾或将盐和砂子炒热后装入布袋贴于患处，温度以 35~50 ℃

为宜，每 3～5 min 更换 1 次，总热敷 30 min，每日 2 次。热敷期间注意观察患处，谨防烫伤。

② 石蜡疗法：将石蜡加热溶解后冷却至 35～60 ℃，将伤肢浸入，或将石蜡液体浇于损伤体表，每次治疗 30 min，每日 1 次。治疗期间随时注意观察患处，谨防烫伤。

三、理疗仪治疗

1. 原理和适应证

（1）红外线理疗仪：利用红外线的热辐射作用发挥温热治疗作用，对于闭合性软组织损伤中晚期具有治疗作用。

（2）特定电磁波治疗仪（TDP）：电源对特定电磁辐射板加热，升高到一定温度时辐射板发射出 2～50 μm 特定电磁波，照射人体部位，促进新陈代谢，改善血液循环，促进生长发育，活化酶系统，促进上皮生长，调整性机能。对多种伤病尤其是闭合性软组织损伤中晚期具有较好治疗作用。

2. 方　法

按理疗仪使用说明进行操作，每次治疗 30～60 min，每天 1～2 次。

四、拔罐疗法

（1）作用：由于负压力量使局部毛细血管破裂，局部淤血，引起自身溶血现象。释放出的组织胺、5-羟色胺等神经介质通过末梢感受器刺激大脑皮质，可以提高大脑对各器官系统的功能调节，有效刺激免疫系统；对穴位刺激有疏通经络、调节机体功能的作用；局部组织的温热刺激能促进局部血液循环。

（2）适应证：急性软组织损伤的中晚期、慢性闭合性软组织损伤。

（3）拔罐方法：① 投火法；② 闪火法；③ 贴棉法。

（4）拔罐的临床应用：① 留罐法；② 闪罐法；③ 走罐法；④ 刺血拔罐法。

（5）拔罐的程序：

① 准备好各种器材和用品。

② 操作程序：

a. 患者取舒适体位，按摩师检查拔罐部位有无其他异常；

b. 根据拔罐部位的大小选用合适的罐具；

c. 按拔罐具体操作方法进行拔罐，拔罐的时间一般为 10～20 min，如患者感到灼痛、过紧，可稍抬起火罐放进少量空气，或酌情提早起罐。

【注意事项】

（1）冷疗时要防止发生冻伤及神经麻痹，冰敷时间不应超过 20 min。

（2）面部应用冷雾气法时，应注意保护眼、耳、鼻、口部。
（3）温热疗法时要防止发生烫伤。
（4）采用红外线和TDP仪治疗时，要防止烫伤，如发现患处皮肤呈暗红色，应增加照射距离，或立即停止治疗。
（5）起罐时用一手指按住罐旁皮肤，另一手握罐使空气透进罐内，罐即落下。
（6）拔罐后如果皮肤起泡可涂龙胆紫药水或消炎药膏，并覆盖纱布，防止感染，若灼伤或烫伤严重，应立即送医院作进一步治疗。

【实验作业】

（1）冷、热疗法分别适用于闭合性软组织损伤哪一阶段？为了提高疗效和防止治疗过程中发生损伤，理疗过程中有哪些注意事项？
（2）实验课自我小结与自评。

【课后练习】

（1）总结常用物理治疗的方法、程序、技术要求。
（2）根据课堂所学知识，课后到体育保健理疗室练习物理疗法，每周2次，连续4周。

实验十　急救止血技术实习

【实验目的】

通过本实验使学生了解常用的急救止血方法，熟悉全身主要浅动脉的体表位置并能准确定位，并熟练掌握指压止血和止血带止血两类基本止血方法的操作技术。

【实验原理】

血管损伤出血是运动损伤的急症，如果不及时止血，可能发展为休克，造成严重后果甚至危及生命。对于微小血管和毛细血管破裂出血，一般予以加压包扎即可止血；对于较大的血管破裂出血，用手指直接压迫出血的动静脉，或将止血带缚扎于出血部位近段肢体，将其血管压闭，可起到临时止血、暂时稳定生命体征的作用，为转送医院进一步急救争取时间。

【实验器材】

纱布绷带、软布、橡胶管、气压止血带等。

【实验方法】

（1）每2名学生为一组，轮流在对方体表进行指压止血练习。首先进行血管定位，然后用示、中指腹压迫在血管位置，观察和体会止血效应。

（2）根据教材文字和图片找准血管的体表位置，互相提示正确止血方法，并互相纠错。必要时请指导老师指导。

【实验步骤】

一、全身浅表动脉的体表定位和指压止血法

1. 颞浅动脉压迫止血法（图4-10-1）

方法：在耳屏前方用拇指摸到浅动脉搏动后，将该动脉压向颞骨面。

应用：用于同侧头额、颞部的临时止血。

2. 下颌动脉压迫止血法（图4-10-2）

方法：在下颌角前约1.5 cm处用拇指摸到下颌动脉搏动后，将该动脉压向下颌骨上。

应用：用于同侧面部出血的临时止血。

 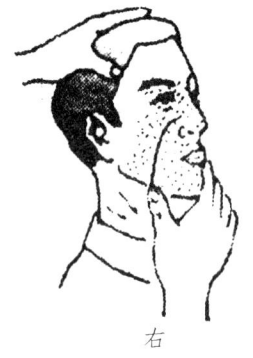

左　　　　　　　　　　　　　　右

图4-10-1　颞浅动脉指压法　　图4-10-2　下颌动脉指压法

3. 锁骨下动脉压迫止血法（图4-10-3）

方法：在锁骨上方、胸锁乳突肌外缘，用拇指摸到动脉搏动后，将该动脉向后内正对第一锁骨压迫。

应用：用于同侧肩部和上臂出血的临时止血。

4. 肱动脉压迫止血法（图4-10-4）

方法：上臂稍外展外旋，在肱二头肌内缘中点处摸到搏动后，用拇指或其余四指将该动脉压迫于肱骨上。

应用：用于同侧前臂出血的临时止血。

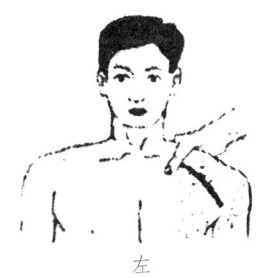 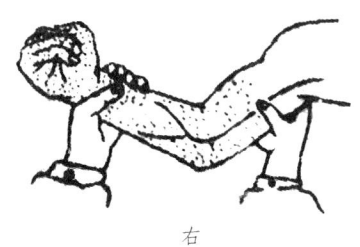

图 4-10-3　锁骨下动脉指压法　　图 4-10-4　肱动脉指压法

5. 指动脉压迫止血法（图 4-10-5）

方法：出血手指的第一指节根部两侧，用拇、示指相对夹住。

应用：用于同侧手指出血的临时止血。

6. 股动脉压迫止血法（图 4-10-6）

方法：在腹股沟中点处摸到股动脉搏动后，用两手拇指重叠（或用掌根），压迫该动脉于耻骨上支。

应用：用于同侧大腿、小腿出血的临时止血。

7. 胫前、胫后动脉压迫止血法（图 4-10-7）

方法：用两手拇指或一手的拇指、示指分别按压在内踝与跟骨间（胫后动脉）以及足背纹的中点（胫前动脉）。

应用：用于同侧足部出血的临时止血。

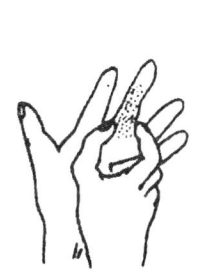  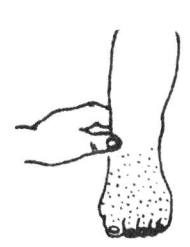

图 4-10-5　指动脉指压法　　图 4-10-6　股动脉指压法　　图 4-10-7　胫前后动脉（右）指压法

二、止血带止血法

1. 橡胶管止血法（图 4-10-8）

将橡胶管止血带的一端留出一部分并用一手的示、中指夹住，另一手将止血带适度拉紧拉长，绕受伤肢体 2～3 圈（压在留出的那部分止血带上）后，将残留端夹在示、中指间拉出即可。

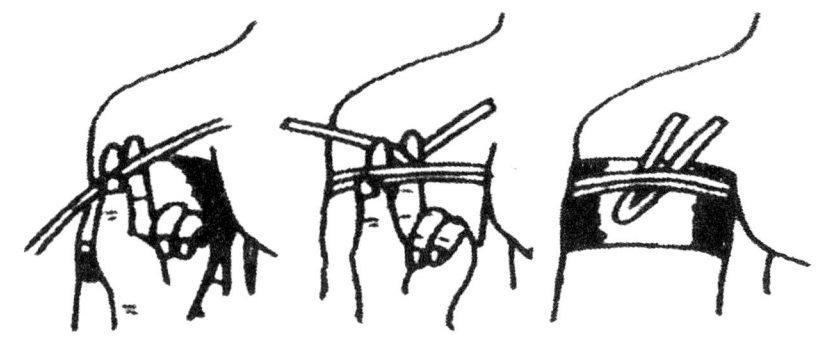

图 4-10-8 橡胶管止血法

2. 气压止血带止血法

将血压计袖带绕在需止血的肢体上，然后充气压迫血管，松紧度以血液停止流出为度。

3. 无弹力止血带止血法（图 4-10-9）

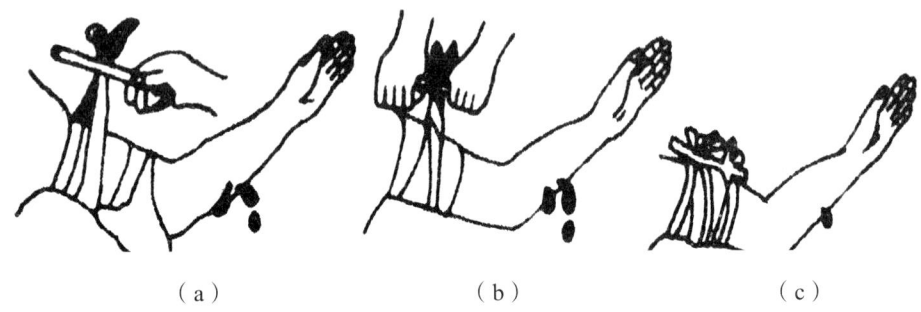

（a）　　　　　　　（b）　　　　　　　（c）

图 4-10-9 无弹力止血带止血法

在伤口处用绷带、布巾等材料勒紧血管止血，将止血带第一圈绕紧扎在血管部位，第二、三圈压在前一圈上面并勒紧，松紧度以伤口出血明显减少为度，最后打结。

【注意事项】

（1）用指压止血时，要找准表浅动脉压迫点的位置，但不要在正常人体上进行压迫（特别是颈部的动脉），以防引起意外。

（2）止血带止血时，止血带要绑扎在伤口的近心端。

（3）上止血带时，要留明显的标签，并注明上止血带的时间、部位、放松止血带及重上止血带时间等。

（4）上肢每隔 30 min，下肢每隔 1 h 松一次止血带，放松 2～3 min 后再重新扎紧止血带，上止血带时间最长不能超过 3 h，以免引起肢体缺血、坏死。

（5）临时止血后，应将伤员迅速送往医院进行进一步处理。

【实验作业】

（1）根据实践体会，总结两类止血方法的要点和注意事项。

（2）实验小结和自我评价。

【课后练习】

（1）思考：急救止血的意义何在？如何应用止血技术？
（2）练习：课后3周内，与同学练习指压止血方法至少5遍。

实验十一　伤口包扎技术

【实验目的】

通过本实验使学生掌握绷带、三角巾包扎的基本要领和包扎技术，熟练掌握伤员的现场紧急处理方法。

【实验原理】

运动中可因为某些原因引起局部皮肤、软组织、血管的损伤，伤口暴露并受到污染。伤口迅速包扎可以减少出血，防止休克的发生，并且使伤口覆盖以减轻污染，减少伤口感染的发生。包扎技术是现场急救的基本技术之一，对于保障伤员生命安全具有极为重要的作用。

【实验器材】

普通卷轴绷带、弹力细带、三角巾（大、小）、医用橡皮膏、剪刀等。

【实验方法】

（1）每3人为一组，1人充当伤员，1人担任急救包扎，另1人担任助手，练习各部位的包扎技术。轮流交换角色进行练习。
（2）按照实验步骤，逐一练习各种包扎方法，体验包扎是否稳妥、松紧是否适度，必要时请指导老师指导。

【实验步骤】

一、绷带包扎法

1. 环形包扎法
用绷带将伤处环形包扎4～8圈。适用于包扎额部、手腕和小腿下部等粗细均匀的部位，也用于其他绷带包扎法的开始和结束（图 4-11-1）。

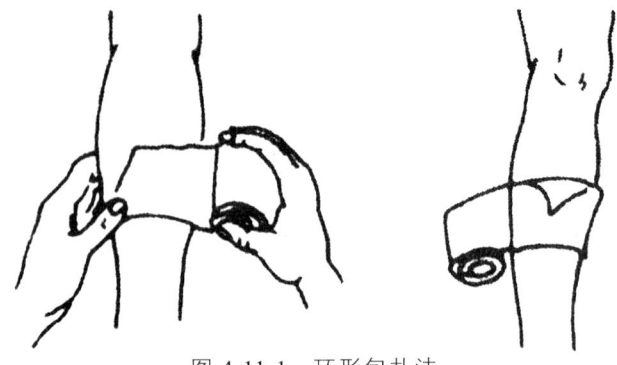

图 4-11-1　环形包扎法

2. 螺旋形包扎法

绷带向上斜形缠绕，后圈压住前一圈的 1/3～1/2。适用于包扎上臂、大腿等肢体粗细差不多的部位（图 4-11-2）。

3. 反折螺旋形包扎法

从环形包扎开始，然后将绷带上缘反折，后一圈压住前圈的 1/3～1/2。适用于包扎前臂和小腿等肢体粗细相差较大的部位（图 4-11-3）。

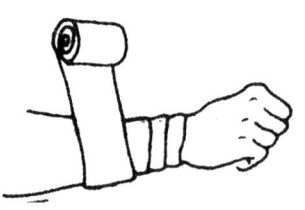　　　　　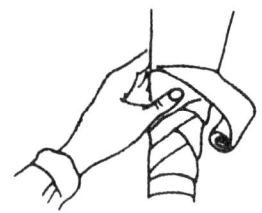

图 4-11-2　螺旋形包扎法　　　　图 4-11-3　反折螺旋形包扎法

4. "8"字形包扎法

从关节下方环形包扎开始，再由下而上、由上而下地来回做"8"字形缠绕关节，每圈压住前一圈的 1/3～1/2，然后环形包扎结束。适用于包扎关节部位（图 4-11-4）。

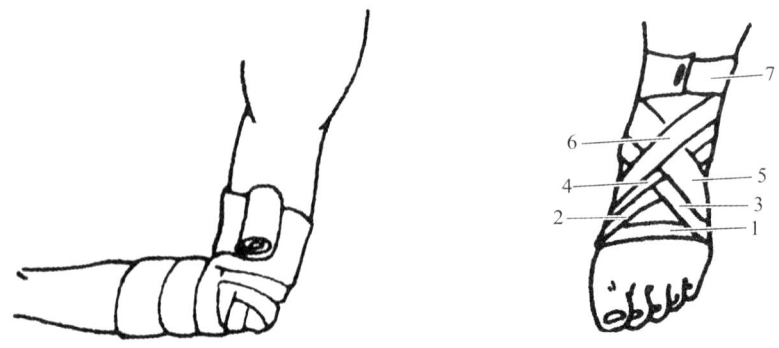

图 4-11-4　"8"字形包扎法

二、三角巾包扎法

三角巾因其为三角形而命名，由顶角、底角、斜边和底边等构成。

1. 手部包扎法

将三角巾平铺，患手手掌向下，指尖对三角巾的顶角，手掌平放在三角巾的中央，底边横放于腕部，然后将三角巾的顶角向上反折，再将两底向手腕背部交叉围绕一圈，在腕背打结（图 4-11-5）。

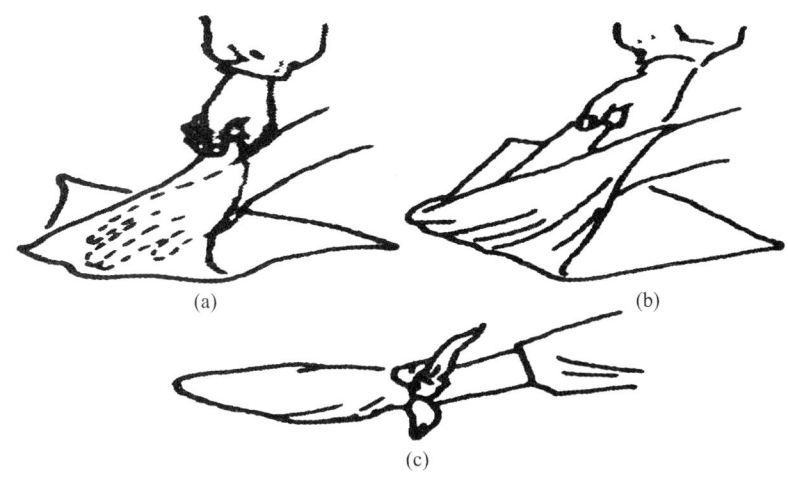

图 4-11-5　手足部包扎法

2. 足部包扎法（图 4-11-5）

与手部包扎法基本相同。

3. 头部包扎法

将三角巾的底边置于前额，顶角朝向头后正中，然后将底边从前额绕至头后，在枕后交叉再绕至前额打结，最后把顶角拉紧并向上翻转固定（图 4-11-6）。

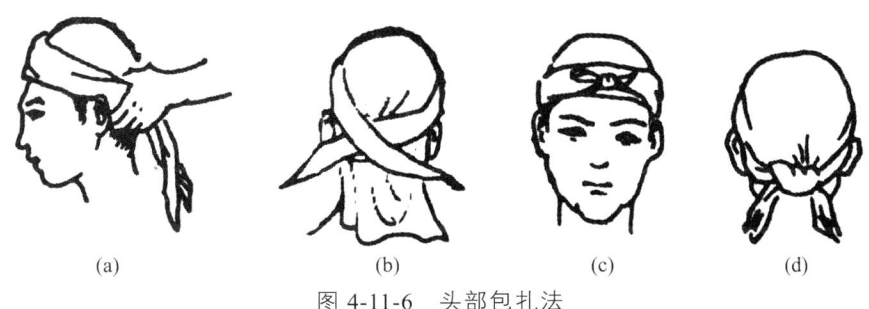

图 4-11-6　头部包扎法

4. 大悬臂带

此法适用于除肱骨与锁骨骨折以外的上肢损伤的包扎。将三角巾顶角放在伤肢的肘后，一角置于健侧的肩上，肘关节屈曲，前臂放在三角巾的中央，将下方的底角上折，包住前臂，在颈后与上方底角打结,最后把肘后的顶角折向前面,用橡皮膏或别针固定(图4-11-7)。

5. 小悬臂带

此法适用于锁骨和肱骨骨折。将三角巾叠成四横指宽的宽度,其中央置于伤肢前臂的下1/3处,两端在颈后打结(图4-11-8)。

图 4-11-7　大悬臂带

图 4-11-8　小悬臂带

【注意事项】

(1)包扎时应使伤员处于舒适的体位,关节要包扎于功能位。包扎过程中尽可能不要改变伤员的位置。

(2)包扎时动作要熟练、柔和,松紧适中。

(3)绷带包扎要从伤部远端开始,包扎结束时可用胶布或打结固定,但结不能位于伤口上。

(4)螺旋形包扎、反折螺旋形包扎、"8"字形包扎,后一圈都要压住前一圈的1/3~1/2。

(5)包扎四肢时应使指、趾端外露,以便观察血液循环情况。

【实验作业】

(1)简述各种包扎技术方法的应用范围(部位)。

(2)实验小结和自我评价。

【课后练习】

实验课后的2周内同学之间互相练习全套包扎技术不少于4次。

实验十二　心肺复苏技术

【实验目的】

通过本实验使学生了解和掌握心肺复苏术的原理和技术,并能按技术标准熟练进行单人、双人操作，达到在偶然情况下能得心应手地对心脏骤停者进行复苏抢救的要求。

【实验原理】

在某些意外情况下，某些因素对人体产生严重刺激使心跳、呼吸突然停止，从而全身的血液循环停止，使脑和其他重要脏器失去血液和氧气供应，组织细胞很快发生缺氧、变性甚至坏死，4～6 min内大脑细胞即发生严重损害，甚至不能恢复。因此必须争分夺秒地对病人实施心肺复苏术，立即实施口对口人工呼吸，以维持全身器官尤其是心、脑等重要器官细胞的氧气供应，同时进行胸外心脏按压，人为地维持血液循环，并诱发心脏的自主搏动。同时采取口对口人工呼吸、胸外心脏按压两种紧急抢救技术（心肺复苏术），有可能使病人的呼吸、循环得以恢复，从而挽救病人的生命。

【实验器材】

微电脑心肺复苏模拟人、无菌纱布、酒精棉球、镊子等。

【实验方法】

（1）每2人为一组，1人做口对口人工呼吸，另1人做胸外心脏按压，根据实验步骤，严格按标准操作。将心肺复苏模拟人模型开关置于开的位置，调整好按压频率，即开始心肺复苏操作，两人配合进行。

（2）另一组在旁观摩，注意正在操作的同学操作是否正确，存在哪些问题，思考如何正确操作。待前一组做完后，紧跟着进行心肺复苏术练习。根据电脑模拟人的显示，判断是否操作有误，继续练习直至完全掌握正确操作。如此一组接一组地进行练习。

【实验步骤】

一、熟悉心肺复苏模拟人模型

在指导老师的指导下，认真阅读心肺复苏模拟人的使用说明书，熟悉各部件的名称及使用方法和注意事项，能准确操作模拟人模型。

二、心肺复苏术

1. 判断意识

发现昏迷倒地的病人后，轻摇病人的肩部并高声喊叫其姓名，亦可轻轻拍打其脸部，若无反应，立即向周围他人呼救协助抢救，并拨打急救电话120。

2. 胸外按压（图 4-12-1）

（1）放置患者于平整硬地面：将患者放置于平整硬地面上，呈仰卧位，其目的是为了保证进行胸外按压时，有足够按压深度。

（2）跪立在患者一侧，两膝分开。

（3）开始胸外按压，找准正确按压点，保证按压力量、速度和深度。

① 找准正确按压点：找准患者两乳头连线的中点部位(胸骨中下段)，右手(或左手)掌根紧贴患者胸部中点，双手交叉重叠，右手(或左手)五指翘起，双臂伸直；

② 保证按压力量、速度和深度：利用上身力量，用力按压 30 次，速度至少保证 100～120 次/分，按压深度至少 5～6 cm。按压过程中，掌根部不可离开胸壁，以免引起按压位置波动，而发生肋骨骨折。

3．开放气道

（1）仰头抬/举颏法开放气道（图 4-12-2）：用一只手放置在患者前额，并向下压迫，另一只手放在颏部（下巴），并向上提起，头部后仰,使双侧鼻孔朝正上方即可。

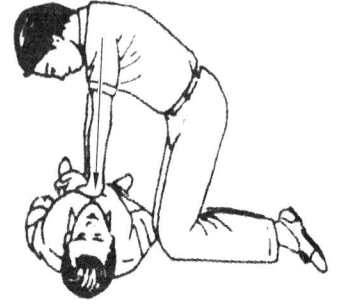
图 4-12-1 胸外按压

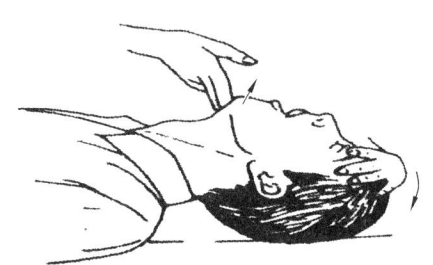
图 4-12-2 仰头举颏法

（2）清理口腔分泌物：将患者头偏向一侧，看患者口腔是否有分泌物，并进行清理；如有活动义牙，需摘除。

4．人工呼吸（图 4-12-3）

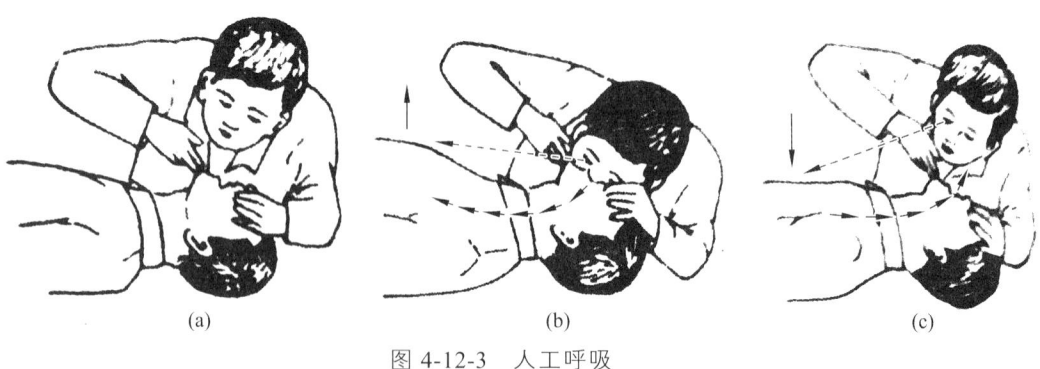
图 4-12-3 人工呼吸

进行口对口人工呼吸前，一定要保证自身安全，在患者口部放置呼吸膜进行隔离，若无呼吸膜，可以用纱布、手帕、一次性口罩等透气性强的物品代替，但不能用卫生纸巾这类遇水即碎物品代替。用手捏住患者鼻翼两侧，用嘴完全包裹住患者嘴部，吹气两次。每次吹气时，需注意观察胸廓起伏，保证有效吹气，并松开紧捏患者鼻翼的手指；每次吹气，应持续 1~2 s，不宜时间过长，也不可吹气量过大。

注：以上步骤按照胸外心脏按压与人工呼吸 30∶2 的比例重复，直到医护人员赶到。

30 次胸外按压和 2 次人工呼吸为一个循环，每 5 个循环检查一次患者呼吸、脉搏是否恢复，直到医护人员到场。当进行一定时间感到疲累时，及时换人持续进行，确保按压深度及力度。

双人进行心肺复苏术，亦遵循上述步骤，一人进行口对口人工呼吸，另一人进行胸外心脏按压。此法要求两人必须协调配合，按压与吹气的比例为 30∶2（图 4-12-4）。

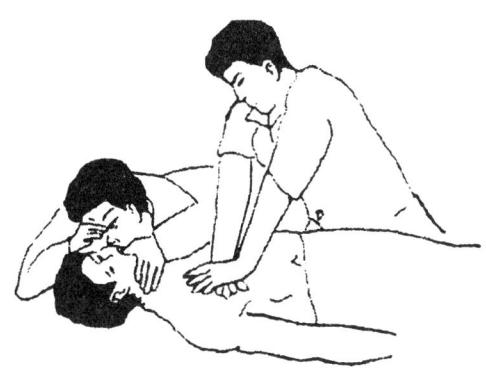

图 4-12-4　两人操作心脏按压与人工呼吸

如在按压过程中病人的大动脉搏动恢复，收缩压上升达 60 mmHg，口唇、甲床渐转红润，自主呼吸恢复，瞳孔缩小，即为按压有效的指标，应继续按压至自主心跳恢复。

【注意事项】

（1）判断病人有无脉搏时触摸其颈动脉不能用力过大，以免颈动脉受压妨碍头部供血，检查时间不可超过 10 s。

（2）开放气道行仰头举颏法时，注意手指不要压迫病人颈前部、颌下软组织，也不要使颈过伸。

（3）进行口对口人工呼吸时，每次吹气量不要过大，否则造成胃大量充气。

（4）胸外心脏按压时应将病人仰卧于硬板床上或平整地面上，按压用力应平稳、有规律地进行，不能间断，也不能忽快忽慢，禁止做猛烈地冲压，按压时手指不要压在胸壁上，否则易引起肋骨或肋软骨骨折。

（5）按压时用力应垂直向下（特别是肘关节要伸直），不要左右摆动，双手掌要重叠放置，不可交叉放置，按压后迅速上抬，此时贴胸的手掌根部不可离开胸骨定位点，接着进行下一次按压。

【实验作业】

（1）简述心肺复苏术的技术要点以及实施心肺复苏术主要的注意事项。

（2）谈谈本次实验体会。

实验十三　运动损伤伤员的临时固定和搬运方法

【实验目的】

在运动训练或体育课练习中，随时都有可能发生运动员或学生的损伤，教练员和教师要及时检查伤员情况并判断伤情，在现场做出必要的处理，对于较重的损伤如关节脱位、骨折、脊柱损伤等，必须在现场对损伤部位进行简单的复位和妥当的固定，为安全转运至医院进一步急救和治疗创造条件。通过本实验使学生正确掌握伤员临时固定和搬运方法，以保证伤员安全，有利于损伤的康复。

【实验原理】

运动损伤发生后，可能由于骨折端的移动使尖硬的骨折片刺伤神经和血管（尤其是大血管），或脱位的关节头压迫神经和血管；脊柱损伤后不妥当的搬动将可能使椎体和附件骨折片刺伤和挤压脊髓与神经根，或加重脊柱的脱位，导致严重的神经功能障碍甚至瘫痪，这些因素都将对伤员造成二次损伤，甚至造成比原发损伤更严重的后果。通过教师或教练员的现场紧急处理，将损伤的肢体固定在恰当的位置以减轻疼痛，减少出血，既可以预防休克的发生，防止血管、神经的继发损伤，又有利于搬动、转送至医院实施进一步救治。

【实验器材】

各种长度和宽度的夹板、三角巾、担架、床板、纱布绷带、布条、胶布、棉花等。

【实验方法】

（1）每3人为一组，其中1人充当伤员，另2人对伤员实施固定和搬运，轮流交换角色并互相提示同伴以正确手法进行操作练习。

（2）要严格按照正规的方法和程序来做。可参看书中图示，复习课堂知识，并按指导老师示范和提示进行练习。

【实验步骤】

一、运动损伤临时固定方法

1. 骨折夹板临时固定法

急救时对骨折伤员可以采用小夹板临时固定，如果无合格的夹板，可就地取材如木板、塑料板、硬纸板、伞柄等，将夹板安放在伤肢骨折部位，前、后、内、外侧各安放一块夹板，在骨突部位的夹板下方放置棉花、纱布、软纸等衬垫，然后以纱布绷带或布条缚扎3~4道，松紧适度，以示指尖能插进夹板下为度（图 4-13-1）。

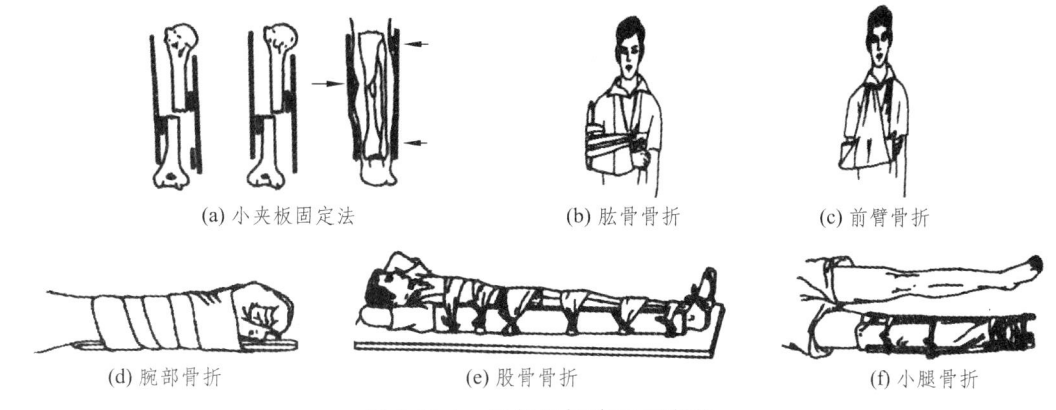

图 4-13-1　骨折夹板临时固定法

2. 关节脱位临时固定法

发生关节脱位后，如果不能在现场复位，则要进行临时固定，使关节固定在脱位后的位置，可以使用小夹板、长木板等，交叉缚扎在肢体上，既便于搬运，又使之稳定不被摇晃、旋转、推拉（图 4-13-2）。

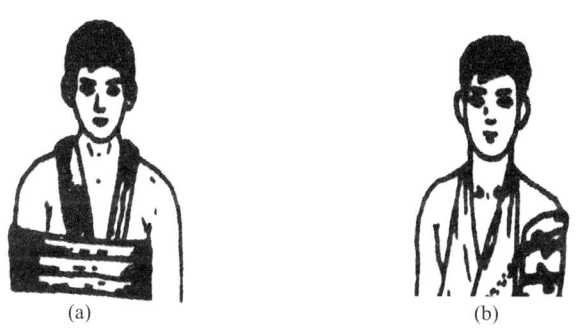

图 4-13-2　关节脱位临时固定

3. 脊柱骨折和脱位的临时固定法

对疑有脊椎骨折或脱位的伤员，要平卧于硬板担架或门板上，用绷带、布条等固定脊柱的胸腰段和骨盆，防止扭转，对颈椎损伤者头部两侧用砂袋等物加以固定，限制着头部转动。

二、伤员搬运法

1. 徒手伤员搬运法（图 4-13-3）

（1）扶持法：急救者一手托住伤员的腰部，另一手握住伤员搭在急救者肩后的手腕，支持伤员往前行走。适用于能步行、神志清醒的轻伤人员。

（2）抱持法：急救者一手抱住伤者腰部，另一手抱住其下肢膝关节后侧。适用于软弱无力不能行走的轻伤员。

（3）托椅式搬运法：两位急救者各伸一手置于伤员大腿下方互相交叉紧握，另一手彼此交叉支撑伤员的腰背部，伤员两手分别搭在两位急救者的肩后。适用于不能行走的神志清醒的伤员。

（4）卧式三人搬运法：3名急救者站在伤员的同一侧，分别托抱伤员的头背、腰臀、小腿，协调一致前行，保持伤员脊柱在同一平面，不可扭转。适用于脊椎损伤尤其是怀疑有脊椎和神经根损伤者。

(a) 扶持法　　(b) 抱持法　　(c) 托椅法　　(d) 卧式三人搬运法

图 4-13-3　徒手伤员搬运法

2. 担架搬运法

将不能行走的伤员抬入担架内，2~4人抬着担架前行。对脊柱损伤尤其是怀疑脊椎骨折的伤员，要使用硬板担架抬送，并固定脊柱的颈段、胸腰段、骨盆，防止扭转或移动加重损伤。需要移动伤员时，必须3~4人同时托住伤员的头、肩、腰、臀和下肢，在同一平面向同一方向移动。切不可采取抱持、托椅等方法搬运（图 4-13-4）。

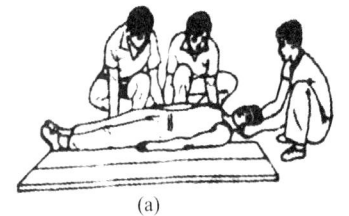 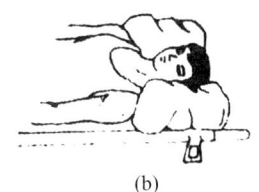

(a)　　　　　　　　　　(b)

图 4-13-4　脊椎骨折伤员的固定和担架搬运法

【注意事项】

（1）发现骨折应就地及时固定，避免骨折断端移动加重损伤。

（2）固定用的夹板长短、宽窄要合适，能固定骨折处上下两个关节。

（3）夹板固定前要用棉花、软布包缠，骨突处、夹板两端要用软物衬垫包裹以防止压迫损伤。

（4）夹板要夹缚固定，使伤员的指、趾端暴露在外，以便观察末梢血液循环情况。

（5）脊柱损伤的伤员要在同一脊柱轴线上搬动，不可扭转，并严格固定。

【实验作业】

（1）思考：徒手伤员搬运法有哪些方法？各适用于哪一类伤员？对伤员进行固定和搬运时要注意哪些事项？

（2）自评和体会：对本次实验做出小结和自评，并解释为什么要在现场对伤员进行临时固定。

【课后练习】

本次课后 2 周内根据课堂所学知识练习常用的临时固定和搬运方法（夹板、三角巾固定，担架、床板搬运等）2 次。

实验十四 肩周炎医疗体操

【实验目的】

通过本实验使学生了解并初步掌握肩周炎康复的医疗体操，以及编操的基本原则。

【实验原理】

肩关节周围炎（简称肩周炎）是肩关节周围软组织的一种慢性无菌性炎症，肩周炎医疗体操的作用在早期主要是改善局部血液循环，促进炎症吸收，防止软组织粘连，关节挛缩，预防肩关节活动受限；后期配合按摩和理疗、中药等综合治疗，主要是松解粘连，发展肩带部肌肉力量，增加和恢复肩关节活动范围。肩周炎医疗体操编操的原则：急性期采用放松的主动运动，以预防关节功能障碍和缓解疼痛；慢性期则应以主、被动运动功能锻炼为主，以消除关节功能障碍。动作要由简至繁，由易至难，避免剧痛反应，并使患者易于掌握、逐步适应。

【实验器材】

体操海绵垫、体操棍、实心球、肋木、滑轮练习器、挂图、投影仪、教学光盘等。

【实验方法】

（1）每 3 人为一组，其中 1 人充当病人，另 2 人担任治疗师，轮流交换角色进行操作，互相观摩，互相提示正确手法动作。

（2）治疗中的医疗体操、按摩手法等要严格按照正规的方法和程序来做，并请指导老师指导。

【实验步骤】

一、徒手运动

1. 下垂摆动

病人身体前屈，双上肢放松下垂，做前后、左右放松摆动，每次摆动至手指出现麻木感为止，每天 2～3 次。也可做持重下垂摆动，从持重物 0.5 kg 开始，逐渐增加至 5～10 kg，放松摆动 30～50 次（图 4-14-1）。

2. 摸高运动

病人站立，双上肢向上摸高，逐渐增加张力（以出现轻度疼痛且能忍受为度），每次持续

1 min。双上肢向前放下再向后背部伸，亦持续 1 min，如此重复 10 次（图 4-14-2）。

图 4-14-1 下垂摆动

图 4-14-2 摸高

二、持棍运动

1. 第一节　持棍上举（2～4 个 8 拍）

预备姿势：两手持棍（稍宽于肩），分腿直立。

动作：1 拍两手持棍，两臂上举；2 拍还原为预备姿势；3-4 拍同 1-2 拍；5-6 拍与 7-8 拍亦同 1-2 拍（图 4-14-3）。

2. 第二节　肩侧屈提后置运动（2～4 个 8 拍）

预备姿势：两手持棍（稍宽于肩），分腿直立。

动作：1-2 拍两臂经上举屈肘置棍于肩后（两臂肩侧屈，见图 4-14-4）；3-4 还原成预备姿势；5-6 拍同 1-2 拍；7-8 拍还原成预备姿势。

3. 第三节　持棍侧举（2～4 个 8 拍）

预备姿势：两手持棍两端（掌心相对），分腿直立。

动作：1-2 拍一臂伸直经侧上举，另一臂稍屈持棍上推（图 4-14-5），先做健侧臂然后做患侧臂；3-4 拍还原成预备姿势；5-8 拍同 1-4 拍，但方向相反。

图 4-14-3 持棍上举

图 4-14-4 肩侧屈后置

图 4-14-5 持棍侧举

4. 第四节　持棍后举（1～2 个 8 拍）

预备姿势：两手于体后持棍，分腿站立。

动作：1 拍两臂尽量后举（见图 4-14-6）；2 拍还原；3-4 拍同 1-2 拍；5-8 拍同 1-4 拍。

5. 第五节　持棍体后上拉（2~4个8拍）

预备姿势：健侧手在上（臂弯屈），虎口向下握棍，患侧手在下，于体后虎口向上握棍。

动作：1-2拍健侧臂逐渐伸直，用手持棍向上拦患侧手[见图4-14-7（a），图4-14-7（b）]；3-4拍还原。

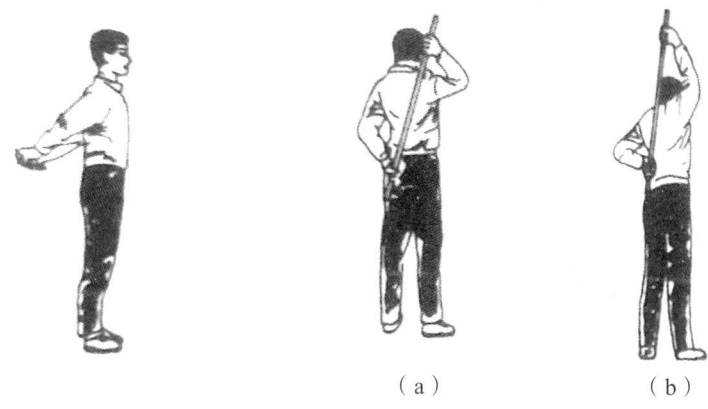

图4-14-6　持棍后举　　　　图4-14-7　持棍后上拉

三、滑轮运动

1. 第一节　持环上举

预备姿势：双手握环，健臂上举，患臂下垂，分腿直立。

动作：1拍，患臂上举，健臂下压；2拍还原成预备姿势（图4-14-8）。重复15~30次。

2. 第二节　持环侧上举

预备姿势：双手握环，健臂上举，患臂下垂，分腿直立。

动作：1拍，健臂下压，同时患臂尽量伸直上举；2拍，还原成预备姿势（图4-14-9）。重复15~30次。

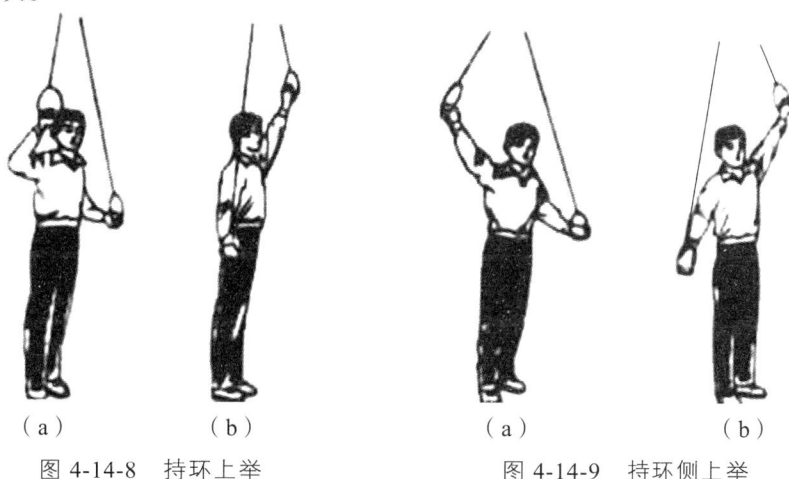

图4-14-8　持环上举　　　　图4-14-9　持环侧上举

3. 第三节　持环体后上拉

预备姿势：健臂上举握环，患臂稍屈体后握环（掌心向后）。

动作：1拍，健臂下压，同时患臂尽量弯屈上举；2拍，还原成预备姿势（图4-14-10）。重复15~30次。

5. 第四节　肩固定侧上举

预备姿势：双手握环，健臂侧上举，患臂下垂，患肩用带固定。

动作：1拍，健臂下压，同时患臂侧上举；2拍，还原成预备姿势（图4-14-11）。重复15~30次。

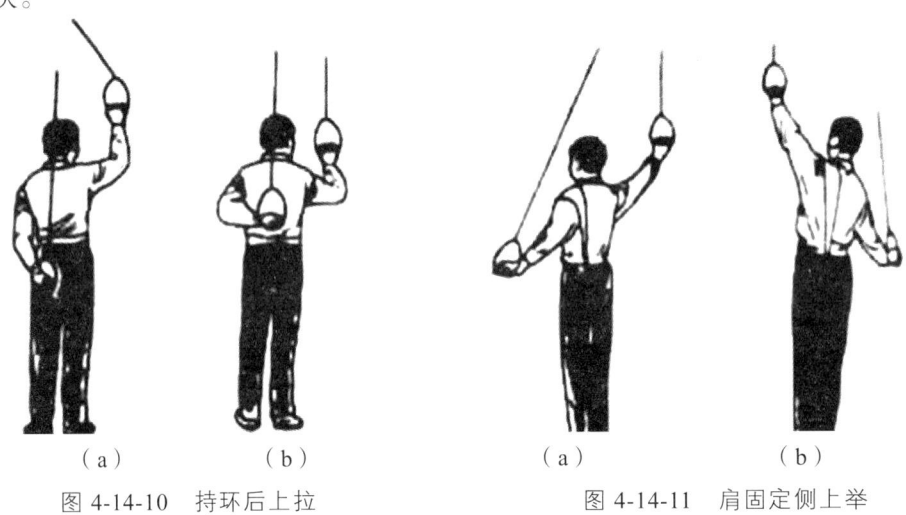

（a）　　　（b）　　　　　　（a）　　　（b）

图4-14-10　持环后上拉　　　图4-14-11　肩固定侧上举

四、肋木运动

1. 第一节　单臂上举

预备姿势：面向肋木直立。

动作：患臂上举，依次摸肋木，尽量向上伸；然后还原成预备姿势（图4-14-12）。重复8~16次。

2. 第二节　双手握木悬垂

预备姿势：面向肋木直立。

动作：双手握木，两脚悬空，挂于肋木上。然后逐渐增加悬垂时间（以不引起明显疼痛为准）。初练时足部可不悬空，只屈双膝做握木悬垂（图4-14-13）。重复2~3次。

3. 第三节　挺身拉肩运动

预备姿势：背向肋木直立，两手握肋木（手心向上）。

动作：两臂伸直，重心前移，挺胸，背弓，向前拉肩，体后屈；然后还原成预备姿势（图4-14-14）。重复3~5次。

 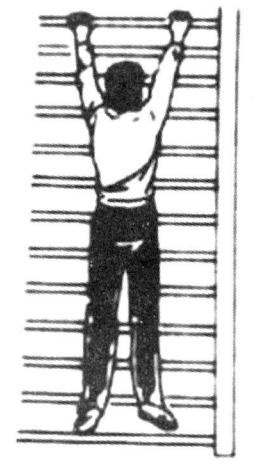 

图 4-14-12　单臂上举　　图 4-14-13　双手握木悬垂　　图 4-14-14　挺身拉肩

4. 第四节　背后握木下蹲运动

预备姿势：背向肋木直立，两手握肋木（手心向上）。

动作：两手握住肋木，屈膝下蹲；然后还原成预备姿势（图 4-14-15）。重复 3~5 次。

5. 第五节　侧举握木下蹲运动

预备姿势：背向肋木直立，两手侧举握肋木（手心向下）。

动作：两臂侧举，屈膝下蹲，蹲到蹲不下去为止，然后还原成预备姿势（图 4-14-16）。重复做 3~5 次。

图 4-14-15　背后握木下蹲　　　　图 4-14-16　侧举握木下蹲

五、持球绕环运动

预备姿势：两脚分开，前后站立，患手持实心球。

动作：1 拍由前向后抡球做绕环运动，重复 15~30 次；2 拍动作同 1 拍动作，但方向相反，重复 15~30 次（图 4-14-17）。

（a） （b）

图 4-14-17 持球绕环

【注意事项】

（1）锻炼要循序渐进，逐渐加大运动负荷量，切勿操之过急，避免身体出现剧痛反应。锻炼中允许身体有轻微的疼痛，勿因此而停止锻炼。每日锻炼 1~2 次，必须认真坚持。生活中尽量利用患侧手进行力所能及的操作，以巩固疗效。

（2）肩关节活动练习时，上体要保持正直，避免腰部活动代偿，以使肩关节得到最大范围的活动。

（3）如有可能，锻炼前最好做蜡疗、红外线等治疗，可增大肩关节运动范围，减少疼痛。

（4）有些患者的病情稳定后疼痛会逐渐减轻，肩胛胸壁"关节"代偿活动也会增加。患者可能因表面上的病情好转而对治疗有所放松。应及时向患者解释清楚，指出疼痛虽缓解，但功能未必已恢复，只有功能真正恢复，才能达到治疗目标，不可半途而废，必须坚持治疗，才能最后战胜疾病。

【实验作业】

（1）思考肩周炎医疗体操的康复作用是什么？如何提高和保持肩周炎医疗体操的康复效果？

（2）对本次实验情况做出小结和自我评价。

【课后练习】

本次实验课后每周练习肩周炎医疗体操 3 遍，连续练习 3 周。

实验十五　身体素质的测量与评价（一）

【实验目的】

学会速度、力量、耐力的测试及评价方法。

【实验原理】

通过一些运动的方法测试学生的速度、力量、耐力等身体素质，并利用现有的评价标准来评价学生的身体素质。

【实验仪器】

秒表、发令旗、哨子、时间计数自动控制器、金属敲击棒、反应时测试仪、电子握力计、电子背力计、量尺、电子纵跳计、凳子等。

【实验方法】

（1）每2名学生为一组，测试时，相互轮流测量，并做好记录。
（2）熟读教材和实验指导书，掌握测试的整个流程，严格按照实验步骤操作。

【实验步骤】

一、速度的测量方法

1. 位移速度的测评

采用50 m跑的测评方法。
测量意义：主要反映受试者的快速跑动能力。
适用对象：6岁至大学年龄的男、女学生。
场地器材：在平坦的地面上，画出若干条长50 m的跑道（跑道宽1.22 m，终点要有10 m的缓冲距离），秒表（一道一表）、发令旗、哨子等。
测量方法：受试者至少2人为1组，采用站立式起跑。受试者听到"跑"的口令或起跑的哨声后快速起跑，跑向终点。发令员在发出口令或哨声的同时，要摆动发令旗。计时员看到旗动时开启秒表计时，当受试者的胸部到达终点线垂直平面时停表，以"s"为单位记录成绩，精确至0.1 s，小数点后第二位数按"非0进1"的原则进位（如10.11 s应计为10.2 s）。一共测2次，取最佳成绩为测试成绩。
测量要求：受试者在测试时须穿运动鞋或平底鞋，不得穿钉鞋、皮鞋、凉鞋；发现受试者抢跑和串道时，要当即召回重跑；如遇风时一律顺风跑。
评价：参考《国家学生体质健康标准》进行评价。

2. 动作速度的测评

采用两手快速敲击的测评方法。
测量意义：主要反映受试者的两手快速交替重复特定动作的能力。
适用对象：10岁至大学年龄的男、女学生。
测量仪器：时间计数自动控制器，金属敲击棒两支。

测量方法：受试者站在测试台前，调节金属触板与其髂嵴同高。令受试者两手各执一金属棒，听口令后，两手快速交替敲击金属触板，记录计数器的数值（10 s内重复动作的次数）。一共测2次，取最佳成绩为测试成绩。

评价：敲击的次数越多，表明受试者动作速度越快。

3. 反应速度的测评

采用反应时的测评方法。

测量意义：主要反映受试者神经与肌肉系统的协调性和快速反应能力。

测量仪器：反应时测试仪。

测量方法：受试者五指并拢伸直，用中指远节按住"启动"键，当任意一个"信号"键发出声光信号时，用同一只手以最快的速度按向该"信号"键，然后再次按住"启动"键等待下一个信号的发出，每次测试须完成5个信号的应答。当所有"信号"键都同时发出声光信号时，表示测试结束，显示屏上显示测试值。一共测试2次，取最小值，保留小数点后2位。

注意事项：测试时，受试者不得用力拍击信号键。

评价：参见《国民体质测定标准》。

二、力量的测评

1. 握力测评

测量意义：主要测试前臂及手部肌肉的力量。

测量仪器：弹簧式握力计或电子握力计。

测量方法：将握力计指针调至"0"位，受试者手持握力计，转动握具调整旋钮，使示指第二关节屈成90°的距离为理想距离。测试时，受试者两脚自然分开，身体直立，两臂自然下垂，用有力手以最大力紧握上下两个把柄。一共测试2次，取最大值，记录以牛顿（N）为单位，不计小数。

注意事项：持握力计要手心向内，握力计指针向外。用力时禁止摆臂和接触身体。如果受试者分不出哪一只手为有力手，可两手各测试两次，取其中最大值为测试成绩。

评价：参见《国民体质测定标准》。

2. 背力测评

测量意义：主要反映受试者背部肌肉的力量。

适用对象：6岁至成年人。

测量仪器：电子背力计或背肌拉力计。

测量方法：受试者两脚分开约15 cm，直立在背力计的底盘上，两臂和两手伸直下垂于同侧大腿的前面。测试人员调节背力计折链的长度，使背力计握柄与受试者两手指尖接触。或将背力计握柄的高度调至恰使受试者上体前倾30°的位置。测试时，受试者两臂伸直，掌心向内紧握握柄，两膝伸直，上体绷直、抬头，尽全力上拉背力计。以"kg"为单位记录成绩，精确至0.1 kg，一共测2次，取最佳成绩为测试成绩。

测量要求：测试前，受试者应做好准备活动，测试时，受试者不能屈肘、屈膝或上体后倒；应以中等速度牵拉，不能过慢或用力过猛；每次测试前，背力计指针须回"0"。

评价：参见《国民体质测定标准》。

3. 立定跳远测评

测量意义：主要反映受试者向前跳跃时下肢肌肉的力量和爆发力。

适用对象：适用于6岁至大学年龄的男、女学生。

场地器材：量尺、标志带、平地。

测量方法：受试者两脚自然分开站立，站在起跳线后，两脚尖不得踩线或过线。两脚原地同时起跳，并尽可能往远处跳，不得有垫步或连跳动作。丈量起跳线后缘至最近着地点后缘的垂直距离。以"cm"为单位记录成绩，不计小数。一共测3次，取最佳成绩为测试成绩。

注意事项：发现受试者犯规时，此次成绩无效；受试者一律穿运动鞋测试，也可以赤脚，但不得穿钉鞋、皮鞋、凉鞋测试；受试者起跳时不能有助跑或助跳动作。

评价：参见《国家学生体质健康标准》。

4. 纵跳测评

测量意义：主要反映受试者垂直向上跳跃时下肢肌肉快速收缩的能力。

测量仪器：电子纵跳计。

测量方法：受试者踏上纵跳板，双脚自然分开，呈直立姿势，然后尽力垂直向上跳起，一共测试2次，取最佳成绩为测试成绩。以"cm"为单位记录成绩，保留小数点后一位。

评价：参见《国民体质测定标准》。

5. 原地纵跳摸高测评

测量意义：主要反映受试者垂直向上跳跃时下肢肌肉快速收缩的能力。

测量器材：纵跳测量板、皮尺、白粉末。

测量方法：受试者用右手中指沾些白粉末，身体直立，右侧足靠墙根，右臂上举，身体轻贴墙壁，手伸直，用中指尖在墙壁上的软黑板上点一个指印。测试者先丈量其原地摸高的高度，然后让受试者在离墙20 cm处，用力向上起跳摸高，达到腾空最高点时单手中指在软黑板上点一指印。上下两指印间的垂直距离即纵跳摸高高度。一共测3次，取最佳成绩为测试成绩。

评价：参见《国民体质测定标准》。

三、耐力的测评

（一）一般耐力的测评

1. 800 m跑（女）或1 000 m跑（男）的测评

测量意义：测定一般耐力。

适用对象：初中至大学年龄的男女学生。

场地器材：400 m 田径场、秒表、发令枪。

测量方法：同田径竞赛规则，测 1 次。

测量要求：参加测试前，受试者应做健康检查，并做好准备活动。受试者应穿运动鞋、胶鞋测试，不得穿皮鞋、塑料凉鞋、钉鞋等测试。

评价：以受试者完成测验的时间为测验成绩（s），参见《国家学生体质健康标准》。

2. 12 min 跑的测评

测量意义：主要反映受试者心肺长时间工作的能力，是衡量一般耐力水平较为理想的指标。

适用对象：初中至大学年龄的男女学生。

场地器材：田径场、秒表、口哨、发令旗、皮尺、距离标志牌。

测量方法：受试者采用站立姿势站在起跑线后，听到起跑哨声或起跑口令声立即起跑，沿跑道跑 12 min。要求受试者在规定的 12 min 内，尽力跑最长的距离。当听到"停止"信号后，记下受试者所处的地点，丈量所跑的距离。

测量要求：参加测试之前，受试者应做健康检查，并做好准备活动。受试者应穿运动鞋、胶鞋测试，不得穿皮鞋、塑料凉鞋、钉鞋等测试；第 5 分钟开始每隔 1 min，测试人员应向受试者报时 1 次。

评价：测验成绩（m）=（所跑圈数×每圈的距离）+不足一圈的距离。12 min 内跑的距离越远，表明受试者心肺功能越好。

3. 50 m×8 往返跑的测评

测量意义：50 m×8 往返跑也称为往返耐力跑。它主要反映受试者的耐力素质。

适用对象：7～12 岁的少年儿童。

场地器材：50 m 跑道若干条，道宽 2～2.5 m。在离起点与终点线 0.5 m 处（在场地内）各立一根标杆（杆高 1.2 m 以上）于跑道正中，秒表若干块。

测量方法：受试者至少每 2 人为一组进行测试。受试者采用站立姿势站于起跑线后，听到起跑哨声或起跑口令声立即起跑，往返 4 次。受试者应按逆时针方向绕杆跑，绕杆时不得碰杆或用手扶杆，不得串道。测试人员发出起跑哨声或起跑口令的同时按表计时，当受试者胸部到达终点线的垂直面时停表。测 1 次，以"s"为单位记录成绩，精确至 0.1 s。

测量要求：测试要求与 800 m 跑或 1 000 m 跑相似。

评价：50 m×8 往返跑所需时间越短，表明受试者往返耐力水平越高。

（二）速度耐力的测评

采用 400 m 跑的测评方法进行测试。

测量意义：主要反映受试者的速度耐力水平。

适用对象：大学生及体育专业的学生。

场地器材：400m 田径场、秒表、口哨、发令旗。

测量方法：受试者采用站立姿势站在起跑线后，听到起跑哨声立即起跑，要求尽快跑完全程。测试人员发出起跑哨声的同时按表计时，当受试者胸部到达终点线的垂直面时停表。测 1 次，以"s"为单位记录成绩，精确至 0.1 s。

(2)哪些运动对力量要求较高?
(3)哪些运动对耐力要求较高?
(4)熟练掌握速度、力量和耐力的测试方法。

实验十六　身体素质的测量与评价（二）

【实验目的】

学会柔韧性、灵敏性和平衡性的测评。

【实验原理】

通过一些运动的方法测试学生的速度、力量、耐力等身体素质，并利用现有的评价标准来评价学生的身体素质。

【实验仪器】

平台、立位体前屈测量计、皮尺、测量直尺、垫子、测量尺圆木棍、计时秒表、五米三项折回跑专用场地。

【实验方法】

一、柔韧性的测评

1. 立位体前屈测评方法

测量意义：主要用于测定受试者髋关节及膝关节后侧韧带、肌腱、肌肉的伸展性。
适用对象：儿童至大学生。
测量器材：一个平面凳子或平台、立位体前屈测量计。
测量方法：受试者立于测量台面上，两腿并立，足尖约分开 5 cm，足尖与固定直尺的测量台台缘齐平，然后上体慢慢前屈，同时双手臂充分伸直并拢沿直尺尽力下伸，当双中指平行且停止不动时即可读出成绩。记数时以台面为 0，零台面以上记为负数，零台面以下记为正数。
测量要求：两臂前伸时，两腿不得弯曲。
评价：立位体前屈测量值越高，表明下肢肌肉伸展性越好。

2. 转肩测评方法

测量意义：测定受试者肩关节转动幅度。

适用对象：6岁至大学年龄男女学生。

测量器材：皮尺。

测量方法：受试者直立，两脚分开与肩同宽，两臂伸直，双手于胸前握皮尺，一手虎口固定于皮尺的零点位置，另一手（活动手）取适当距离握住皮尺。然后两臂伸直，由胸前向上、向后旋转过头（如遇阻力，活动手可向外滑动，加大两手间距离），再直臂向前旋转至开始位置。以"cm"为单位，记录两手拇指间的距离。

测量要求：测试前应充分做好肩部准备活动，以防受伤。向后或向前旋肩时任一臂均不能弯曲。

评价：双手拇指间的距离值越小，表明肩关节的灵活性越好。

3. 俯卧背伸的测评方法

测量意义：主要反映受试者躯干和颈部的伸展能力。

适用对象：6岁至大学年龄的男女学生。

测量器材：测量直尺、垫子。

测量方法：受试者仰卧于地，两腿伸直，两脚分开45 cm左右，双手互握置于脑后，另一同伴帮助固定受试者的两腿。然后令受试者仰头，尽力背伸。测试者在其前方，当受试者后仰至最高点时，迅速测量其下颌点至地面的距离。一共测2次，以"cm"为单位记录，取最佳成绩为测试成绩。

测量要求：测试前受试者要做好准备活动。

评价：俯卧背伸的测量值越大，表明受试者躯干和颈部的伸展能力越好。

4. 俯卧抬臂的测评方法

测量意义：主要反映受试者肩关节和腕关节的伸展能力。

适用对象：6岁至大学年龄的男女学生。

测量方法：测量受试者的臂长后，令受试者俯卧，下颌着地，两腿伸直，双臂前伸，两手正握木棍与肩同宽，然后两臂尽量上抬，也可伸腕，当受试者双臂抬至最高点时，迅速测量地面至木棍中央下缘的距离。一共测2次，以"cm"为单位记录，取最佳成绩为测试成绩。

测量要求：测试前受试者要做好准备活动；测试时肘关节应伸直，双臂应保持在同一水平面上；测量过程中，受试者的下颌要始终着地。

评价：俯卧抬臂的成绩=臂长−抬臂高。俯卧抬臂的测量值越小，表明受试者肩关节和腕关节的伸展能力越好。

二、灵敏性的测评

1. 五米三向的测评方法

测量意义：测定受试者不同方向折回跑能力。

适用对象：中学至大学年龄的男女学生。

场地器材：计时秒表、五米三向折回跑专用场地。

测量方法：受试者在起点线后以站立姿势准备起跑。听到"开始"信号后，沿右边跑道跑至其顶点，用一脚触及折回标志线后返回原起点，一脚过起跑线后，再向中间跑道跑至其顶点，用一脚触及折回标志线后返回原起点，一脚过起跑线后，再向左跑道跑至其顶点，用一脚触及折回标志线后返回至终点线。

测量要求：未跑至顶点，脚未触及折回标志线，判犯规，成绩无效。测试时不得穿钉鞋或足球鞋。

评价：五米三向所花时间越短，表明其折返跑灵活性越好。

2. 10 s 立卧撑的测评方法

测量目的：测定受试者体态姿势变换的灵活性。

适用对象：10 岁至大学年龄的男女学生。

场地器材：平坦地面，秒表。

测量方法：受试者由站立姿势开始，屈膝弯腰，两手在足前撑地；两腿向后伸，身体成倾斜姿势；回复至屈蹲；再回复至站立姿势。在 10 s 内完成正确动作。

测量要求：受试者成俯撑时，头、躯干及下肢应挺成一直线，起立还原时身体直立；屈膝，双手在足前撑地成蹲撑时，双手与脚距离不能太远；在 4 个动作中，只要有一个动作不合要求，则不予计数。

评价：10 s 内立卧撑的次数越多，表明受试者快速变换身体姿势和准确协调地完成动作的能力越强。

三、平衡能力的测评

1. 闭目单足站立

测量意义：主要反映受试者的静态平衡能力，也可评价受试者在不依赖视觉情况下位置感觉和本体感觉间的协调能力。

适用对象：中学生至老年男女。

测量仪器：秒表。

测量方法：受试者赤足，两手叉腰，两腿并拢直立，脚尖向前。当听到"开始"口令时，受试者在闭眼的同时以习惯支撑脚站立，另一脚屈膝提足，使足离开地面。计时从离地脚离地开始到失去身体平衡时为止。以"s"为单位记录闭目单足站立的时间，不计小数。一共测 2 次，取最佳成绩为测试成绩。

测量要求：① 当离地脚触地、支撑脚移动或手离开腰时停止计时；② 测试时要有人保护；③ 受试者测试中不能睁眼。

评价：闭目单足站立时间越长，表明受试者静态平衡能力越好。

2. 单足前脚掌站立

测量目的：主要反映受试者单足前脚掌支撑维持静态平衡的能力。

适用对象：中学至大学年龄的男女学生。

测量方法：受试者在地板或平地上，提踵成单足前脚掌支撑，测试维持平衡的时间。站立时要求两眼平视前方，两手叉腰，非站立足向前抬起，一共测 3 次，取最佳成绩为测试成绩。

测量要求：① 支撑足如移动或足跟着地，计时即停止；② 非支撑足如触及任何物体，计时即停止。

评定：单足前脚掌站立时间越长，表明受试者静态平衡能力越好。

3．横向踩木

测量目的：主要反映受试者在前脚掌踩木时的静态平衡能力。

适用对象：10 岁至大学年龄的男女学生。

测量器材：平衡木。

测量方法：受试者以优势腿的前脚掌踩木条，与木条成十字形，另一脚离地。当受试者非支撑腿离地，即按表计时。受试者任一脚触地，即停止计时，记录受试者维持平衡的时间。左、右脚各测 3 次。取 3 次中最佳成绩为测验成绩。

评价：受试者单腿前脚掌踩木平衡时间越长，表明其静态平衡能力越好。

4．直线行走

测量目的：主要反映受试者的动态平衡能力。

适用对象：中学至大学年龄的男女学生。

场地器材：在平坦的地面上画一条 10 m 长的直线，直线两端画两条若干米长平行线；皮尺。

测量方法：先令受试者睁眼沿 10 m 线走，以熟悉路线，然后让受试者站在端线后，闭目沿 10 m 线行走，到达 10 m 终点处令其停止行走，测量其偏离 10 m 线的距离 S_1。然后令其睁眼背向 10 m 线立于端线后，听到"开始"口令后闭眼后退走，到达 10 m 终点处停止行走，测量其后退至端线时的偏移距离 S_2。

评价：偏离距离 = $(S_1 - S_2)/2$。偏离距离越小，表明受试者动态平衡能力越强。

【实验报告】

（1）实验结果。

① 柔韧性测试结果：

立位体前屈（或坐位体前屈）：_____ 评价 _____ ；

转肩：_____ 评价 _____ ；

俯卧背伸：_____ 评价 _____ ；

俯卧抬臂：_____ 评价 _____ 。

② 灵敏性测试结果：

五米三向：_____ 评价 _____ ；10 s 立卧撑：_____ 评价 _____ 。

③ 平衡能力测量结果：

闭目单足站立：_____评价_____；

单足前脚掌站立：_____评价_____；

横向踩木：_____评价_____；

直线行走：_____评价_____；

（2）实验结论：根据受试者测量结果，评价受试者的柔韧性、灵敏性和平衡能力。

【课后练习】

（1）哪些运动对柔韧性要求较高？

（2）哪些运动对灵敏性要求较高？

（3）哪些运动对平衡能力要求较高？

（4）熟练掌握柔韧性、灵敏性和平衡能力的测试方法。

第五章
体育心理学实验

实验一 肘关节动觉感受性测定

【实验目的】

（1）学习肘关节动觉感受仪的使用方法，学习测量肘关节的动觉感受性，加深理解本体感知觉的获得过程。

（2）了解本体感知觉在体育运动和运动员选材中的重要性。

【实验原理】

本实验是以肘关节为轴心，前臂作不同角度的画弧运动来体会肌肉和关节的感知觉，用所画角度的误差平均值表示受试者动觉感受性的准确性。

【实验器材】

肘关节动觉方位辨别仪。

【实验步骤】

（1）主试者和受试者两人为一组。将仪器平放在桌面上，受试者侧身坐于桌旁，用眼罩罩住双眼，手肘平放于仪器指针板上。

（2）受试者要保持腕和肩关节不动，只用肘关节前臂带动指针板按照指定方向运动，运动到一定幅度遇到拦阻时，便重复该幅度的运动三次，以便体会该标准幅度的肌肉和关节的感知觉；第四次会不再遇到拦阻，当觉得运动幅度与前三次相等，即行停止（此即为实验幅度），主试者记录标准幅度与实验幅度之间的误差。

（3）分别在 50°、90°、130°的标准幅度实验，每个标准幅度实验按上述要求做 6 次，将受试者的标准幅度与实验幅度的误差记录在表 5-1-1 内。

【实验结果】

（1）将实验结果填入表 5-1-1 中。

（2）计算平均误差（平均误差是 6 次标准幅度之和的平均数），填入表 5-1-1。

表 5-1-1　肘关节动觉感受性误差度表　　　　　　　　　　单位：°

实验次数 \ 标准幅度	50°	90°	130°
第一次			
第二次			
第三次			
第四次			
第五次			
第六次			
平均误差			

【注意事项】

（1）受试者在仪器上做大角度运动时（100°以上），会感觉不便，因此坐姿要轻松自如，不要因动作费力而影响实验结果。
（2）受试者在实验前要遮挡视线，以保证用肌肉动觉控制动作，而不是用视觉控制动作。
（3）受试者在实验前不能做任何练习，以保证实验结果的准确性。
（4）主试者在实验中不能对受试者以任何方式进行暗示或影响。

【分析与讨论】

（1）各个受试者的肘关节动觉感受性是否一致，原因何在？
（2）运动员动觉感受性在体育运动中的意义。

实验二　注意分配能力的测定

【实验目的】

（1）掌握注意分配仪的使用和测定。
（2）通过测定个体注意分配，了解注意分配的个体差异。

【实验原理】

注意分配是注意品质之一，是指在同一时间内，把注意指向两种或两种以上不同的对象或活动上。本实验对受试者在限定时间内呈现 3 种刺激——"光""声""光+声"，并让受试者作出反应，通过其判断的正确次数来获得注意分配的成绩。

【实验器材】

EP708 注意分配仪、秒表。

【实验方法】

（1）按"声/光"键可进行声/光模式选择，显示"Led"表示选择光刺激，并有"光"上面的一个红灯闪亮；显示"Sound"表示选择声刺激，并有"声"上面的一个红灯闪亮；显示"Sou—Ld"表示"光+声"刺激，两个红灯都亮。

（2）按"次数"键可进行刺激次数的选择；显示"Con—10"表示刺激次数为 10 次，显示"Con—20"表示刺激次数为 20 次，显示"Con—40"表示刺激次数为 40 次，显示"Con—50"表示刺激次数为 50 次。按"显示"键显示结果并记录：显示"××××××秒"为完成任务总时间，显示"YES--××次"为正确次数，显示"××××毫秒"为平均正确时间。

（3）主试者和受试者两人一组交替进行测试。

【实验步骤】

（1）主试者和受试者两人为一组。主试者先选择光刺激，如选择 10 次光刺激。受试者在仪器前坐好，用优势手准备按键。

（2）主试者按"启动"键之前，受试者要集中注意力。主试者按"启动"键开始测试，同时按下手中的秒表开始计时。仪器红灯开始逐个闪亮，受试者要迅速按灭红灯，直到 10 次光刺激全部呈现完毕，一组实验结束。主试者按停秒表。

（3）如果在限定的时间内完成了实验，算实验合格。主试者记录受试者对光反应的正确次数。记录结果后，按"复位"键显示"Led"，为下组测试做好准备。

（4）按以上步骤分别完成下面的实验：选择"10 次光刺激"，共做 4 次，每次限制 30 s；选择"10 次声刺激"，共做 4 次，每次限制 30 s；选择"10 次声+光刺激"，共做 4 次，每次限制 35 s。

【注意事项】

（1）在选择声刺激时，按红键为高音，按绿键为中音，按灰键为低音，受试者要仔细辨别音高再按键。可先进行试音练习，熟悉声音后再测试。

（2）每次实验要在限制的时间内完成，如超时表示受试者拖延了时间，即使正确次数提高，成绩也不真实，因此，要取消超时的实验成绩。

（3）实验时要保持安静，减少干扰。

【数据记录与处理】

（1）数据记录：在表 5-2-1 内分别记录对光正确反应次数、对声正确反应次数、同时对"光+声"正确反应次数。

（2）计算 4 次实验的平均值 R_1、L_1、R_2、L_2，并填入表 5-2-1 内。

（3）计算注意分配能力 A：

按下列公式计算结果：$A = \sqrt{\left(\dfrac{R_2}{R_1}\right) \cdot \left(\dfrac{L_2}{L_1}\right)}$

式中，R_1 和 L_1 分别是对光正确反应和对声正确反应的次数的平均值。

R_2 和 L_2 分别是同时对光、对声正确反应次数的平均值。

注意分配能力 $A=1$ 表示完全分配。

$A>0.5$ 表示不同程度的分配。

$A<0.5$ 表示没有分配。

表 5-2-1　注意分配实验数据记录表

限制时间＼实验次数	第一次	第二次	第三次	第四次	平均值
对光正确反应次数（30 s）					R_1
对声正确反应次数（30 s）					L_1
同时对光、对声正确反应次数（35 s）					R_2 L_2

【分析与讨论】

在体育活动中，注意能否分配到不同的对象上？注意分配条件是什么？

实验三　动作的协调性与稳定性测试实验

【实验目的】

学会测定动作协调性与稳定性的方法，理解协调性与稳定性在技能形成过程中的作用，分析它们之间的关系。

【实验原理】

动作的协调性与稳定性是保证动作技能顺利完成的条件。双手协调器的测试需要眼-手的协调工作，如果完成图形的时间短和错误少，说明动作的速度快和空间方位准。

动作的稳定性受个体自身和外界很多因素的影响，当一个人尽量控制自己的身体、手臂和手指保持不动时，往往仍有明显的不自主的细微颤动；手的颤动范围可用动作稳定器九洞仪进行测定，如果实验中完成九个洞的错误少，说明动作的稳定性好。

【实验器材】

双手协调器、九洞仪、秒表。

【实验方法与步骤】

（1）先进行手-眼协调的练习。主试者向受试者发出指导语："在双手协调器上有一个由双线组成的图形，你可以用两只手前后、左右来回移动指针描绘此图形。如果指针离开了双线的轨道，接触到两旁的金属片，灯光就会亮起，记失误一次。请注意要尽量使自己描完图形的时间短，失误少"。

（2）让受试者从图形的一端开始测试，同时开始计时。受试者描完图形之后，计时停止。记录一次测试所需的时间；同时记录灯亮的次数，即错误动作次数。每次实验进行3轮测试。

（3）在动作稳定器九洞仪上进行动作稳定性的测试。稳定器上九孔的直径各为2.5、3、3.5、4、4.5、5、6、8、12 mm。

（4）要求受试者小心地将笔端触入不同大小的九个洞孔中。如果不小心碰到了洞的边缘，就会发出响声，算一次失误。记录每轮测试失误的次数，每次实验进行3轮测试。

【实验结果】

表 5-3-1　双手协调性数据记录表

受试者	操作时间/s				错误次数			
	1	2	3	平均值	1	2	3	平均值

表 5-3-2　九洞仪测试评定表

洞号	1	2	3	4	5	6	7	8	9
直径/mm	13	8	6.5	5	4.5	4	3.5	3	2.5
1/直径	0.08	0.13	0.15	0.20	0.22	0.25	0.29	0.33	0.40
稳定性	0.16	0.26	0.30	0.40	0.44	0.50	0.58	0.66	0.80

表 5-3-3　双手动作稳定性数据记录表

受试者	专业	稳定性			平均值
		测试次数			
		1	2	3	

注：根据九洞仪测试评定表，用通过的洞的直径的倒数乘以2来表示动作的稳定程度，最后通过的洞的直径越小，说明动作的稳定性越好。

【分析与讨论】

（1）从本实验结果来分析动作协调性和稳定性的影响因素。
（2）一个人的动作协调性与动作稳定性之间有何关系？
（3）讨论本实验在进行体育教学和训练中的意义。

实验四　双手协调性测试

【实验目的】

学会使用双手调节器，测试受试者的双手协调性。

【实验原理】

本次实验要受试者的双手不停地上下左右调整旋钮，使移动的红色光斑始终在设定的圆形轨道内行走，不能离开轨道。完成实验用时越少表明受试者双手协调能力越好。

【实验器材】

双手调节器。

【方法与步骤】

（1）受试者左右手分别操纵仪器上的左右旋钮（左旋钮控制左右方向的移动，右旋钮控制上下方向的移动），使红色亮点按"逆时针"方向顺着底板上的黑色轨迹移动（不能超出黑色边界，如果超出，指示灯就亮，算一次错误）。
（2）当仪器发出"嘀"的响声，表明测试结束，主试者记录结果。
（3）每组测试3人，每人测3次，将测得结果记录于表5-4-1中。

【实验结果】

表5-4-1　双手协调性数据记录表

受试者	操作时间/s				错误次数			
	1	2	3	平均值	1	2	3	平均值

【分析与讨论】

本实验在体育活动中的意义。

实验五　SCL-90 心理健康自评量表测试

【实验目的】

通过应用"SCL-90 心理健康自评量表"测试，使学生了解应用心理健康测试最基本的工具。

【实验原理】

运用标准化的"SCL-90 心理健康自评量表"对个体心理健康水平进行粗略的评定。

【实验内容与步骤】

1. 实验内容

症状自评量表（Self-reporting Inventory），又名 90 项症状清单（SCL-90），于 1975 年编制，其作者是德若伽提斯（L.R.Derogatis）。该量表共有 90 个项目，包含有较广泛的精神病症状学内容，从感觉、情感、思维、意识、行为直至生活习惯、人际关系、饮食睡眠等，测验的九个因子分别为：躯体化、强迫症状、人际关系敏感、抑郁、焦虑、敌意、恐怖、偏执及精神病性。

2. 操作步骤

（1）指导语："本评定量表共有 90 个项目，包含有较广泛的精神病症状学内容，从感觉、情感、思维、意识、行为直至生活习惯、人际关系、饮食睡眠等，分别列出了有些人可能会有的问题。请仔细阅读每一条目，然后根据最近一星期以内你的实际感受，选择一个与你的情况最相符合的答案。A 表示没有该项症状，B 表示有该症状但不频繁，C 表示有该症状但属中等程度，D 表示该症状相当严重，E 表示该症状很严重。请你不要有所顾忌，应该根据自己的真实体验和实际情况来回答，不要花费太多的时间去思考，应顺其自然，应根据第一印象做出判断"。

（2）注意事项：测验中的每一个问题都要回答，不要遗漏，以避免影响测验结果的准确性。在开始评定前，先由老师把总的评分方法和要求向受试者交代清楚。然后让其独立作答、不受任何人影响的自我评定，并用铅笔填写。

（3）SCL-90 的每一个项目均采用 5 级评分制，具体如下：

没有：自觉无该项问题；

很轻：自觉有该项症状，但对受试者并无实际影响，或者影响轻微；

中度：自觉有该项症状，对受试者有一定影响；
偏重：自觉有该项症状，对受试者有相当程度的影响；
严重：自觉该症状的频度和强度都十分严重，对受试者的影响严重。

这里的"影响"包括症状所致的痛苦和烦恼，也包括症状造成的心理社会功能损害。"轻、中、重"的具体定义，由被试者自己体会，不必做硬性规定。

（4）对于文化程度低的自评者，可由工作人员逐项念给他听，并以中性的、不带任何暗示和偏向地把问题本身的意思告诉他。

（5）评定的时间范围是"现在"或者是"最近一个星期"的实际感觉。

（6）评定结束时，由本人或临床咨询师逐一查核，凡有漏评或者重新评定的，均应提醒自评者再考虑评定，以免影响分析的准确性。

表 5-5-1　SCL-90 心理健康自评量表

A-从无、B-很轻、C-中等、D-偏重、E-严重

序号	问题	自评
1	头痛	
2	神经过敏，心中不踏实	
3	头脑中有不必要的想法或字句盘旋	
4	头晕或晕倒	
5	对异性的兴趣减退	
6	对旁人责备求全	
7	感到别人能控制您的思想	
8	责怪别人制造麻烦	
9	忘性大	
10	担心自己的衣饰整齐及仪态的端正	
11	容易烦恼和激动	
12	胸痛	
13	害怕空旷的场所或街道	
14	感到自己的精力下降，活动减慢	
15	想结束自己的生命	
16	听到旁人听不到的声音	
17	发抖	
18	感到大多数人都不可信任	
19	胃口不好	
20	容易哭泣	
21	同异性相处时感到害羞和不自在	
22	感到受骗，中了圈套或有人想抓住您	

续表

序号	问题	自评
23	无缘无故地突然感到害怕	
24	自己不能控制地大发脾气	
25	怕单独出门	
26	经常责怪自己	
27	腰痛	
28	感到难以完成任务	
29	感到孤独	
30	感到苦闷	
31	过分担忧	
32	对事物不感兴趣	
33	感到害怕	
34	您的感情容易受到伤害	
35	旁人能知道您的私下想法	
36	感到别人不理解您，不同情您	
37	感到人们对您不友好，不喜欢您	
38	做事必须做得很慢以保证做得正确	
39	心跳得很厉害	
40	恶心或胃部不舒服	
41	感到比不上他人	
42	肌肉酸痛	
43	感到有人在监视您、谈论您	
44	难以入睡	
45	做事必须反复检查	
46	难以做出决定	
47	怕乘电车、公共汽车、地铁或火车	
48	呼吸有困难	
49	一阵阵发冷或发热	
50	因为感到害怕而避开某些东西、场合或活动	
51	脑子变空了	
52	身体发麻或刺痛	
53	喉咙有梗塞感	
54	感到前途没有希望	

续表

序号	问题	自评
55	不能集中注意力	
56	感到身体的某一部分软弱无力	
57	感到紧张或容易紧张	
58	感到手或脚发重	
59	想到死亡的事	
60	吃得太多	
61	当别人看着您或谈论您时感到不自在	
62	有一些不属于您自己的想法	
63	有想打人或伤害他人的冲动	
64	醒得太早	
65	必须反复洗手、点数	
66	睡得不稳、不深	
67	有想摔坏或破坏东西的想法	
68	有一些别人没有的想法	
69	感到对别人神经过敏	
70	在商店或电影院等人多的地方感到不自在	
71	感到任何事情都很困难	
72	一阵阵恐惧或惊恐	
73	感到公共场合吃东西很不舒服	
74	经常与人争论	
75	单独一人时神经很紧张	
76	别人对您的成绩没有做出恰当的评价	
77	即使和别人在一起也感到孤单	
78	感到坐立不安、心神不定	
79	感到自己没有什么价值	
80	感到熟悉的东西变成陌生或不像是真的	
81	大叫或摔东西	
82	害怕会在公共场合晕倒	
83	感到别人想占您的便宜	
84	为一些有关性的想法而很苦恼	
85	您认为应该因为自己的过错而受到惩罚	
86	感到要很快把事情做完	
87	感到自己的身体有严重问题	
88	从未感到和其他人很亲近	
89	感到自己有罪	
90	感到自己的脑子有毛病	

【实验结果】

通过对九个测试因子（躯体化、强迫症状、人际关系敏感、抑郁、焦虑、敌意、恐怖、偏执及精神病性）各自所包含项目的得分进行相应处理，从而对受试者的心理健康进行初步的评估。

实验六　深度知觉测定

【实验目的】

（1）学习深度知觉仪的使用方法。
（2）通过深度知觉的测定，了解受试者深度知觉的差异，探讨影响受试者深度知觉的因素。

【实验原理】

本实验利用深度知觉仪测试双眼对深度视觉误差的最小阈限，以此来判断个体受试者深度知觉，以便更好地应用于驾驶员、炮手和运动员等与深度知觉有关的职业的测试和选拔。

【实验仪器】

EP503A 深度知觉测试仪。

【实验步骤】

（1）主试者和受试者两人为一组。受试者在离仪器视窗 0.5 m 远处，双眼通过视窗平行观察仪器内两根垂直的固定棒（固定棒的位置为 0 点）。
（2）受试者用远近开关调节活动棒，第一次实验，活动棒的起点顺序从远点（即远离受试者那一点）开始调节向近点（即趋向受试者那一点）移动，使受试者和固定棒看起来离自己双眼同样距离时停下来，主试者从标尺读数中观察受试者的活动棒和固定棒之间的误差并记录。
（3）按照上述程序，再做 6 次，起点顺序为远点、近点、近点、远点、远点、近点。

【注意事项】

（1）受试者要先练习，用远近开关调节活动棒从远处向近处，或从近处向远处移动几次，熟练后再开始正式测试。
（2）受试者由视窗向内平行观察，不能上下左右地寻找参照物，否则实验数据不准确。

【实验结果】

（1）将实验结果填入表 5-6-1。
（2）计算平均误差（平均误差是 6 次误差之和的平均数）并填入表 5-6-1。

表 5-6-1　深度知觉误差表　　　　　　　　　单位：cm

	远点	近点	近点	远点	远点	近点
误差						
平均误差						

【分析与讨论】

（1）影响深度知觉的因素是什么？对提高运动成绩有什么意义？
（2）研究深度知觉有什么意义？

实验七　动作技能形成过程的分析

【实验目的】

（1）分析动作技能形成的过程。
（2）观察集中练习和分散练习对动作技能形成的不同影响。

【实验原理】

镜画学习是一种典型的技能形成过程。在这一学习过程中，由于遮眼板挡住了受试者的视线，使他不能看到纸上的图案，只能从镜子中看到图案，镜子中的图案颠倒了图形的上下方向，但左右方向没有改变。因为改变了以往的书写习惯，受试者在练习的初始阶段会感觉非常困难，但随着练习次数的增加进步加快，最后达到正确完成镜面学习。每一次练习的时间和出现的错误都有变化，可以用曲线表示出来，从而说明新技能形成的过程。

【实验器材】

镜面仪、星形图案纸、遮眼板、秒表、铅笔。

【实验步骤】

（1）选择日常生活中习惯用右手的受试者，令其面对镜子坐正。主试者将星形图案纸放在镜前，调节遮眼板，使受试者不能直接看见图形，只能在镜中看见图形。

（2）受试者用右手执笔，笔尖放在星形图案纸的起点处，做好准备。主试者发出"开始"的口令后，受试者立即按图中箭头所示方向，顺着星形图的双线中央，尽快地画一圈，直至回到原起点时为止。

（3）受试者所画的线如果触及了星形图中双线的边际时，就会触发出响声，这就算犯了一次错误；如果倒退一次，也算一次错误。用计算器累计记录每次练习中所产生的错误动作的次数。

（4）在主试者发出"开始"指令的同时启动秒表计时，直到受试者画完一遍，笔尖到达原起点时，立即停止计时。记录每一次练习所需的时间。每一名受试者连续练习10次。

（5）在上述实验的基础上选出甲、乙两个实验组，每组5人。甲乙两组受试者分别练习12次，分为两个阶段进行，即第六次练习与第七次练习之间间隔24小时。

（6）甲组受试者的第1~6次练习是分散的，各次练习之间休息1 min，第7~12次练习是连续的。

（7）乙组受试者的第1~6次练习是连续的，第7~12次练习是分散的，各次练习之间也休息1 min。

（8）记录完成作业所需的时间以及产生错误动作的次数。

【注意事项】

（1）实验前不允许练习。
（2）甲、乙两组的受试者都选用优势手做镜面画练习。

【实验结果】

（1）用图示形式表明，随着练习次数的增加，受试者所画星形图的曲线由抖动而变成平稳的情景。

（2）用图示形式表明，随着练习次数的增加，受试者每完成一次练习所需要时间减少的情景。

（3）用图示形式表明，随着练习次数的增加，受试者每完成一次练习所犯错误减少的情景。

（4）用曲线形式表明甲乙两组在采用集中练习与分散练习时的不同成绩（表现为随着练习次数为1~6次时，以及7~12次时的完成一次练习所需时间与错误动作的次数的变化）。

（5）分析实验结果并写出结论。

实验八 气质类型测定

【实验目的】

（1）学习心理测量的原则和方法。

（2）学习用气质量表来测定个体的气质类型。

【实验原理】

气质是一个人天生就具有的心理活动的动力特征，心理学把人们的气质区分为4种典型的类型：胆汁质、多血质、黏液质和抑郁质。除了上述四种类型之外还有很多混合类型。本次实验采用的是心理测量法，而相对观察法和条件反射法更能反映个体气质的实际情况。

【实验器材】

气质类型量表（表5-8-1）、气质测试答案表（表5-8-2）、气质测量得分表（表5-8-3）、气质量表常模（表5-8-5）。

表5-8-1 气质类型量表

1. 做事力求稳妥，不做无把握的事
2. 遇到可气的事就怒不可遏，想把心里的话全说出来才痛快
3. 宁可一个人做事，也不愿很多人在一起
4. 遇到一个新环境很快就能适应
5. 厌恶那些强烈的刺激，如尖叫、噪声、危险镜头等
6. 和人争吵时总是先发制人，喜欢挑衅
7. 喜欢安静的环境
8. 善于和人交往
9. 羡慕那种善于克制自己情感的人
10. 生活有规律，很少违反作息制度
11. 在多数情况下情绪是乐观的
12. 碰到陌生人觉得很拘束
13. 遇到令人气愤的事时，能很好地自我克制
14. 做事总有旺盛的精力
15. 遇到问题常常举棋不定，优柔寡断
16. 在人群中从不觉得过分拘束
17. 情绪高昂时，觉得干什么都有趣；情绪低落时，又觉得什么都没有意思
18. 当注意力集中于眼前的事物时，别的事很难使我分心
19. 理解问题总比别人快
20. 碰到危险情景，常有一种极度恐怖感
21. 对学习、工作、事业怀有很高的热情
22. 能够长时间做枯燥、单调的工作
23. 符合兴趣的事情干起来劲头十足，否则就不想干
24. 一点小事就能引起情绪波动
25. 讨厌做那些需要耐心、细致的工作
26. 与人交往不卑不亢
27. 喜欢参加剧烈的活动
28. 爱看感情细腻，描写人物内心活动的文学作品
29. 工作、学习时间长了常感到厌倦
30. 不喜欢长时间谈论一个问题，愿意实际动手干
31. 宁愿侃侃而谈，不愿窃窃私语

32. 别人说我总是闷闷不乐
33. 理解问题常比别人慢些
34. 疲倦时只要短暂的休息就能精神抖擞，重新投入工作
35. 心里有话宁愿自己想，不愿说出来
36. 认准一个目标就希望尽快实现，不达目的誓不罢休
37. 学习、工作同样长时间，常比别人更感觉疲倦
38. 做事有些莽撞，常常不考虑后果
39. 老师或师傅讲授新知识、新技术时，总希望他讲慢些，多重复几遍
40. 能够很快地忘记那些不愉快的事情
41. 做作业或完成一件工作总比别人花的时间多
42. 喜欢运动量大的剧烈体育活动或参加各种文艺活动
43. 不能很快地把注意力从一件事转移到另一件事上去
44. 接受一个任务后，就希望把它迅速解决
45. 认为墨守成规比冒风险强些
46. 能够同时注意几件事物
47. 当我烦闷的时候，别人很难使我高兴起来
48. 爱看情节起伏跌宕、激动人心的小说
49. 对工作抱认真严谨、始终一贯的态度
50. 和周围人们的关系总是相处不好
51. 喜欢复习学过的知识，重复做已经掌握的工作
52. 希望做变化大、花样多的工作
53. 小时候会背诵的诗歌，我似乎比别人记得更清楚
54. 别人说我常出语伤人，可我并不觉得这样
55. 在体育活动中，常因反应慢而落后
56. 反应敏捷，头脑机智
57. 喜欢做有条理而不甚麻烦的工作
58. 兴奋的事常使我失眠
59. 老师讲新概念时常常听不懂，但弄懂以后就很难忘记
60. 假如工作枯燥无味，马上就会情绪低落

表 5-8-2　气质测试答案表

姓名：		性别：			年龄：		日期：			
题号	+2	+1	0	−1	−2	题号	+2	+1	0	−1	−2
1						31					
2						32					
3						33					
4						34					
5						35					
6						36					
7						37					
8						38					

续表

题号	+2	+1	0	-1	-2	题号	+2	+1	0	-1	-2
9						39					
10						40					
11						41					
12						42					
13						43					
14						44					
15						45					
16						46					
17						47					
18						48					
19						49					
20						50					
21						51					
22						52					
23						53					
24						54					
25						55					
26						56					
27						57					
28						58					
29						59					
30						60					

【实验方法】

（1）将每题得分填入表 5-8-3 相应"得分"栏内。

（2）计算每种气质类型的总得分数。

【实验步骤】

（1）主试者念指导语，指导语如下："本测验共有 60 个问题，只要你能根据自己的实际行为表现如实回答，就能帮助你确定自己的气质类型，但必须做到：

a. 回答时请不要猜测题目内容要求，也就是说不要考虑应该怎样，而只回答你平时怎样，因为题目答案本身无所谓正确与错误之分。

b. 回答要迅速，不要在某道题上花过多时间。

c. 每一题都必须回答，不能有空题。

d. 在回答问题时，你认为：

很符合自己情况的，就在相应的题后面'+2'的小方格里画√号；

较符合自己情况的，就在相应的题后面'+1'的小方格里画√号；

介于符合和不符合之间的，就在相应的题后面'0'的小方格里画√号；

较不符合自己情况的，就在相应的题后面'-1'的小方格里画√号；

完全不符合自己情况的，就在相应的题后面'-2'的小方格里画√号"。

（2）受试者先在"气质测试答案表"上填好自己的姓名、性别、年龄和测验日期，然后阅读"气质类型量表"，并同时填写"气质测试答案表"，一共60题。

（3）填写完答案进行答案处理。

【注意事项】

（1）主试者的指导语要一致，不要对受试者做其他的解释，以确保实验结果的准确性。

（2）此问卷没有时间限制。

【数据记录和结果处理】

（1）四种气质类型有相对应题号，如表5-8-3。把每题的得分填入表5-8-3的相应题号内，得分相加算出各气质的总分。

表5-8-3 气质测验得分表

胆汁质	题号	2	6	9	14	17	21	27	31	36	38	42	48	50	54	58	总分
	得分																
多血质	题号	4	8	10	16	19	23	25	29	34	40	44	46	52	56	60	总分
	得分																
黏液质	题号	1	7	11	13	18	22	26	30	33	39	43	45	49	55	57	总分
	得分																
抑郁质	题号	3	5	12	15	20	24	28	32	35	37	41	47	51	53	59	总分
	得分																

（2）评分方法和气质类型评定。

① 如果某一项或两项的得分超过20分，则为典型该气质。如，胆汁质得分超过20分，则为典型胆汁质；黏液质和抑郁质得分都超过20分，则为典型黏液-抑郁质混合型。

② 如果某一项或两项以上的得分在20分以下，10分以上，其他各项得分较低，则为一般该气质。如，一般多血质，一般胆汁-多血质混合型。

③ 若各项得分均在 10 分以下，但某项或几项得分较其余项为高（相差五分以上），则为该气质倾向。如，多血质倾向，胆汁-多血质混合型倾向。

④ 正分值越高，表明该气质特征越明显，反之，分值越低，表明越不具备该气质特征。

⑤ 总计有以下 13 种气质类型：a. 胆汁质，b. 多血质，c. 黏液质，d. 抑郁质，e. 胆汁质-多血质，f. 多血质-黏液质，g. 黏液质-抑郁质，h. 胆汁质-抑郁质，i. 胆汁质-多血质，j. 多血质-黏液质-抑郁质，k. 胆汁质-多血质-抑郁质，l. 胆汁质-黏液质-抑郁质，m. 四种气质的混合型。

此外，凡是在 1、3、5…奇数题上答"2"或"1"，或在 2、4、6…偶数题上答"1"或"-2"，每题各得 1 分，否则得半分。如果你是男性，总得分 0～10 则非常内向，11～25 比较内向，26～35 介于内外向之间，36～50 比较外向，51～60 非常外向。如果你是女性，总得分 0～10 则非常内向，11～25 比较内向，22～31 介于内外向之间，32～45 比较外向，46～60 非常外向。

需要强调的是运用短时的观察和实验法来确定气质类型时有一定的局限性，全面而准确地测定需要通过长时间和多方面的观察，并联系对受试者整个生活历程的了解和分析，才能真正看出一个人高级神经活动类型的最稳定的特征，因此，气质的问卷调查对受试者气质类型的确定只是一种"大致的确定"。

气质类型、心理特征和行为方式的关系见表 5-8-4。

表 5-8-4 气质类型、心理特征和行为方式一览表

气质类型	神经类型	心理特征	行为方式
胆汁质	强 不平衡型 兴奋型	感受性低，有一定的耐受性，反应快但不灵活，情绪兴奋性高，抑制能力差，外倾性明显，行为有一定的可塑性	直率、热情、精力旺盛、言行快、情绪易冲动、难自制、心境变换剧烈、急躁、果敢、具有外向性
多血质	强 平衡型 活泼型	感受性低，耐受性高，反应快而灵敏，情绪兴奋性高，外倾性明显，行为可塑性大	活泼、好动、有生气、反应迅速、思维和言行快、喜欢与人交往、乐观、轻率、浮躁、注意力易转移、兴趣易变化、具有外向性
黏液质	强 平衡型 安静型	感受性低，耐受性高，反应速度缓慢，情绪兴奋性低，具有稳定性，内倾性明显，行为有一定的可塑性	安静稳重，言行缓慢，情绪不易外露，注意力稳定难转移，善于忍耐，执拗、淡漠，具有内向性
抑郁质	弱 不平衡型 抑制型	感受性高，耐受性低，反应速度缓慢，情绪兴奋性高而体验深刻，刻板而不灵活，内倾性特别明显，行为可塑性小	柔弱易倦、多愁善感、言行迟缓、情绪体验深刻，能察觉他人不易察觉的事务，富有幻想、胆小孤僻、忸怩，具有内向性

气质量表常模见表 5-8-5。

表 5-7-5　气质量表常模

气质类型		很不明显	比较不明显	中等	比较明显	很明显
胆汁质	男	15～40	41～47	48～54	55～61	62～75
	女	15～41	42～47	48～54	55～60	61～75
多血质	男	15～37	38～44	45～52	53～59	60～75
	女	15～37	38～44	45～52	53～59	60～75
黏液质	男	15～42	43～48	49～55	56～61	62～75
	女	15～41	42～47	48～54	55～60	61～75
抑郁质	男	15～43	44～49	50～56	57～62	63～75
	女	15～44	45～50	51～56	57～62	63～75

【实验报告】

（1）对实验数据进行处理，写出受试者的气质类型。

（2）如何看待自己的气质？一个人的气质可以改变吗？

【分析与讨论】

通过气质类型量表和平时观察比较自己的气质，比较气质类型量表测试法和相对观察法这两种方法的准确性和优缺点。

第六章
运动生物力学实验

实验一 人体转动惯量的测量

【实验目的】

通过本实验,使学生掌握人体转动惯量这一静力学参数的测量方法,对影响人体转动惯量的因素进行分析。

【实验原理】

通过理论公式计算出标准样柱的理论值,再用标准样柱的理论值校准仪器,最后用校准过的仪器测量人体不同姿势时的转动惯量。

【实验器材】

扭摆式转动惯量仪,计算机。

【方法与步骤】

(1)测量仪器空载周期 T_0(实验前已测好)。

(2)标定仪器:将标准样柱放置在转动惯量仪上,通过测量软件测出此样柱的转动惯量值,再用该理论值对仪器进行校准。

(3)测试。

① 每 7 名学生为一组,1 名学生负责计算机操作,3 名学生作为实验对象,2 名学生负责仪器操作,另外 1 名学生负责填写数据。

② 实验对象要在摆盘上完成绕人体三条基本轴(额状轴、垂直轴、矢状轴)的三种姿势,完成时尽可能使人体重心位置对准摆盘中心轴,测量人体在三种姿势下的转动惯量,每种姿势各测 3 次,取 3 次测量的平均值填入表 6-1-1 中。

【实验结果】

表 6-1-1　人体转动惯量测量实验记录

实验对象基本情况				人体转动惯量/kgm² （平均值）		
姓　名	专　业	性　别	体重/kg	绕额状轴	绕垂直轴	绕矢状轴

【分析与讨论】

分析所测得的实验结果，说明人体转动惯量的特点。

实验二　三维测力台测试

【实验目的】

通过本实验，使学生了解动力学测定的基本方法，掌握三维测力台的基本操作，学会对动态力曲线进行分析。

【实验原理】

体育运动中经常把纵跳能力作为评定下肢爆发力的客观指标。本实验通过不同的起跳方法来测定人体垂直地面的反作用力（F_z）的动态曲线，通过曲线来分析人体的纵跳能力，进而验证肌肉力学中的有关理论和人体基本活动原理。

【实验器材】

三维测力台，笔记本式计算机。

【方法与步骤】

1. 安放测力台

选择较平整、硬度较高的地面（测力平台能与地面充分接触、无晃动，平台有一个调整地脚），安放好测力平台，有条件的地方最好能将平台固定在地面上或直接安装在运动项目测试现场。

2. 计算机连接 USB 数据采集线

3. 启动数据采集、分析软件

（1）系统设置：采样设置（采样时间、采样频率、同步触发信号、阈值等）。

（2）数据采集。实验对象要完成三种纵跳姿势：① 站立开始不摆臂纵跳；② 半蹲开始无反向运动不摆臂纵跳；③ 站立开始加摆臂自由纵跳。

（3）读取 F_Z 最大值填入表 6-2-1 中。

【实验结果】

表 6-2-1 人体垂直地面反作用力测试实验记录

实验对象基本情况				垂直地面反作用力 F_Z 最大值/N		
姓 名	专 业	性 别	体重/kg	站立开始不摆臂纵跳	半蹲开始无反向运动不摆臂纵跳	站立开始加摆臂自由纵跳

【分析与讨论】

结合运动生物力学知识分析纵跳实验结果。

第七章 运动生物化学实验

实验一 血乳酸的测定

【实验目的】

（1）掌握血乳酸的测定方法，熟悉微量血的采集方法。
（2）了解人体运动时血乳酸水平的影响因素以及该指标在运动实践中的应用和意义。

【实验原理】

血乳酸是糖酵解的产物，人体在正常情况下，安静时血液中乳酸维持一定的浓度，动脉血中为 0.4~0.8 mmol/L，静脉血为 0.45~1.30 mmol/L，通常情况下运动员与普通人没有差异。运动时和运动后血乳酸值有显著提高，血乳酸值的变化与运动时能量的消耗有关，不同能量系统的消耗使血乳酸值产生不同的变化，如运动时以磷酸原系统供能为主时，血乳酸较少，一般不超过 4 mmol/L，以糖酵解供能系统为主时，血乳酸浓度在 4 mmol/L 左右。运动强度、持续时间，各组织器官间的代谢机能等都和血乳酸的水平有关。运动后，肌乳酸和血乳酸的消除速率和浓度下降也是平衡的，且与有氧能力有关。因此，在运动时和运动后，可以测定乳酸来了解肌肉乳酸和其他组织器官的代谢平衡关系，从而了解运动时乳酸对人体的影响及其规律，为科学训练提供依据。

【实验器材】

秒表、75%消毒酒精、棉签、采血针、血乳酸测定仪等。

【实验步骤】

（1）实验分组：每组 4~6 人，组长负责分工（受试者、采集血样者、计时者、记录者）。
（2）测安静时血乳酸：按摩采血部位（手指或耳垂）→消毒→自然晾干→采血（第一滴血弃去）→用血乳酸仪测血乳酸，并记录。
（3）施加运动负荷：第一位受试者以 100 米的冲刺速度原地快速跑 15 秒；第二位受试者尽全力原地高抬腿跑 1 分钟。

（4）测运动后血乳酸：对受试者运动后 3 分钟以同样方法分别进行采血，用血乳酸仪测血乳酸值，并记录。

【实验结果】

表 7-1-1　不同运动项目运动前、后血乳酸值的变化　　　　单位：mmol·L^{-1}

受试对象	运动前血乳酸	运动后 3 分钟血乳酸
第一位受试者：运动 15 秒		
第二位受试者：运动 1 分钟		

【注意事项】

（1）采血时为避免交叉感染，必须严格实行一人一针。
（2）消毒应用酒精棉签从采血部位的中心向外周进行消毒，不能来回反复涂擦。
（3）运动前需做好充分的准备活动，避免运动损伤发生。
（4）严格控制运动后采血时间，减少实验误差。

【分析与讨论】

（1）如何运用血乳酸指标来监控运动强度？
（2）如何运用血乳酸指标来评定运动员有氧、无氧运动能力？

实验二　运动前后尿蛋白的测定

【实验目的】

（1）观察运动后尿蛋白浓度的变化，掌握尿蛋白的测定方法。
（2）理解运动性尿蛋白指标在运动实践中的应用和意义。

【实验原理】

尿蛋白是指尿中出现的蛋白质，尿蛋白的主要成分是白蛋白。正常人尿内含有微量蛋白质，成年人每天约排泄尿蛋白 50～100 mg，偶尔达 150 mg。在体育运动或训练后，尿中蛋白质的排泄量每天可能达到 250 mg 以上，白天任意尿所含蛋白质可少于 10 mg/100 mL，夜间混合尿可达 20 mg/100 mL。

由于运动而出现尿中蛋白质增加的现象称为运动性蛋白尿。研究证明：运动后尿蛋白数量的多少与运动量、运动强度、运动员身体机能状态、运动员的情绪、不同体育项目等因素有关。因此，测定运动员运动后尿中蛋白质的含量，可作为一个简易的生化指标来评定运动强度、运动量、运动员的身体机能状态等。

【实验器材】

一次性尿杯、尿液分析仪、尿液试纸条、75%的酒精、棉签等。

【实验步骤】

（1）实验分组：每组4~6人，组长负责分工（受试者、采集尿样者、计时者、记录者）。
（2）测运动前尿蛋白：运动前取中段尿10~20 mL于尿杯中，用尿液分析仪测尿蛋白含量，并记录。
（3）施加运动负荷：要求所有受试者到运动场，尽全力跑800 m。
（4）测运动后尿蛋白：每位受试者取运动后15分钟的中段尿10~20 mL于尿杯中，用尿液分析仪测运动后尿蛋白含量，并记录。

【实验结果】

表 7-2-1　800m 跑运动前、后尿蛋白的变化　　　　单位：$g \cdot L^{-1}$

受试者	1	2	3	4	5
运动前					
运动后 15 分钟					

【注意事项】

（1）取尿液标本时一定要取中段尿液，以免影响测量结果；
（2）运动前需做好充分的准备活动，避免运动损伤发生。

【分析与讨论】

请结合受试者实验前后尿蛋白水平的变化分析尿蛋白指标在评定运动训练负荷中的作用。

第八章 运动处方实验

实验一 肌肉力量的测定

【实验目的】

通过实验使学生掌握肌肉力量测定的原理及测定的意义,了解一些肌力测定的简易方法。

【实验原理】

肌力是指肌肉收缩的力量。肌肉力量常以肌肉收缩时所能克服负荷的最大量或最大阻力来表示,肌力测定是评定肌肉功能的重要方法。肌力测定对骨骼肌肉系统、神经系统的病损,尤其是周围神经病损的功能评定十分重要,可以用于判断肌力是否低下以及肌力低下的范围和程度,有助于分析肌力低下的原因,为损伤病人制定治疗计划、康复训练计划提供依据,且可根据肌力的改变检验治疗、训练的效果。肌力评定的方法要精确且简单易行,评定标准要明确。

【实验器材】

秒表、哑铃、体重计、握力计、背力计、杠铃、米尺等。

【实验方法】

每 5 人为一组,轮流测试每个人的各项肌力,记录测试结果并对测试结果加以评定。

【实验步骤】

一、器械肌力的测定

1. 握 力

(1)根据受试者手掌的大小,调节握力计握把的间距至受试者感觉合适为宜。

（2）受试者双手自然放在体侧，握时不要挥动上肢，用最大力量紧握握力计，记录握力计的读数。

（3）使读数指针回零，再次测定握力，左右手各测 3 次，各取最大的 1 次读数为测定成绩。

（4）肌力评定：握力指数=握力（kg）[*]/体重（kg）×100。

2. 臂屈肌力

（1）根据受试者的情况，选择适当重量的杠铃开始测试。

（2）受试者两脚开立，两手与肩同宽，反握杠铃，使之悬垂于大腿前方。握杠铃屈肘上弯至肘关节全屈，然后恢复原位。

（3）记录杠铃负荷。

（4）调节杠铃负荷，重新进行上述测试，直至受试者不能完成动作为止。

（5）计算相对臂屈肌力：相对臂屈肌力 = 负荷最大值（kg）/体重（kg）

3. 臂伸肌力

（1）根据受试者的情况，选择适当重量的杠铃片开始测试。

（2）受试者两脚开立，两手屈肘握杠，将杠铃放于胸前。用力上推杠铃至肘关节伸直，然后恢复原位。

（3）记录杠铃负荷。

（4）调节杠铃负荷，重新进行上述测试，直至受试者不能完成动作为止。

（5）计算相对臂伸肌力：相对臂伸肌力 = 负荷最大值（kg）/体重（kg）

4. 背　力

（1）受试者双足站在背力计的底盘上，调节拉杆高度至受试者膝盖上缘。

（2）令受试者上体前倾，双手正握拉杆，身体用力将拉杆上抬。要求肘、膝关节伸直，不要猛然用力。记录背力计的读数。

（3）使背力计读数指针回零，重新进行上述测试，一共测 3 次，取最大值为测定成绩。

（4）背力评定：背力指数 = 背力（kg）/体重（kg）×100。

5. 腿　力

（1）受试者双足站在背力计的底盘上，调节拉杆高度至受试者膝盖下缘。

（2）令受试者上体保持稍前倾姿势不变，双手一正一反握拉杆，膝关节由屈曲至伸直，用力上抬。

（3）使背力计的指针回零，重新进行上述测试，一共测 3 次，取最大值为测试成绩。

（4）计算相对腿力：相对腿力 = 背力最大值（kg）/体重（kg）

6. 腰腹肌力

（1）依受试者的情况，选择适当重量的杠铃片开始测试。

---

[*] 力的单位为牛顿（N），在通常肌力测试中常用负荷重量（kg）来表示，故本书予以保留。——编者注

（2）受试者仰卧于垫，颈部落在杠铃片上，双手紧握杠铃片，屈膝成 90°，用力收腹使身体坐起。

（3）记录杠铃负荷。

（4）调节杠铃负荷，重新进行上述测量，直至受试者不能完成动作为止。

（5）计算相对腰腹肌力：相对腰腹肌力 = 负荷最大值（kg）/体重（kg）

二、手法肌力的测定

测定时，根据受检肌肉或肌群的功能，让受试者处于不同的受检位置，然后嘱受试者在减重、抗重力或抗阻力的状况下作一定动作，并使动作达到最大活动范围。根据肌肉活动能力及对抗阻力的情况，按肌力分级标准评定受检肌肉或肌群的肌力级别（见表 8-1-1）。

测试操作的一般程序是，受试者先将肢体放置到适当姿位，以便当待测的肌肉收缩时，能使远端肢体在直面上自下向上运动。必要时由测试者用一手固定受试者的近端肢体，然后令其尽量用力收缩被测肌肉，使远端肢体对抗自身重力做全幅度运动，如能完成，说明肌力在 3 级或 3 级以上。用测试者的另一手在运动关节的远端施加阻力，根据受试者能克服的阻力的大小来判定肌力是否为 4 级或 5 级，不能承受外加阻力则为 3 级。如不能克服重力做全幅度运动，则应调整体位，将肢体旋转 90°，使肢体在水平面上运动以消除重力的作用。测试远端肌肉时可稍托起肢体，测试近端肌肉时可在肢体下放置光滑平板，或用带子将肢体悬挂，以消除摩擦力的影响，在此条件下能完成大幅度运动，可判定为 2 级肌力；如仅有微小关节活动或未见关节活动，但可在主动肌的肌腹或肌腱上扪到收缩感，则为 1 级肌力；扪不到收缩感觉则为 0 级。在测试 3 级以下肌力时，为了避免改变姿位的麻烦，也可施加助力，根据所需助力的大小判断为 2 级或 1 级肌力。

表 8-1-1 肌力分级标准

测试结果	Lovett 分级	M.R.C.分级	Kendall 百分比
能抗重力及最大阻力运动至测试姿位或维持此姿位	正常（Normal. N）	5	100
	正常-（Normal-）	5-	95
能抗重力及最大阻力运动至测试姿位或维持此姿位，但仅能抗中等阻力	良+（Good+. G+）	4+	90
	良（Good，G）	4	80
同上，但仅能抗小阻力	良-（Good-. G-）	4-	70
	可+（Fair+，F+）	3+	60
能抗自体重力运动至测试姿位或维持此姿位	可（Fair，F）	3	50
能抗自体重力运动至接近测试姿位，能在消除重力姿位运动至测试姿位或加小助力能运动至测试姿位	可-（Fair-，F-）	3-	40
能在消除重力姿位做中等幅度运动或加中等助力能运动至测试姿位	差+（Poor+，P+）	2+	30
能在消除重力姿位做小幅度运动或加较大助力能运动至测试姿位	差（Poor，P）	2	20
可见到或扪到微弱的肌肉收缩或肌腱活动，无可见的关节运动	差-（Poor-，P-）	2-	10
	微（Trace，T）	1	5
无可测知的肌肉收缩	零（Zero，O）	0	0

三、肌力评定

以握力指数评定,高于 50% 为正常。以背力指数评定,正常标准为:男 150～200,女 100～150,此法易致腰痛者症状加重或复发,应小心使用。常用的测试方法还有:屈膝仰卧起坐测试(测定腹肌力量和耐力)、俯卧撑力量测试(测定上肢与肩部的力量和耐力)、引体向上力量测试(测定上肢与肩部的力量和耐力)、下肢力量测试等。

手法肌力测试分级较粗略,评定时也带有测试者的主观成分等缺点,但应用方便。手法肌力测试可分别测定各组或各个肌肉的力量,适用于不同肌力的肌肉测试,故广泛应用于临床医学及康复医学实际工作。

【注意事项】

(1)选择负荷时要充分考虑受试者的身体状况。
(2)测量前要做好准备活动。
(3)严重疼痛、关节活动受限、严重出血、急性扭伤等情况,不能做肌力测定。

【实验作业】

(1)受试者一般情况:姓名、性别、年龄、身体状况、运动专项、训练程度等。
(2)测定结果(数据)。
① 握力测定结果(表 8-1-2):

表 8-1-2　握力测定结果　　　　　　　　　　　　　　　　　/kg

测试部位	第 1 次	第 2 次	第 3 次	最大值	相对握力
左手					
右手					

② 臂力测定结果(表 8-1-3):

表 8-1-3　臂力测定结果　　　　　　　　　　　　　　　　　/kg

测试部位	臂屈肌力	相对臂屈肌力	臂伸肌力	相对臂伸肌力
左手				
右手				

③ 背力测定结果(表 8-1-4):

表 8-1-4　背力测定结果　　　　　　　　　　　　　　　　　/kg

第 1 次	第 2 次	第 3 次	最大值	相对背力

④ 腿力测定结果（表 8-1-5）：

表 8-1-5　腿力测定结果　　　　　　　　　　　　　　　　　　/kg

第 1 次	第 2 次	第 3 次	最 大 值	相对腿力

⑤ 腰腹肌力测定结果（表 8-1-6）：

表 8-1-6　腰腹肌力测定结果　　　　　　　　　　　　　　　　/kg

第 1 次	第 2 次	第 3 次	最 大 值	相对腰腹肌力

（3）对测试者肌力测试结果做出分析与评定。

【课后思考】

（1）肌力测试有哪些方法？怎样操作？
（2）肌力测试和评定的意义。

实验二　心肺耐力的测定

【实验目的】

通过二次台阶试验的测试与评价，掌握次大强度的运动负荷试验测定心脏功能能力（FC），制定耐力运动处方的原理及方法。

【实验原理】

次大强度负荷试验，指测试中采用的负荷低于受试者所能达到的最大负荷，用预期心率（PTHR）和测试结果，推测出受试者可能达到的最大负荷、最大吸氧量，最后计算出受试者 FC 的推测值。

次大强度负荷试验有不同的方法，所用的记功器有功率自行车、固定炮台或台阶。根据指定运动处方的需要，二次负荷试验是我国目前全民健身运动中评定心脏 FC，指定耐力运动处方最实用、最简单的方法。而二次负荷试验中又以二次台阶试验最容易操作，所需要条件最易满足。

台阶试验具有设备简单、功率准确、可以多人同时测试等优点。

【实验器材】

腕式电子血压计、节拍器、身高坐高计、秒表、体重计、卷尺、台阶。

【实验方法与步骤】

1. 受试者的筛选

二次负荷试验采用的是中等强度负荷,测试中一般不需采用严格的监护措施。测试后 FC 的确定,是根据"220-年龄"计算的预期心率(PTHR)进行推测。因此,二次负荷试验适用于身体基本健康的青少年、成年人和有运动习惯的中老年人。年老体弱者和慢性疾病患者,在运动时可能会出现一些症状(如血压过高、心电图异常等),其实际最大心率可能达不到预期的 PTHR,为了确保测试时的安全,并提高运动处方的科学性,这些人不宜使用二次负荷试验。

进行二次负荷试验前,受试者筛选的标准如下:

(1)身体基本健康,无心血管系统、呼吸系统等慢性病史。
(2)55 岁以下,或虽 56~70 岁,但有运动习惯。
(3)体能活动就绪问卷(PAR-Q)问卷调查答案全部为"否"。
(4)安静时心率、血压(收缩压<130 mmHg;舒张压<80 mmHg)正常。
(5)血常规、尿常规正常。
(6)血糖 3.9~6.1mmol/L,血胆固醇 2.9~6.0 mmol/L,甘油三酯 0.45~1.8 mmol/L,或在医疗机构的血液检查结果均为正常。

以上标准凡有一项不符,即应作进一步筛选检查。确定是否适宜进行二次负荷试验。有条件者,建议进行运动负荷实验(GXT)测验。

2. 测试程序

先取低负荷:台阶高度为 15 cm,频率为 25 次/min,运动 3 min,在运动后即刻测定 10 s 的脉搏次数;休息 3~5 min,再取较高负荷:台阶高度为 40 cm,频率为 30 次/min,运动 3 min,在运动后即刻测定 10 s 的脉搏次数。

需要记录和计算的数据分别为:年龄、台阶高度 1、蹬阶频率 1、心率 1(低负荷时 10 s 的脉搏次数乘以 6)、台阶高度 2、蹬阶频率 2、心率 2(较高负荷时 10 s 的脉搏次数乘以 6),计算出两次负荷的代谢当量(MET)值,计算 MET 的公式为:$MET = F \times (2.394 \times H + 0.2)/3.5 + 1$,其中,F 为蹬阶频率(次/min),H 为台阶高度(m)。填入下表(表 8-2-1):

表 8-2-1 二次台阶试验记录表

姓名: 性别: 年龄: 身高: 体重: 测试日期:

负荷	台阶高度/cm	蹬阶频率/(次/min)	MET	心率(次/min)
第一负荷				
第二负荷				

上下台阶的功率决定于台阶高度及上下台阶的频率。这两种因素既容易控制,又便于测定。可用小钢尺准确测出台阶的高度,要求受试者每上一次台阶,必须把身体重心提高到这一高度,即上台阶后膝关节必须伸直。

3．FC 的推测方法

（1）取测试结果中两级的 MET 值和心率；

（2）确定心率和 MET 的相关直线：根据每次负荷运动的 MET 值和心率，确定两点的直线关系；

（3）计算 PTHR：PTHR = 220-受试者年龄。

（4）推测 FC。

4．中止试验的标准

二次台阶试验为次大强度负荷试验，事先经过筛选，一般受试者都能够按要求完成负荷。但遇到下列情况，应当及时终止试验：

（1）受试者不能完成定量负荷：如蹬台阶的频率减慢，无法跟上节拍器的节奏。

（2）受试者出现异常现象：如出现头晕、耳鸣、恶心、胸闷、心绞痛、极度疲劳等主观感觉，或呼吸急促、呼吸困难、发绀、严重跛行、身体摇晃、步态不稳、意识不清、面部有痛苦表情、面色苍白、出冷汗等客观表现。

（3）测试仪器失灵等。

【实验作业】

自己进行心肺耐力实验，根据实验结果推测出自己的 FC 并进行评价。

实验三　柔韧性测试

【实验目的】

了解柔韧性的一般测量与评价的基本方法。

【实验内容】

双手持棍转肩、双手背勾、坐位体前屈。

【实验器材】

坐位体前屈测试计；长度 1.5 m 左右、直径 2~2.5 cm 的圆柱形标杆；不短于 1.5 m 的直尺；垫子。

【方法与步骤】

1．坐位体前屈动作测试

受试者坐在垫上，双腿伸直，脚跟并拢，脚尖自然分开，全脚掌蹬在测试仪平板上；掌心向下，双臂并拢平伸，上体前屈，用双手中指尖推动游标平滑前移，直至不能移动为止。一共测试两次，取最大值为测试成绩。

注意：测试时，受试者的膝关节不得弯曲，不能有突然前振的动作。

2. 双手持棍转肩动作测试

受试者身体直立，双脚与肩同宽，两臂向前伸直，双手虎口相对在体前握棍；然后双臂直臂上抬至头顶，从头顶处开始向下方做翻转动作，保持双臂自然伸直状态至体后，呈体后握棍姿势。测量能够完成转肩动作两手虎口间的最小握距。

注意：测试前一定做好肩部的准备活动，避免受伤。

3. 双手背勾动作测试

受试者自然直立，抬头挺胸，首先抬一侧臂至头顶，屈肘，手掌向下尽力伸展；同时另一侧臂向后夹肩屈肘，手背贴在背侧，尽力向上伸展，触及上方手指。测量双手中指之间的最短距离。

注意：测试时要求手掌相对，手指伸直，贴紧背部。重叠计正值，反之计负值。

【实验结果】

将受试者各项测试成绩，根据各评价标准（表 8-3-1 ~ 表 8-3-6），查阅得分。

表 8-3-1　男子坐位体前屈评价标准　/cm

年龄	1 分	2 分	3 分	4 分	5 分
20～24	−3.5～1.7	1.8～8.9	9.0～14.1	14.2～20.1	>20.1
25～29	−5.5～0.9	1.0～7.8	7.9～13.4	13.5～19.7	>19.7
30～34	−7.0～-0.1	0.0～6.4	6.5～11.9	12.0～18.3	>18.3
35～39	−8.7～-2.4	−2.3～4.9	5.0～10.7	10.8～17.1	>17.1

表 8-3-2　女子坐位体前屈评价标准　/cm

年龄	1 分	2 分	3 分	4 分	5 分
20～24	−2.1～2.8	2.9～9.4	9.5～14.3	14.4～20.2	>20.2
25～29	−3.5～1.9	2.0～8.2	8.3～13.9	14.0～19.7	>19.7
30～34	−4.0～1.6	1.7～7.9	8.0～13.3	13.4～19.2	>19.2
35～39	−4.8～0.9	1.0～7.3	7.4～12.9	13.0～18.9	>18.9

表 8-3-3　男子持棍转肩评价标准　/cm

年龄	1 分	2 分	3 分	4 分	5 分
20～24	124.0～110.0	109.9～95.0	94.9～79.0	78.9～64.0	63.9 以上
25～29	125.0～113.0	112.9～98.0	97.9～82.0	81.9～70.0	69.9 以上
30～34	127.0～115.0	114.9～102.0	101.9～87.0	86.9～74.0	73.9 以上
35～39	130.0～120.0	119.9～106.0	105.9～90.0	89.9～76.0	75.9 以上

表 8-3-4　女子持棍转肩评价标准　　　　　　　　　　　　　　　　　　　　　　　　　/cm

年龄	1分	2分	3分	4分	5分
20～24	105.0～95.0	94.9～82.0	81.9～64.0	63.9～52.0	51.9以上
25～29	110.0～100.0	99.9～89.0	88.9～68.0	67.9～56.0	55.9以上
30～34	116.0～107.0	106.9～95.0	94.9～72.0	71.9～62.0	61.9以上
35～39	120.0～110.0	109.9～99.0	98.9～75.0	74.9～65.0	64.9以上

表 8-3-5　男子双手背勾评价标准　　　　　　　　　　　　　　　　　　　　　　　　　/cm

年龄	1分	2分	3分	4分	5分
40～44	－15.0～－9.0	－8.9～0.8	0.9～5.7	5.8～10.5	10.6以上
45～49	－17.7～－10.0	－9.9～－1.0	－0.9～5.0	5.1～10.1	10.2以上
50～54	－20.0～－13.0	－12.9～－2.0	－1.9～3.5	3.6～9.5	9.6以上
55～59	－25.0～－17.0	－16.9～－5.0	－4.9～2.3	2.4～9.0	9.1以上

表 8-3-6　女子双手背勾评价标准　　　　　　　　　　　　　　　　　　　　　　　　　/cm

年龄	1分	2分	3分	4分	5分
40～44	－7.5～－1.4	－1.3～2.9	3.0～7.9	8.0～11.1	11.2以上
45～49	－9.6～－3.0	－2.9～2.2	2.3～6.7	6.8～10.8	10.9以上
50～54	－11.5～－4.3	－4.2～0.6	0.7～5.1	5.2～10.0	10.1以上
55～59	－13.5～－5.5	－5.4～－0.8	－0.7～3.9	4.0～9.7	9.8以上

注：各项指标的测定结果分为1～5分，共5个级别。建议凡某项素质达不到"4"或"5"分者，该项素质应当纳入运动处方锻炼目标之中。

【实验作业】

谈谈本次实验的体会（50字以上）。

实验四　运动处方的制定

【实验目的】

本实验让学生实习运动处方制定的原理、原则、内容、程序及方法。使学生能掌握运动处方的内容以及运动处方的常用格式，熟悉不同人群的运动处方，尤其针对常见的多发慢性病如糖尿病、肥胖症、高血压病、冠心病，根据不同的个体制定切实有效的运动项目、运动强度，且能亲自指导其进行科学的、个性化的体育锻炼，达到增强体魄和防治疾病的目的。

【实验原理】

运动处方是对从事体育运动或体育康复的个体，在进行详细的医学检查后，根据其健康水平、运动的基础条件等，用处方的形式规定运动种类、运动强度、运动时间、运动频率，并提出注意事项，以指导其有目的、有计划、科学地锻炼的一种形式。

运动处方通常有3类：有氧运动、力量性运动、伸展运动。每一类运动对人体的生理作用都有所侧重，有氧运动主要是采用中等强度有氧代谢为主的耐力性运动，对增强心血管载荷和氧气输送能力，提高呼吸系统摄氧量及组织的有氧代谢能力，有显著的训练效果；力量性运动可以增强肌力，调节肌力平衡，刺激本体感受器，改善肢体的形态和功能；伸展性运动可调节自主（植物）神经，使精神放松，改变形体和心理状态。

一般人群多采用有氧健身运动处方，有氧运动能为活动的肌肉群提供充足的氧气，因而有效地改善机体呼吸循环系统功能，促进心、肺、血液的适应性变化，有效地提高机体的摄氧和利用氧的能力，增进机体的防御机能和抵抗力，以增强体质。有氧健身运动处方的内容简便、易行，其运动形式对技巧的要求也不高，且强度低，有节奏，不中断，持续时间长，还便于进行运动中的自监自控，是锻炼者在保证安全的基础上增进身体健康、增强体质的最理想方法之一。

【实验器材】

体重计、身高仪、血压计、皮脂厚度计、电动跑台、功率自行车、运动心肺功能测试系统、心电图仪、秒表、心率遥测仪等。

【实验方法】

（1）每4人为一组，其中1人为受试者，3人为实验的操作者（轮流交换角色进行操作练习）。操作者对受试者进行病史了解、临床检查、运动测试、体力测验、运动处方的制定，做完一轮后即写出一份科学合理的运动处方。

（2）要求学生在指导教师的协助下独立为一定的实验对象制定出一套完整的有氧健身运动处方方案并执行。

（3）能在制定有氧健身运动处方的基础上对其进行恰当的修改和调整，使运动处方更适合参加者。

（4）熟悉运动处方的内容特别是四要素，以及运动处方的常用格式。

（5）根据实验步骤，严格按标准操作，防止运动意外和运动损伤的发生，并请指导教师指导。

【实验步骤】

一、运动处方的制定程序（图 8-4-1）

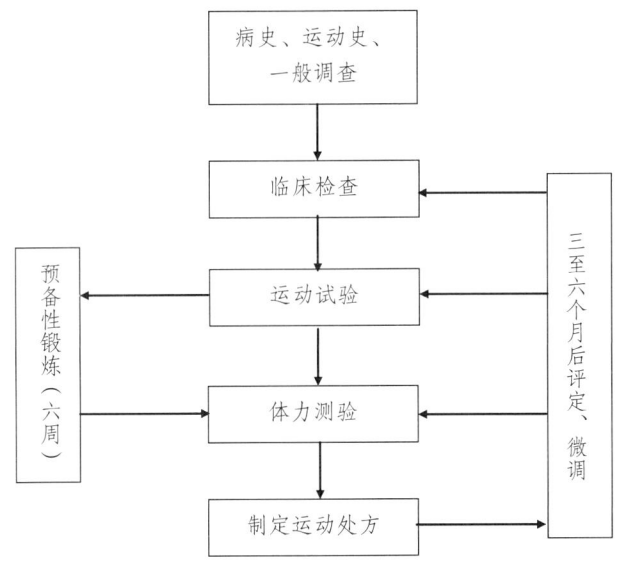

图 8-4-1 运动处方的制定程序

二、运动处方参考格式（表 8-4-1）

表 8-4-1 有氧健身运动处方示例

姓名： 性别： 年龄： 21 岁
身高： 170 cm 体重： 60 kg
1. 健康状况及病史询问 　家庭史：家族无遗传和传染病史，无其他特殊疾病史 　既往史：既往体健，无特殊疾病史
2. 体格检查 　经检查未见身体形态、机能、心理等明显异常
3. 目前体质状况 　部分体质指标测试成绩根据中国《学生体质健康标准》（试行方案）： 　肺活量体重指数 50.3； 台阶试验 43.3； 　立定跳远（cm）231.7 握力体重指数 61.7
4. 锻炼目标 　发展心肺功能
5. 运动强度 　最大心率 199 次/min；静息心率 70 次/min；靶心率 147～173 次/min
6. 运动形式 　主项：有氧健身操、各式跳绳；辅项：太极拳、跑步、游泳、自行车

续表

7. 运动频率及持续时间
   每周 3~4 次，每次 40~50 min（不含准备和整理活动时间）
8. 准备活动内容
   慢跑和关节活动操（8~10 min）
9. 整理活动内容
   放松全身肌肉，尤其是小腿和手臂肌肉，走或慢跑（8~10 min）
10. 注意事项
    （1）注意运动强度的把握，可通过心率来进行控制
    （2）确保运动前准备活动和运动后的整理活动充分
11. 运动处方的修改和调整
    经过实施，该同学基本适应此运动处方，因此未作特殊改动，建议每 8 周复测一次体质指标以修正处方。
    制定者：　　　　时间：　　年　　月　　日

三、运动处方制定步骤

1. 了解一般情况

了解受试对象的运动目的，询问病史（既往史、家族史）和运动史，了解社会环境条件（职业、工作和生活条件、营养条件、运动设施和环境、运动指导条件等）。填写改良后的体能活动就绪问卷（PAR-Q）表 8-4-2。

表 8-4-2　改良的 PAR-Q 筛选问卷

题号	是	否	问题
1	□	□	医生是否告诉您患有心脏病或仅能参加医生推荐的体力活动
2	□	□	当您进行体力活动或运动时，是否有过胸痛或严重憋气的感觉
3	□	□	自上个月以来，您未参加体力活动或运动时是否有过胸痛或严重憋气的感觉
4	□	□	近 6 个月来，当您进行体力活动或运动时，是否曾因为头晕跌倒或失去知觉
5	□	□	您是否有因体力活动或运动加重的骨或关节疼痛，或功能障碍
6	□	□	医生是否告诉过您的血压超过 180/110 mmHg

注：本表适用对象的年龄为 15~69 周岁。如果有一个问题选择"是"，则应建议受试者先到医院进行相关的医学检查，根据医生的建议方可制定运动处方。

2. 临床检查

（1）身体形态检查：测量受试者的身高、体重、皮脂厚度。
（2）身体机能检查：检查受试者的血压、脉搏、呼吸。

3. 运动试验与体力测验

（1）运动试验。运动试验是制定运动处方的基本依据之一，目前最常用的方法是"递增

负荷运动试验"，是推算运动中靶心率，从而确定锻炼时运动强度的重要依据。

（2）体力测验。体力测验要求只能对运动试验无异常的人才能进行，包括肌力、爆发力、柔韧性等运动能力，以及全身耐力的测验（如 12 min 跑）；而体质差者须在 6 周的预备性锻炼后，才能进行体力测验。

4. 制定运动处方

根据以上检查的结果，在掌握受试者健康状况、体力水平及运动能力限度的基础上，按其具体情况制定运动处方。首先确定选用的运动项目，再明确规定运动强度的安全界限和有效界限、运动强度及运动频率等。

（1）运动项目。根据患者的体质情况和检查评定结果，以及患者的兴趣、运动场地与器材条件，选择 1 种主要的运动项目，亦可再选择 1 种不同的运动项目作为辅助项目。

（2）运动强度。

① 有氧（耐力）运动的运动强度：心率是确定和监控有氧运动强度最常用指标，运动心率的计算法主要有年龄减算法、净增心率计算法、靶心率（THR）法和运动负荷百分比分级法。其中 THR（靶心率）=HRmax（最大心率）×（65%～85%）。

② 力量性运动的运动强度：以局部肌肉反应为主，运动强度由阻力大小与运动次数，或阻力大小与持续时间决定。

③ 伸展性运动的运动强度：有小、中、大运动量 3 种，小运动量一般为 8～12 节，中运动量一般为 14～20 节，大运动量一般为 20 节以上。

（3）运动时间。

① 有氧（耐力）运动的持续时间为 20～60 min，一般为 20～30 min，其中达到适宜心率的时间须持续 15 min 以上。

② 力量性运动的运动时间：每个练习动作的持续时间以 6 s 以上为好。

③ 伸展性运动的运动时间：由一套或一段伸展运动的时间和套数（或节数）决定。

（4）运动频率（指每周的锻炼次数）。

① 有氧（耐力）运动的运动频率：一般认为每周锻炼 3～4 次是最适宜的频率，即隔日锻炼 1 次。

② 力量性运动的运动频率：每日或隔日锻炼 1 次。

③ 伸展性运动的运动时间：每日锻炼 1 次或每日锻炼 2 次。

5. 评定及微调

初次制定的运动处方可先试行锻炼，并观察脉搏、血压的变化，随时记录，每 1～2 周复查一次，再对不适应的地方进行微调整，待适应后继续坚持锻炼 3～6 个月，然后再做体力测验，重新制定长期的运动处方，期间不断进行微调整，使之达到不断提高锻炼效果的目的。

6. 有氧健身运动处方示例

现对几种比较流行的和适合于不同年龄的健身处方介绍如下。

（1）步行健身运动处方。

"走为百练之祖"，步行是一种最简捷、最有效的健身运动的方法。但是，如何把握好行走的速度呢？健身步行可根据自己的健康状况、体力和锻炼习惯自行掌握。为了提供参考，一般来讲，运动医学研究的结果认为：步行速度每分钟达 133 m（约 7 km/h，心率可达人体最大心率的 70%），这是最好的有氧运动，对健身效果最佳。

步行注意事项：

① 正确的健身步行步幅度比一般行走要大些，保持上体正直，两臂前后摆动，呼吸要自然。注意力要集中，速度和距离逐渐加快或加长。

② 每次步行的持续时间至少应保持 30 min 以上，否则不足以引起对增强体质的刺激。

③ 对于 40 岁以上的人来说，健身步行锻炼可每日或隔日一次；步行最大速度应 100 m/min 为限。

④ 健身步行最好选择空气清新、环境优雅的适宜场所。如在水泥路面行走时，最好穿加厚胶底鞋，以防止对腿部关节的损伤和对头部的震荡。

⑤ 步行的时间最好选择在清晨、睡前或进餐半小时以后，饭后不宜马上进行运动行走。

（2）慢跑健身运动处方。

慢跑对于保持成年人良好的心脏功能，防止肺组织弹性衰退，预防肌肉萎缩，防治冠心病、高血压、动脉硬化等，都具有积极的作用。

成年人跑的速度不宜太快，不能快跑或冲刺，要保持均匀的速度，主观上以不觉得难受，不喘粗气，不面红耳赤，能边跑边说话的轻松感觉为宜。客观上以慢跑时每分钟心率不超过 180 减去年龄数为度。例如，60 岁的人慢跑时的心率应为每分钟 120 次（180 − 60），慢性病患者跑的速度还可适当再慢些，时间也可短些。

慢跑注意事项：

① 一般来讲，年龄较轻，体质较好者，宜选择强度较大、持续时间较短的跑步方案；中老年人及体质较差者，宜选择强度较小而持续时间较长的跑步方案。

② 初始锻炼者先从步行开始练习，待基础体力提高之后再慢跑，过渡期间可选用走跑交替的方法练习，以使机体能力与运动能力相适应。

③ 慢跑的场所最好选择土路和较为僻静的地方，如果在城市的公路上进行慢跑，一定要注意安全。

④ 如果在慢跑中出现腹痛症状，多因呼吸不当引起，这时需要立即减慢跑速，加深呼吸。如症状仍不能缓解，应停止运动，查明原因或去医院就诊。在感冒发烧期间或患有某些不适于慢跑的疾病时，不应参加慢跑锻炼。

⑤ 慢跑锻炼的强度和频率可根据个人的自我感觉，以不产生过度疲劳为宜，通常采用每日或隔日一次的锻炼形式。

（3）游泳健身运动处方。

游泳是一项很好的全身运动，它集日光浴、空气浴和水浴为一体，是充分利用自然条件锻炼身体的有效办法。无论男女老少、体力强弱，甚至某些慢性病患者均可参加，并从中得到锻炼和治疗。

但是，由于游泳运动是在水的特殊环境中进行的，人体入水后要受到水的浮力、阻力与推进力以及人的体位的影响，那么，陆地上的运动处方在水中是否还能使用呢？对此，有关专家对游泳中的最大心率与慢跑的最大心率做了比较研究，以探讨游泳健身运动中的适当运动强度。结果发现，游泳时最大心率比慢跑时低 11 次/min 左右，也就是说，一个人在慢跑时最大心率为 151～186 次/min，而水中最大心率为 144～176 次/min，平均低 7～10 次/min。因此，陆地上的运动处方应用于水中时，其水中适宜运动强度以心率计算，应比慢跑少 10 次/min 左右。

游泳注意事项：

① 游泳时，必须注意安全第一，克服麻痹思想。凡患有传染性疾病或有开放性伤口时，都不宜参加游泳，月经期间的女性一般也不宜游泳。

② 饭后、酒后或剧烈运动后大汗淋漓时，不宜立即下水游泳。

③ 游泳前应做好充分的准备活动，包括徒手操、模仿练习和拉长肌肉韧带的练习等。

④ 激烈游泳后，应在水中放松，调整好呼吸以后再出水。但如果在游泳时出现头晕、恶心、冷战或抽筋不止等异常情况时，应及时出水。

⑤ 游泳结束后，最好能及时淋浴或擦干身体，并注意穿衣保暖。

（4）自行车健身运动处方。

骑自行车锻炼，融娱乐、健身与生活为一体，它对内脏器官产生的影响，并不亚于长跑和游泳等运动。为了达到骑车健身的目的，关键是要掌握好骑行的强度。按照一般用心率计算运动强度的办法，只要使骑行时每分钟心率控制在预期心率（PTHR）的 60%～80%这一范围内，锻炼效果同运动强度就呈正比增长，其中，预期心率（PTHR）= 220 - 年龄。刚开始骑行时心率一般应达每分钟 60 次，近乎平时散步速度时的心率。对于有一定基础的锻炼者，蹬速在每分钟 75～100 次最合适。计算蹬速，只需记下 10 s 内一条腿蹬的圈数，即可算出每分钟蹬的次数，假如单腿 10 s 内蹬了 7.5 次，那么蹬速 = 7.5×6×2 = 90 次/分。

随着社会的发展和人们物质生活的不断丰富，固定阻力和功率的自行车的出现，更为广大健身爱好者提供了方便而优越的条件。现代功率车已达到了电脑化的程度，锻炼者可在蹬车前设计出锻炼程序，蹬车时车把上的显示屏会显示出多种信息，如心率、速度、距离、时间、能耗及水平（档次）。这些数据的出现，更便于锻炼者及时掌握、调整自己的运动强度，以达到健身的目的。

骑车注意事项：

① 骑自行车应注意力集中，避开城市繁华的街道和车流量较大的路段，以保证安全。

② 应保持正确的骑车姿势，车座的高度应稍低于车把 5 cm 左右。车型大小也要适合于自己的身高。

③ 如遇大雾、能见度很低或冬季路面结冰的天气，不宜进行骑车锻炼；酒后应禁止骑车锻炼。

【注意事项】

（1）要根据事前临床医学检查的结果决定是否可进行运动负荷检查，排除运动禁忌症。

（2）运动试验前要准备好急救器材和药品，并能熟练操作。

（3）运动试验过程中要密切监控运动量。如果出现锻炼后大汗淋漓、头晕眼花、胸闷、气喘、非常疲惫、运动后 15 min 脉搏尚未恢复正常，表明运动量过大，应注意调整和减量。

（4）应告诉受试者禁忌参加的运动项目、易发生危险的动作，并掌握运动中自我观察指标，以及出现异常时停止运动的标准和征象。

（5）要学会用心率监测运动量。

【实验作业】

（1）为你所检查的受试者制定初次运动处方。
（2）实验小结和自评。

【课后练习】

每次运动中对自己进行心率计数，然后评价运动强度是否合理，并为自己找到最适宜的运动方案，按此方案连续练习3~5周。

实验五 冠心病患者运动处方

【实验目的】

通过实验使学生掌握冠心病患者体育锻炼的运动处方，熟悉冠心病患者体育锻炼的适应证及安全运动的注意事项，以保证冠心病患者进行安全有效的运动锻炼。

【实验原理】

冠心病的运动疗法已得到国内外学者的一致肯定，运动锻炼一方面可以改善心血管原有侧支循环的血容量并促进新的心肌侧支循环建立，使心肌的供血（氧）量增加，另一方面循环系统对运动的反应和调节功能改善，有助于减少心肌的耗氧量。同时，运动减轻体重，降低血液黏稠度，增加血液中纤溶蛋白的活性，可以减轻冠心病危险因素的威胁，有助于改善情绪，减少心绞痛发作。

冠心病运动疗法的适应证是：稳定型心绞痛，心肌梗死后处于稳定状态，冠状动脉搭桥术后已代偿的充血性心力衰竭。主要的禁忌证有：不稳定型心绞痛、严重的主动脉狭窄、严重心力衰竭、严重心律失常、体温超过38℃者。

【实验器材】

根据不同的患者选择适宜的运动器材和场地。

【实验方法】

根据患者具体情况，按照冠心病患者运动处方的制定原理为冠心病者模拟制定一套运动处方。

1. 运动项目及方式

有氧运动如步行、慢跑、游泳、骑自行车、做医疗体操、登山等，力量性运动如哑铃、健身器械的抗阻等运动，放松性运动如娱乐性运动、医疗体操、我国传统健身方法等。

2. 运动强度

（1）有氧运动：运动时心率达到最大心率（HR_{max}）的50%~85%。

（2）力量性运动：运动负荷为一次最大抗阻重量的40%~50%，每次练习8~10组。以后逐步按5%的增量逐渐增加运动负荷。

（3）其他类型运动：均以中小强度为宜。

3. 运动时间

（1）有氧运动：至少15 min以上（不含准备、整理活动时间）。

（2）力量性运动：每次5~10组，组间休息30 s。

（3）其他类型运动：医疗体操1~2套；放松性运动和娱乐性运动10 min以上。

4. 运动频率

（1）有氧运动：每周至少3次以上。

（2）力量性运动：每周3次。

（3）其他类型运动：每天1次。

【注意事项】

（1）严格掌握好适应证，以免发生意外。根据患者的具体情况确定运动项目和运动负荷。每次锻炼的负荷量灵活掌握，量力而行，不强求达到一定的心率，以免发生心脏意外。

（2）每次锻炼前都要做好准备活动（5~10 min），结束时要做好整理活动（5 min）。

（3）运动中如果出现气促、眩晕感，应增加间隔休息时间，如突然感觉极度疲劳，左上臂和左颈部疼痛或压迫感，甚至心前区不适、疼痛或胸闷等，应立即停止运动，必要时服用急救药物或请医生检查。

（4）如果采取中等或中等以上强度运动时，应有运动前后的医学监护。

【实验作业】

（1）为冠心病人制定一套运动处方（包括具体运动项目、方法、强度、时间、频率以及注意事项等）

（2）对本次实验做一自评。

【课后思考】

（1）哪些冠心病人适宜进行运动疗法？

（2）对冠心病人实施运动疗法时要注意哪些事项？

实验六　糖尿病患者运动处方

【实验目的】

通过实验使学生认识到糖尿病患者体育锻炼的重要作用，掌握糖尿病的基本运动处方的制定原则，熟悉糖尿病患者体育锻炼的适应证及安全运动的注意事项，以指导糖尿病患者进行安全有效的运动锻炼，调节糖代谢，增强患者体质。

【实验原理】

根据糖尿病的发病机理将糖尿病主要分为两种类型，即Ⅰ型糖尿病（胰岛素依赖型糖尿病）和Ⅱ型糖尿病（非胰岛素依赖型糖尿病）。饮食控制、药物治疗、运动疗法为治疗糖尿病的"三驾马车"，肌肉运动可以改善神经系统对糖代谢的调节，促进机体对糖的利用。体育运动的主要作用机制是：加强胰岛素对葡萄糖的调节作用，提高机体对胰岛素的敏感性，改善胰岛素与组织受体的结合能力；使游离脂肪酸的利用率提高，有利于降低血脂，促进脂肪代谢，减轻体重，有利于整个机体代偿功能的恢复。长期的体育锻炼能有效增强患者体质，增强全身抵抗力，防止和减少并发症。

【实验器材】

根据不同的患者选择适宜的运动器材和场地。

【实验方法】

根据患者具体情况，按照糖尿病患者运动处方的制定原则，为糖尿病患者模拟制定一套运动处方。

【实验步骤】

1. Ⅱ型糖尿病运动处方

（1）运动方式和项目：主要采用有氧（耐力性）运动如步行、慢跑、游泳、划船、骑自行车、球类运动等。步行是国内外采用最多的方法，也可采用医疗体操和传统健身运动（各类气功、太极拳等）。

（2）运动强度：最适宜为中等运动强度，相当于50%~60%最大耗氧量（$VO_{2\ max}$）或65%~75%最大心率（HRmax）。

如步行，病情轻者可快速步行 120~125 步/min；一般情况尚可的患者可采用中等步速 105~115 步/min，年老体弱或合并心肺功能不全者可慢速步行，90~100 步/min。

（3）运动时间：每次持续 30 min，以后逐步延长至 1 h 或更长。

（4）运动频率：每周至少 3~5 次。

2．Ⅰ型糖尿病运动处方

Ⅰ型糖尿病运动处方的制定比较复杂。Ⅰ型糖尿病患者的一般体力锻炼宜在餐后进行，运动负荷不宜过大，持续时间也不宜过长。运动项目可采用气功、太极拳、步行、游泳等，每次运动 20～30 min，每日 1～2 次，有些糖尿病患者因自主（植物）神经受损，可通过自我疲劳程度感觉进行运动强度的控制。

【注意事项】

（1）运动疗法应与饮食及药物治疗相结合，不宜在空腹及药物作用高峰时刻锻炼，以免发生低血糖反应。避免在运动时注射胰岛素。

（2）对有并发症和年老患者，最好先做运动耐力试验，评价其心肺功能，再制定运动处方，以防发生意外。

（3）定期检查血糖和尿糖，并随时观察机体对体育运动的反应，以便及时调整和掌握运动量，观察疗效。

（4）运动前后应分别进行准备活动 5～10 min 和整理活动 5 min。应避免短时间剧烈运动，以免使患者出现饥饿、乏力、心悸、烦躁等不良反应。

【实验作业】

（1）为糖尿病人制定一套运动处方（包括具体运动项目、方法、强度、时间、频率以及注意事项等）

（2）对本次实验做出小结及自评。

【课后思考】

（1）体育运动对糖尿病病人有哪些治疗作用？
（2）对糖尿病人实施运动疗法时要注意哪些事项？

实验七　高血压病患者运动处方

【实验目的】

通过实验使学生认识到运动疗法对高血压患者的治疗作用，并理解其作用机制，掌握高血压的基本运动处方及制定原则，熟悉高血压患者体育锻炼的适应证及安全运动的注意事项，以指导高血压患者进行安全有效的运动康复。

【实验原理】

医学研究证实，长期、有规律的运动可以降低高血压患者的血压。其作用机制是：通过调整自主（植物）神经系统功能，降低交感神经兴奋性及迷走神经的张力，缓解小动脉痉挛；扩张肌肉血管，增加毛细血管的密度和数量，改善血液循环和组织代谢；改善情绪，减轻高血压危险因素的危害。

【实验器材】

根据不同的患者选择适宜的运动器材和场地。

【实验方法】

根据患者具体情况，按照高血压患者运动处方的制定原则，为高血压患者模拟制定一套运动处方。

1. 运动方式和项目

主要采用低强度有氧运动，如步行、慢跑、游泳、划船、骑自行车、球类运动等。也可以采用医疗体操和传统健身运动（放松气功、太极拳等）。近年来，小强度抗阻运动也被应用于轻型高血压患者。

2. 运动强度

（1）低强度有氧运动：每次运动强度一般为 50%～60% 最大心率（HRmax），停止运动后心率应在 3～5 min 内恢复正常，50 岁以上患者运动时心率不应超过 120 次/min。

（2）我国传统健身方法：太极拳 1～3 套；气功（以放松气功为宜）。

（3）小强度抗阻运动：循环抗阻训练，采用相当于 40% 的一次最大负重负荷练习，每次 10～15 组。

3. 运动时间

低强度有氧运动：每次运动 20～30 min。

我国传统健身方法：练气功每次 30～45 min。

（3）小强度抗阻运动：每次 10～15 组，组间间隔 10～30 s。

4. 运动频率

（1）低强度有氧运动：每周 3～5 次。

（2）我国传统健身方法：每天 1 次。

（3）小强度抗阻运动：每周 3 次。

【注意事项】

（1）要严格掌握适应证，主要应用于临界性高血压和Ⅰ、Ⅱ期原发性高血压。且要持之以恒，即使血压已经较平稳时仍需坚持，以巩固疗效。

（2）运动疗法只是原发性高血压的辅助治疗，不要轻易撤除药物治疗。

（3）严格掌握运动量，并根据不同的病情采用不同的方法，如合并冠心病者活动量应偏小。运动中切忌做鼓劲憋气、快速旋转、过深低头等动作，禁忌参与剧烈运动和比赛。

（4）应高度注意运动中的自我监督，加强医学监督和指导。如出现头晕、头痛、恶心呕吐、心绞痛、心律失常、呼吸困难等现象，应立即停止运动，并进一步做医学处理。

【实验作业】

（1）为高血压病人模拟制定一套运动处方（包括具体运动项目、方法、强度、时间、频率以及注意事项等）。

（2）实验小结及自评。

【课后思考】

体育运动对高血压病人有哪些治疗作用？

实验八　肥胖者运动处方

【实验目的】

通过实验使学生认识到肥胖对身体健康的危害，并深刻理解运动疗法对肥胖者的重要意义及其机制，掌握肥胖者的基本运动处方及制定原则。

【实验原理】

通常所说的肥胖者是指单纯肥胖人群，即排除了内分泌-代谢疾病引起的肥胖病患者。目前国际上采用"饮食调整+运动+行为矫正"的综合方案治疗单纯性肥胖者，运动疗法在其中占有重要的主导地位。运动能够增加机体对热能的消耗，促进脂肪的分解，抑制脂肪合成，体内脂肪减少，体重下降。且肌肉运动能提高体内葡萄糖的利用率，防止多余的葡萄糖转化为脂肪。降低体脂可以避免脂肪过多地沉积在心脏、血管、肝脏里面，减少冠心病、动脉粥样硬化、脂肪肝、糖尿病等的发生。同时运动可以明显改善肥胖者的心肺功能，增强体力和提高机体的免疫力。

【实验器材】

根据不同的患者选择适宜的运动器材和场地。

【实验方法】

根据患者具体情况，按照单纯性肥胖者运动处方的制定原则，为肥胖者模拟制定一套运动处方。

【实验步骤】

1. 运动方式和项目

运动减肥主要采用有氧（耐力性）运动，辅以力量性运动和球类运动。可根据肥胖者的体质和个人爱好选择适宜的运动项目，如步行、慢跑、游泳、划船、骑自行车等。有条件者可配合水中运动。力量性运动可选择自身体重负荷或器械的载荷训练（如哑铃、拉力器等）。单纯有氧运动与力量性运动之间或之后可穿插球类活动，如羽毛球、乒乓球、网球、篮球、排球等。

2. 运动强度

（1）有氧（耐力性）运动：采用中等运动强度（相当于60%~70%HRmax）。
（2）力量性运动：器械训练采用一次最大重量负荷的60%~80%，每次20~30组。每隔2~3周应适当加大负荷量。

3. 运动时间

（1）有氧（耐力性）运动：每次运动的时间至少在30 min以上，不包括运动前5~10 min的准备活动和运动后5 min的整理活动。
（2）力量性运动：每次做4~6组，组间休息30~60 s。

4. 运动频率

（1）有氧（耐力性）运动：每周至少3~5次。
（2）力量性运动：每日或隔日1次。

【注意事项】

（1）运动锻炼前应经医生检查是否有心血管系统并发症，并根据测定的运动、呼吸和循环功能，以及个人的体质状况，选择适宜的运动项目和运动负荷。
（2）运动疗法期间应定期进行医务监督，以便及时调整运动负荷。
（3）运动锻炼的同时，要注意控制饮食，尤其要少食脂肪和糖类食品。必要时还要适当控制饮水量。减肥运动要循序渐进，长期坚持。
（4）要避免单纯追求减轻体重而任意加大运动负荷，以免引起不良反应。

【实验作业】

（1）为肥胖者模拟制定一套运动处方（包括具体运动项目、方法、强度、时间、频率以及注意事项等）。

（2）实验小结及自评。

【课后思考】

（1）体育运动对肥胖者有哪些治疗作用？
（2）对肥胖者实施运动疗法时要注意哪些事项？

参考文献

[1] 李世昌. 运动解剖学[M]. 北京：高等教育出版社，2006.
[2] 胡声宇. 运动解剖学[M]. 北京：人民体育出版社，2000.
[3] 卢义锦，姚士硕. 人体解剖学[M]. 北京：高等教育出版社，2001.
[4] 柏树令. 系统解剖学[M]. 6版. 北京：人民卫生出版社，2004.
[5] 顾德明，缪进昌. 运动解剖学图谱[M]. 2版. 北京：人民体育出版社，2006.
[6] 李瑞祥，实用人体解剖彩色图谱[M]. 北京：人民卫生出版社，2001
[7] 李世昌. 运动解剖学实验[M]. 北京：高等教育出版社，2007.
[8] 王国基. 运动人体科学实验[M]. 成都：西南交通大学出版社，2015.
[9] 陈嘉勤，许之屏. 运动人体科学实验教程[M]. 长沙：湖南师范大学出版社，2006.
[10] 运动生理学教材编写组. 运动生理学[M]. 北京：高等教育出版社，1986.
[11] 邓树勋. 运动生理学[M]. 北京：北京师范大学出版社，1988.
[12] 王步标. 人体生理学[M]. 北京：高等教育出版社，1996.
[13] 龚茜玲. 生理学[M]. 2版. 上海：上海医科大学出版社，1993.
[14] 邓树勋，王健，乔德才. 运动生理学[M]. 北京：高等教育出版社，2005.
[15] 王梓坤. 科学发现纵横谈[M]. 上海：上海人民出版社，1982.
[16] 张镜如. 生理学[M]. 4版. 北京：人民卫生出版社，1996.
[17] 王步标，黄超文. 体适能与健康[M]. 长沙：湖南科技出版社，2003.
[18] 赵家琪. 实用运动生理问答[M]. 北京：人民体育出版社，1993.
[19] 袁孝如. 现代生理学实验技术[M]. 北京：科学出版社，2004.
[20] 汤长发，乔德才. 运动生理学实验教程[M]. 北京：高等教育出版社，2006.
[21] 体育保健学实验指导编写组. 体育保健学实验指导[M]. 北京：高等教育出版社，1998.
[22] 姚鸿恩，邓降榆，黄叔杯. 体育保健学[M]. 3版. 北京：高等教育出版社，2001.
[23] 崔和鸣. 实用运动创伤学 [M]. 长沙：湖南文艺出版社，2003.
[24] 曲绵域. 实用运动医学[M]. 北京：科学技术出版社，1996.
[25] 李庆涛，徐东潭，徐光辉. 临床骨科康复治疗学[M]. 北京：科学技术文献出版社，2009.
[26] 冉德洲. 运动医务监督[M]. 成都：四川教育出版社，1992.
[27] 史绍蓉. 大学运动健康（理论）[M]. 北京：高等教育出版社，2006.
[28] 马启伟. 体育心理学[M]. 2版北京：高等教育出版社，2007.
[29] 黄希庭. 心理学实验指导[M]. 北京：人民教育出版社，1996.
[30] 张力为，毛志雄. 运动心理学（上、下册）[M]. 上海：华东师范大学出版社，2003.
[31] 季浏. 体育心理学教与学指导[M]. 北京：高等教育出版社，2006.
[32] 祝蓓里，季浏. 体育心理学[M]. 北京：高等教育出版社，2005.
[33] 刘淑惠. 体育心理学[M]. 北京：高等教育出版社，2005.

[34] 李百珍. 中小学生心理健康教育[M]. 北京：科学普及出版社，2002.
[35] 松井三田. 体育心理学[M]. 北京：人民体育出版社，1995.
[36] 王重鸣. 心理学研究方法[M]. 北京：人民教育出版社，1990.
[37] 王正珍等. 运动处方[M]. 北京：高等教育出版社，2018.
[38] 张全成等. 高级体适能与运动处方[M]. 北京：国防工业出版社，2013.
[39] 关辉等. 体育运动处方及应用[M]. 北京：北京师范大学出版社，2015.